Dança imanente

Copyright do texto © 2010 Ana Flávia Mendes
Copyright da edição © 2010 Escrituras Editora

Todos os direitos desta edição reservados à
Escrituras Editora e Distribuidora de Livros Ltda.
Rua Maestro Callia, 123
Vila Mariana – São Paulo, SP – 04012-100
Tel.: (11) 5904-4499 – Fax.: (11) 5904-4495
escrituras@escrituras.com.br
www.escrituras.com.br

Editor
Raimundo Gadelha
Coordenação editorial
Mariana Cardoso
Assistente editorial
Ravi Macario
Revisão
Alexandre Teotonio e Jonas Pinheiro
Capa, projeto gráfico e editoração eletrônica
Ligia Daghes
Foto da capa
Mauro Moreira
Impressão
Corprint

Dados Internacionais de Catalogação na Publicação (CIP)
(Câmara Brasileira do Livro, SP, Brasil)

Mendes, Ana Flávia
　Dança imanente: uma dissecação artística do corpo no processo de criação do Espetáculo Avesso / Ana Flávia Mendes. – São Paulo: Escrituras Editora, 2010. – (Coleção Processos Criativos em Companhia; v. 2)

　Bibligrafia
　ISBN 978-85-7531-337-4

　1. Corpo humano 2. Criação artística 3. Dança
4. Espetáculo Avesso (Dança) 5.Expressão corporal I. Título. II. Série.

09-12007　　　　　　　　　　　　　　　　　　　　　CDD-792.801

Índices para catálogo sistemático:
1. Dança imanente: Processo criativo: Artes　　792.801

Este livro é resultante de um projeto contemplado pela FUNARTE
com a Bolsa de Estímulo à Produção Crítica em Dança.

Impresso no Brasil　　　　　　　　　　Obra em conformidade com o Acordo
Printed in Brazil　　　　　　　　　　Ortográfico da Língua Portuguesa

Ana Flávia Mendes

Dança imanente
uma dissecação artística
do corpo no processo de criação do
Espetáculo Avesso

Coleção
*Processos
Criativos em
Companhia*
Volume 2

escrituras
São Paulo, 2010

*Ao Gláucio, companheiro encorajador.
Aos meus alunos, com quem
aprendo todos os dias.*

Me encanta ver as pessoas crescerem.
Angel Vianna

SUMÁRIO

Notas sobre a autora e sua abordagem 11
A arte do *Avesso* 17
Introdução 25

1 O CORPO DISSECADO: *um estudo das concepções artísticas da anatomia humana na perspectiva de um processo criativo em dança* 43

2 O CORPO IMANENTE: *poéticas contemporâneas de dança como perspectiva para as reflexões sobre o espetáculo* Avesso 111

3 O METACORPO NA LINGUAGEM DA DANÇA 201

4 O CORPO VISIVO E O CORPO VISÍVEL: *a conversão semiótica no processo de dissecação em* Avesso 233

5 CONSIDERAÇÕES FINAIS: *para onde vai a dança imanente?* 331

5 REFERÊNCIAS 343

Miniatlas fotográfico 353

Notas Sobre a Autora e Sua Abordagem
Eliana Rodrigues Silva[1]

Pesquisa, criação e pensamento em arte contemporânea andam de mãos dadas. É da responsabilidade de quem faz, refletir sobre o seu caminho criativo. Reside aí, não só a grande contribuição do registro, mas sobretudo, a possibilidade de expor a experiência de competência única para que outros criadores e pesquisadores possam enriquecer seus próprios processos.

Por outro lado, no meu exercício de orientar estudantes de pós-graduação em Artes Cênicas, sempre me deparo com questões importantes tais como "de que maneira nasce um pesquisador?", "em quanto tempo se forma um pesquisador?"," o que é preciso para instrumentalizar um pesquisador?". Essas perguntas chegam junto com a natureza que percebemos em cada um dos mestrandos ou doutorandos, sejam eles mais conservadores, mais ousados, independentes ou curiosos. Para cada um deles, vamos percebendo aos poucos, o que pode funcionar melhor.

---

[1] Professora da UFBA. Mestra em Artes pela University of Iowa, doutora em Artes Cênicas pela UFBA e pós-doutora pela Université de Paris 8.

Desde o início da sua orientação de doutorado, Ana Flávia Mendes me surpreendeu pela sua independência, capacidade de iniciativa científica, clareza de objetivos, sobretudo pela sua seriedade e competência. Ao lado desses predicados, chegaram com ela outros, essenciais para todo pesquisador: paixão e método. Levando-se em conta sua breve trajetória como pesquisadora, é surpreendente observar a profundidade de seu trabalho, seu olhar muito afinado sobre o próprio processo criativo e o embasamento teórico que dá lastro aos seus estudos.

Ana Flávia começou seus estudos de dança ainda criança, sob a orientação de professores de Belém, como Teka Sallé e Sônia Massoud. Participou do Grupo Coreográfico do Colégio Moderno no período de 1988 a 1992, onde começou a ter contato com a criação coreográfica. Esse grupo veio a se tornar mais tarde a Companhia Moderno de Dança (CMD), dirigida por ela e que se tornou objeto da suas pesquisas de mestrado e doutorado no programa de pós-graduação em Artes Cênicas da Universidade Federal da Bahia (UFBA). Antes disso, no entanto, esteve na Escola de Danças Clara Pinto, de 1992 a 2002, onde obteve formação no método inglês da Royal Academy of Dancing. Ainda nesta escola, começou a lecionar *jazz*, sapateado e balé. De 1994 a 1997, fez o curso de licenciatura em Educação Física onde também passou por um período de experiências práticas de docência. Ingressou no mestrado na UFBA em 2002, tendo concluído seus estudos com distinção em 2004. Paralelamente ao mestrado, fundou a CMD, juntamente com Gláucio Sapucahy. Em 2005, ingressou no doutorado e o concluiu, também com distinção em 2008. Após sua defesa de tese, foi aprovada em concurso público para docente efetivo do Instituto de Ciências da Arte, Escola de Teatro e Dança da Universidade Federal do Pará. Nesta escola, ministra as disciplinas Leitura e Percepção Corporal e Prática de Montagem II (curso técnico de dança) e Fundamentos e Métodos da Dança II e Didática da Dança. Além disso, atualmente atua como diretora da mesma instituição.

Além do ensinamento que recebeu de seus mestres, que tecem a sua base prática, tanto em termos técnicos quanto criativos, Ana Flávia considera fundamental o contato com a teoria da dança para sua formação enquanto artista e pesquisadora. A feliz possibilidade de experimentar os estudos teóricos na CMD alicerçou muito bem sua tese que agora se transforma em livro.

Compartilhar esse processo criativo que, ao mesmo tempo, é universal e único, é a grande contribuição dessa obra, além do que é um veículo importante na divulgação do fazer artístico paraense. Essa experiência, agora repassada aos leitores generosamente, constitui-se da observação e análise cuidadosas do processo de criação e encenação do espetáculo *Avesso* da CMD.

No resumo de sua tese podemos ler: "tendo como objetivo criar e encenar o dito espetáculo, esta pesquisa focalizou a transfiguração dos movimentos orgânicos do corpo em movimentos de dança, na perspectiva de validar as opções metodológicas da criação coreográfica como recursos de uma poética contemporânea de dança, à qual é dada a denominação de dança imanente. Subsidiada nos preceitos da pós-modernidade em arte e nas noções contemporâneas de corpo vigentes nas diversas áreas do conhecimento, a análise propiciou a construção dos seguintes princípios criativos para o espetáculo: o princípio da imanência, consolidado a partir do conceito de corpo imanente; o da metalinguagem, identificado na noção de metacorpo e o da visibilidade, observado no conceito de corpo visivo. Esses princípios foram adotados como norteadores da noção de dissecação artística do corpo, tida aqui como procedimento metodológico gerador da poética da dança imanente. O produto cênico do espetáculo *Avesso* resultou em uma coreografia cujos padrões de movimento não foram construídos a partir de técnicas formais de dança, confirmando a hipótese de que essa experiência criativa instauraria um vocabulário de movimentos peculiar para a dança".

Percebemos que a leitura feita por Ana Flávia, embora realizada "de dentro" do processo, é com solidez distanciada e muito bem embasada teoricamente, sem cair em modismo ou longas citações, recursos muito comuns em pesquisas que unem teoria e prática. Pelo contrário, sua escrita é fluida e prima pela construção e desenvolvimento de voz própria, rica e original, caracterizando sua competência única.

Ao assistir ao espetáculo *Avesso*, objeto de análise e fruto da sua pesquisa, pude constatar que ali estavam todos os conceitos e elementos desenvolvidos na sua fala teórica. Desfilavam à frente dos meus olhos, a partir do movimento, da cena e, sobretudo, da construção daqueles corpos, os conceitos de imanência, metalinguagem corporal, visibilidade e tantos outros discutidos ao longo de sua pesquisa.

Por essas razões, só temos o que celebrar com a publicação desse estudo: um convite ao movimento, à teoria, à criação, à profundidade científica, à beleza da arte.

A Arte Do Avesso
João de Jesus Paes Loureiro[2]

Ana Flávia compreende a dança como resultado de uma sucessão de imagens mentais. Imagens reveladas pela imaginação visiva dos intérpretes. Não se trata apenas de "pensar por imagens", como sugere Ítalo Calvino em sua reflexões sobre arte, mas também, do sentir por imagens. Alimentada pelo movimento do cotidiano, a imaginação visiva gesta suas imagens com esteticidade potencial, a qual depois se atualiza como arte no gesto simbólico e artisticamente configurado na dança. Com esse procedimento, Ana Flávia Mendes Sapucahy dá prosseguimento à estratégia de desenvolver a análise teórica do processo criativo intercorrente com a construção cênica do espetáculo, gerando a produção de dois resultados: a encenação do espetáculo coreográfico e o ensaio espelhado no processo criativo que constitui este livro.

À semelhança da estratégia usada pela autora na construção artística e reflexiva do espetáculo *Metrópole* e o ensaio correspondente a ele, o atual, *Dança Imanente: uma dissecação*

---

[2] Poeta e professor da Universidade Federal do Pará. Mestre em Teoria Literária pela Pontifícia Universidade Católica (São Paulo – SP), doutor em Sociologia da Cultura pela Universidade de Paris IV (Sorbonne – Paris).

artística do corpo no processo de criação do espetáculo Avesso, é construído processualmente com a mesma CMD que materializou, portanto, a experiência anterior e a atual. Mantém a atmosfera de reencantamento estético do mundo, sendo que, na presente obra, paradoxalmente, esse reencanto origina-se do mesmo fator que proporcionou o weberiano desencantamento, isto é, a ciência. Nesse caso, em específico a biologia e a computação eletrônica. É o ardil conceitual contido no procedimento artístico e analítico percebido nesta obra *Avesso*. A própria ciência, aqui particularizada pela biologia e as técnicas complementares, razão de quebra do desencanto do mundo ao explicá-lo pela racionalidade científica, torna-se matéria para o reencantamento estético do mundo pela arte da dança.

A dança emana do corpo como a luz da lâmpada. Pode brotar, no entanto, de seu lado escuro. De seu avesso.

E o que se pode entender por esse avesso?

O avesso pode ser aquilo que tem aversão a outro. Ser contrário a isso ou àquilo. Conter um sentimento submerso de aversão que expulsa cada um para o seu lado. Rejeição. Além dessa dimensão disfórica, há uma outra, de significação complementar. Nesse foco, avesso pode ser percebido como algo que está do outro lado de algo, sendo sua contraface. O avesso da lua que Sapho conseguiu contemplar e cantar o devaneio, habitar. O avesso da vestimenta, que veste a fantasia para as festas do imaginário. O avesso do real, na cenografia da imaginação.

O avesso do avesso do avesso, que é tudo aquilo que o novo na arte busca encontrar.

O avesso é o outro lado oculto da verdade. Um modo outro de ver a verdade pelo seu outro modo de ser. Ver de dentro, pelo ângulo que está oculto: como o nascituro vê o útero, a semente vê a árvore, o sonho vê a realidade, os encantados veem a superfície do rio. Como Jonas viu a bíblica baleia, de seu ventre. Como a palavra vê a voz.

O avesso é uma verdade não revelada que, ao se revelar, faz deste o lado positivo da imagem, convertendo a face positiva em seu novo avesso. O avesso revelado torna-se o avesso de si mesmo, portanto, converte-se na outra face real revelada.

Ana Flávia sabe que o corpo humano tem no seu interior, nas suas entranhas, o seu avesso. Um avesso, entendido como uma outra forma de ser da verdade humana, só visível, no corpo, pela dissecação. Um processo de dissecação que só pode acontecer após a morte. De certo modo, a vida do avesso decorre da morte do corpo quando dissecado. Trata-se, portanto, de uma forma de redenção. A redenção do avesso feito arte pela contemplação do gesto no movimento anverso do corpo. Dança brotando do avesso-interior do corpo para sê-lo exterior. Ressurreição.

Ciência e tecnologia são tornados indutores da criação artística na dança. Ora, a ciência tem sido entendida como o avesso da arte. Mas assim como o negativo de uma fotografia vai revelando o seu positivo no líquido da bacia de um laboratório, a dança vai convertendo semioticamente o não artístico da ciência e do biológico do corpo em arte, visibilizado de modo coreográfico na dança.

Partindo do princípio de que as estruturas corporais não podem ser enxergadas a olho nu, Ana Flávia desenvolve a análise de um processo analítico determinado, concomitante ao acontecer desse processo criativo. Um caso específico de criação coreográfica caracterizada pela utilização de movimentos não codificados, ainda que originados do próprio corpo, não apenas humano como gênero, mas o corpo do agente intérprete-criador componente da CMD feito paradigma. Também o corpo que dança, dança o avesso de si mesmo. Todavia, afasta qualquer sentido mimético nessa criação-reflexiva ou reflexão-criativa. Há criação simbólica, não transposição imagética.

Tendo em conta que a exposição dessas estruturas corpóreas só pode acontecer por meio da tecnologia, Ana Flávia demonstra que sua visibilidade decorre da imaginação. Estamos, portanto, no campo da visibilidade possível. Esta epifanizada pela dança que, ao mesmo tempo, leva aos que dançam a consciência da constituição de seus próprios órgãos e sistemas corporais. Como também, por meio disso, coloca o intérprete-criador no palco de sua condição de ser no mundo. O dançarino e a dançarina situados no eixo agônico do conflito entre a finitude da condição humana e a busca do ultrapassamento da morte pela eternidade da arte.

Ana Flávia analisa a produção de imagens visivas resultantes da ressignificação das imagens corporais, quando essas deixam de ser fisiológicas ao se tornarem estéticas. Ou seja, perscruta o processo de conversão semiótica[3] das imagens visivas em imagens expressivas, constituidor da transfiguração do visivo no visível.

A particularidade tanto da concepção do espetáculo *Avesso*, quanto da fina interpretação do processo de sua gestação consumatória, está em incorporar a claridade, o esplendor da criação-reflexão artística na matéria orgânica do corpo já racionalizado pela ciência. A partir daí, acrescenta-se ao processo criativo as intuições, fruto do autoconhecimento alcançado pelos intérpretes-criadores. Promove e analisa a transformação da "forma formante" em "forma formada", como Luigi Pareyson define esse processo. O corpo concebido cenicamente como forma-conteúdo-formante da forma-formada-simbólica em cena. Cedendo voz à Ana Flávia: "nesse processo de criação, o corpo não apenas é (na obra), ele é sendo (também no processo), além de o ser enquanto conteúdo".

Fruto da escolha metodológica guiada pela criação-autorreflexiva, Ana Flávia se revela coreógrafa de marcante originalidade

---

[3] Loureiro, J.J.P. A conversão semiótica na arte. Belém, Editora Universitária/ UFPA, 2007.

criadora e, inventora de uma proposta artística no campo da dança, entendendo que esta decorre de transfigurações entre a realidade e a imaginação. É nesse "entrelugar" onde ela vislumbra o acontecer de sua dança. Sua proposta confere aos intérpretes a atmosfera propícia à consciência de suas próprias conscientizações corporais, casulo de onde há de libertar a libélula do gesto e seu esplendor. A culminância dessa proposta é propiciar a vivência promotora da "criação de padrões de movimentos não codificados pelas técnicas de dança, vendo acontecerem, portanto, a invenção e reinvenção visiva e visível do próprio corpo que dança".

Estamos diante de uma inovadora proposta de dança, original entre o fazer e o pensar. A encenação do fazer não inibida pelo rigor do pensar; e nem o rigor do pensar inibido pela emoção do fazer. Este é um dos sinais da modernidade contemporânea na proposta de Ana Flávia: a individualização do processo teórico pelo artista e sua expressão formalizadora intercorrente com o processo de criação. Vincula-se à tendência atual em que o artista concebe sua obra entrelaçadamente com a criação de uma teoria que a sustente. Correspondência assumida entre imaginação e entendimento? Do sentir pensando? *Coincidentia opositorum* como *agonistes* no interior do processo criativo? Inquietação individualizadora de um novo humanismo, em uma época de individualizações do homem no mundo? Libertação de modelos ou fórmulas? Ousadia do indivíduo que se sabe hoje na condição de poder "apenas por um gesto internético" alcançar o universal?

Enfim, este excelente livro contém uma reflexão surtida de uma criação de espetáculo coreográfico, propiciado por original concepção de dança. E a dança, penso, é sempre o lindo gesto de um salto de corpo e alma que vai de uma a outra margem do abismo que separa o ser e o "não-ser".

Introdução

CORPO-PASSAGEM[4]

Corpo-passagem.

Estado efêmero de corpo.

Morte, sexo, doença, viagem, *piercing*, cirurgia, gravidez, defecação, tatuagem, machucado. Tudo é corpo e tudo é passagem.

Fronteira entre um lugar e outro lugar. Um não-lugar.

Fronteira entre vida e morte. Não-vida, não-morte.

Uma dança de células piratas. Pirataria do corpo. Corpo replicante. Corpo em processo reprográfico. O começo do fim.

Nem começo, nem fim. Passagem.

Fissura, dobra, limiar.

Corpo à prova. Estados de ser; estágios do ser.

Passagem entre indivíduo-corpo e coletividade-ambiente.

Passagem entre micro e macro. Visível e invisível.

Acessível, porém, irrevelado.

Revelável, porém, oculto.

---

[4] Poema de minha autoria, escrito em 1º de junho de 2006, após um dia de trabalho e reflexões sobre o processo criativo do espetáculo que é objeto de investigação desta análise.

Nem visível, nem invisível.

Uma (in)visibilidade. Ver *in*. In-visível.

Um estado de descobrir o corpo em um estado de ser.

Condição de ser para ver o corpo.

O não-lugar do corpo no lugar do próprio corpo.

Metacorpo no metacarpo. Entrededo ou entremão?

Passagem.

Nem verso, nem reverso.

O avesso do avesso do avesso do avesso...

O infinito. Processo. Contínuo.

Curso, decurso, construção, metamorfose.

Corpo-passagem.

O que pode o contato com múltiplas teorias mudar na vida de um artista? Como as subjetividades da vida acadêmica transformam o artista no seu fazer e no seu pensar? Que outras concepções de dança podem surgir a partir do envolvimento com as artes cênicas em nível acadêmico? Essas são perguntas que me faço com regularidade, pois sinto-me absolutamente abraçada ao universo teórico que dialoga com meu fazer coreográfico. Percebo que minha produção artística ganhou uma outra dimensão em função dessa relação, de modo que até mesmo os conceitos e valores éticos e estéticos, arraigados à minha formação em dança, foram revistos e, consequentemente, transformados.

Sim, transformação talvez seja a melhor palavra para começar essa explanação. É essa a palavra que norteia todo o raciocínio teórico-prático que cerca o presente livro, pois é a partir de um entendimento do corpo como algo em transformação que são lançados, aqui, conceitos e noções que se pretendem contributivos para os estudos de corpo e dança na cena contemporânea.

Corpo-passagem, o poema em destaque no início desta introdução, com título inspirado nas reflexões de Sant'ana (2001) sobre a subjetividade do homem contemporâneo, traduz a inquietação e a necessidade de dizer, por intermédio dos versos, o que se quer ao afirmar a condição de transformação do corpo. Trata-se, na verdade, de um emaranhado de vivências teórico-práticas que deságuam na escrita poética, contribuindo com o desenrolar da pesquisa aqui explanada. Este trabalho, por sua vez, seguindo os preceitos de algumas das teorias que estudam o corpo na contemporaneidade e associando isso aos estudos de estética da pós-modernidade coreográfica, pretende implementar diferentes conceitos de corpo a partir de uma experiência criativa em dança.

Tal proposição reflete uma continuidade dos estudos iniciados em minha pesquisa de mestrado, que culminou, além da dissertação[5], em um produto estético: o espetáculo *Metrópole*. Este aqui teve como enfoque a abstração gestual do cotidiano inerente às grandes cidades, concentrando a pesquisa, portanto, nas vivências dos próprios intérpretes enquanto indivíduos urbanos, globalizados e viventes na pós-modernidade.

---

[5] Dissertação tornada livro e publicada como primeiro volume da coleção Processos Criativos em Companhia, da qual o presente trabalho também faz parte.

O trabalho, criado para a CMD, gerou inúmeras inquietações, dentre as quais se destaca a necessidade de investigar o movimento para a dança, não a partir de uma fórmula préconcebida, mas sim, de uma certa particularidade do intérprete, de modo a desvendar a maneira de fazer, conforme as necessidades de cada processo e, principalmente, de acordo com as idiossincrasias de cada integrante do elenco.

A inquietação em questão vem norteando toda a prática da CMD e, por conseguinte, a minha própria maneira de entender dança, já que trabalho como diretora artística do grupo. Além disso, esse mesmo desassossego surge como elemento norteador desta nova pesquisa que tem como motivação a prática cênica/coreográfica a partir da compreensão do corpo no contexto contemporâneo das teorias que o estudam.

Fruto de vivências coletivas, construtoras não apenas de conhecimento teórico-prático no campo das artes, mas também de um desejo conjunto de fazer da dança um instrumento transformador do sujeito, este livro é, portanto, resultante de minha pesquisa de doutorado, defendida no programa de pós-graduação em Artes Cênicas da UFBA. Trata-se, sobretudo, de um livro-tese, uma etapa de minha formação artística e acadêmica, compartilhada com os integrantes da CMD.

Ouvi dizer em algum lugar que *um sonho que se sonha só é só um sonho, mas um sonho que se sonha junto pode se tornar realidade*. Utopias à parte, o produto estético desta pesquisa reflete justamente isso, não apenas no seu contexto micro, entre os sujeitos da pesquisa, mas também em um sentido macro, em que situo outros sujeitos fazedores de dança no estado do Pará.

Os processos de criação e encenação do espetáculo *Avesso*, objeto dessa dissertação, são resultantes de um sonho que não se sonha só, pois são reflexos de um esforço coletivo maior, que vem repensando a dança enquanto conceito e criando em Belém e no interior do estado um ambiente propício à pesquisa e investigação dessa linguagem. Neste livro-tese, seu objeto e seus sujeitos se inscrevem nesse universo macro da dança paraense, configurando-se como mais uma proposta, mais uma abordagem criativa.

Apresento aqui um conjunto de experiências encaminhadoras da consolidação de uma proposição particular de procedimentos metodológicos para a criação coreográfica. Digo consolidação por acreditar que *Avesso*, e tudo que seu processo criativo instaura, vem ratificar a prática da CMD como perseguidora desse ideal desde sua fundação.

Este grupo foi criado em meados de 2002 e é formado por antigos alunos do Colégio Moderno, instituição de ensino formal da rede privada de Belém do Pará. O nome do grupo faz alusão a essa instituição. Seus integrantes não somente concluíram o ensino médio nesse colégio, mas iniciaram seu processo de formação em dança, no Grupo Coreográfico do Colégio Moderno.

A partir desta pesquisa, teorizo e disponibilizo, juntamente com a CMD, o nosso jeito particular de fazer dança que, por meio da repercussão de espetáculos e outras iniciativas, vem se mostrando contributivo para o contexto macro da dança no Pará.

Um exemplo dessa repercussão são as diversas premiações[6], os espaços concedidos pela mídia impressa e televisada e o reconhecimento manifestado por pessoas da categoria artística[7], recebidos ao longo de quase sete anos de existência, em especial após a estreia do espetáculo *Avesso*, isto é, a partir de 2006.

De fato, o *Avesso* não é apenas um produto desse livro, mas sim uma obra que vem consolidar uma proposta de movimentar Belém, provocando o exercício da reflexão acerca da dança e convidando os artistas a estudar, discutir e transformar juntos isso que, na cidade, é conhecido como dança contemporânea.

Coreógrafos como Eni Corrêa, Teka Sallé, Ricardo Risuenho, Marilene Melo, Waldete Brito, Eleonora Leal, Ronald Bergman e tantos outros[8], alguns deles contemporâneos ao

---

[6] Desde seu surgimento a Companhia Moderno de Dança vem recebendo diversos prêmios, tais como: Prêmio Secult-PA de estímulo à criação em Dança (2006 e 2007); Prêmio Funarte de Dança Klauss Vianna (2006, 2008 e 2009): prêmio de Melhor Coreografia no Encontro Internacional de Dança do Pará (2006); prêmio de Melhor Grupo no Encontro Internacional de Dança do Pará (2005); prêmios Sesi de Dança de Melhor Coreógrafa (2004 e 2006), Melhor Bailarina (2004), Coreógrafo Revelação (2003 e 2005), Bailarino Revelação (2003) e 1º lugar em dança contemporânea no festival Dança Pará (2003, 2004, 2005, 2006, 2007 e 2008), dentre outros.

[7] O interesse, apreciação e contribuição dessa categoria para o trabalho do grupo são manifestados por meio de mensagens, *e-mails*, publicações em *blogs*, discursos nos debates reflexivos sobre o espetáculo *Avesso* e outras situações, o que, para a CMD, é de significativa relevância, tendo em vista a ausência de um espaço efetivo para a crítica de dança no estado do Pará.

[8] Opto por enfatizar aqui aqueles que propõem investigar linguagem em dança e não a reproduzir, ainda que com excelência, uma linguagem ou técnica formal já concebida.

surgimento da CMD, com seus anos de experiência e produção artística, são alguns dos primeiros provocadores dessas reflexões. Enquanto precursores, esses artistas se fazem fontes inspiradoras para os sujeitos desta pesquisa.

Retomando as reflexões sobre a pesquisa em pauta, é possível apontar como questão inicial para sua implantação uma inquietação e necessidade pessoal de fazer dança de um modo particular, desenvolvendo padrões de movimento não explorados pelas técnicas formais de dança. O que se quer, portanto, é desenvolver uma maneira de fazer dança sem precisar utilizar os recursos técnicos do balé e da dança moderna, por exemplo.

Para atingir essa meta, o objetivo geral aqui traçado é conceber e encenar um espetáculo de dança a partir do uso de imagens internas, do corpo, propiciadas por tecnologias médicas, associadas a experimentações que visem o desenvolvimento da percepção sutil de órgãos e movimentos internos da fisicalidade humana, analisando seus conceitos norteadores, seus princípios criativos e as implicações estéticas verificadas em sua composição.

Contribuem com essa finalidade geral os seguintes objetivos específicos: realizar um panorama histórico-analítico de abordagens da anatomia humana nas artes plásticas; desenvolver exercícios de improvisação para o aprimoramento da percepção corporal dos intérpretes, ampliando a pesquisa de movimento para a dança; investigar as possibilidades de movimento voltadas para o espetáculo a partir da visualização de imagens dos movimentos involuntários das estruturas corporais internas do ser humano, analisando registros de exames médicos diagnosticados por imagem; organizar as propostas de movimento produzidas pelos intérpretes a partir dos subsídios metodológicos do processo criativo, selecionando-as para a composição coreográfica; discutir possibilidades criativas em dança propiciadas pela relação entre consciência corporal e pesquisa de movimentos para a cena coreográfica.

É importante destacar que, a partir do objeto estético gerado nesta pesquisa, reconheço, enquanto coreógrafa e encenadora, há uma maneira diferenciada de criar dança emergindo no trabalho da CMD. É a essa maneira de conceber a arte do movimento a que me dedico junto ao grupo, buscando validá-la como metodologia de criação e como poética cênica.

Para tanto, priorizo aquilo que os intérpretes propõem enquanto movimento no decorrer da pesquisa e não o que um coreógrafo venha a instituir para a dança. O coreógrafo é, assim, muito mais um organizador de ideias do que propriamente um criador de movimento, cabendo esta última função ao próprio intérprete, o que está em consonância com a prática contemporânea de criação em dança.

Entendo que, dessa maneira, os padrões formais de dança certamente estão imbricados no fazer coreográfico, uma vez que eles são inerentes à formação dos intérpretes e, portanto, à sua maneira de movimentar-se cenicamente. Entretanto, acredito que haja maneiras de sensibilizar esses intérpretes tornando-os aptos a experimentar diferentes possibilidades para a dança, ou ainda, transformar os padrões já existentes.

A presente pesquisa, portanto, procura confirmar a hipótese de que a concepção e encenação de um espetáculo pautado nos recursos criativos aqui apresentados resultará em uma poética de dança específica, em que o processo será alicerçado na transfiguração dos próprios corpos dançantes. O desenvolvimento das condutas metodológicas desta pesquisa, cuja construção é dada pelo uso de estratégias que não têm como prioridade o fazer artístico e, dentre as quais, se destacam os exames médicos diagnosticados por imagens, promoverão o aprimoramento da consciência do corpo de quem dança, refletindo um produto estético caracterizado muito mais por sensações do que por aspectos técnico-formais preestabelecidos. Dessa maneira, será instituída uma linguagem corporal inserida no campo das poéticas contemporâneas de dança, porém, com especificidades criativas e, logo, cênicas.

A ideia aqui é promover uma organização coreográfica que não se estabeleça por meio de padrões visuais de dança já constituídos, mas, sim, por intermédio de sensações provocadas pela sensibilização corporal que, por sua vez, é o que gera a estética do movimento.

Para o desenrolar da pesquisa, considero que o ato da criação do movimento não configura uma estética da forma visual que ele possui, mas uma estética com outros apelos sensoriais, isto é, que requer outras maneiras de lidar com a criação em dança, compreendendo o movimento a partir do próprio corpo e não de uma imagem exterior a ele.

O objeto de investigação deste estudo, ou seja, a experiência criativa em questão, denominada de *Avesso*, nada mais é do que uma experimentação de possibilidades de movimento para a dança por meio de uma pesquisa coreográfica centrada no próprio corpo dos intérpretes. As questões motivadoras desse espetáculo, por sinal, instigam a prática da CMD como um todo, funcionando como fonte primeira de recursos criativos. O corpo é sempre o estímulo maior da companhia, não somente para *Avesso*, mas também para as produções anteriores e posteriores a ele. No caso específico de *Avesso*, porém, são englobadas duas estratégias metodológicas para criar dança partindo do corpo, conforme relacionado nos objetivos desse trabalho.

A primeira delas é a utilização de métodos de consciência corporal que possibilitem a sensibilização das camadas mais submersas do corpo, isto é, a percepção sutil de órgãos e movimentos involuntários, na perspectiva de, a partir disso, desenvolver padrões de movimento diferenciados daqueles estabelecidos pelas técnicas formais de dança. Os métodos de aprimoramento da consciência corporal utilizados no decorrer da estratégia em questão encontram-se mesclados ao longo de todo o processo de criação. Assim, princípios de *Body-mind Centering*®[9] são associados a noções de conscientização corporal (Imbassaí, 2003) e ao método Angel Vianna de consciência do movimento[10], na perspectiva de desenvolver

---

[9] Método inserido no campo da somática que procura promover o aprimoramento da consciência corporal por meio de práticas de sensibilização das camadas mais submersas do corpo. Adiante, no último capítulo, tecerei maiores esclarecimentos sobre o referido método.

[10] Angel Vianna, bailarina, coreógrafa e diretora da Faculdade Angel Vianna é responsável pelo desenvolvimento de uma estratégia metodológica de sensibilização corporal de seus alunos cujo princípio maior está centrado num ideal de integração entre corpo e mente do homem. A essa estratégia Angel Vianna denomina consciência do movimento, noção que inspira a conscientização corporal, conforme explicarei no capítulo quatro.

exercícios provocadores do desenvolvimento de vocabulário gestual para a dança.

A segunda estratégia metodológica de criação é a utilização de tecnologias médicas que possibilitem a visualização, por parte dos intérpretes, da constituição anatômica e fisiológica do corpo humano. Para tanto são utilizados exames médicos de alta resolução diagnosticados por imagem, além de outros recursos normalmente utilizados para o estudo do corpo na área da saúde.

A intenção é, portanto, propiciar aos intérpretes diferentes estímulos criativos por meio de alternativas metodológicas que não tenham como função primeira a utilidade estética. Dentre as estratégias utilizadas, uma tem prioridade terapêutica, ampliando o conhecimento do homem acerca de si, enquanto a segunda possui como finalidade inicial estudar a anatomia e fisiologia do corpo humano para diagnosticar possíveis problemas de saúde por intermédio da visualização de imagens mais precisas dos órgãos internos.

No caso do processo criativo que direciona este livro, observa-se que as referidas estratégias também passam por um processo de transformação, de modo que suas funções são revistas e redimensionadas, passando a ter a função estética como prioridade. Em termos de referências conceituais, pode-se entender essa transformação como um processo de conversão semiótica (Loureiro, 2002 e 2007), em que a função utilitária dos recursos metodológicos da pesquisa prática ganha outros contornos, transfigurando e transformando essa função que, por sua vez, passa a ser artística.

Essa noção de transformação, a partir do conceito de conversão semiótica, é um dos principais recursos teóricos da pesquisa. Somado a isso, destaco os princípios da pós-modernidade em dança (Silva, 2005), que colaboram para a construção dos conceitos lançados neste estudo e para a estética do espetáculo *Avesso*, justificando, inclusive, a conversão semiótica do corpo como procedimento criativo.

No intuito de alcançar os objetivos traçados para a pesquisa em questão, este livro encontra-se dividido em quatro capítulos cujos títulos se reportam a quatro modos de olhar o corpo em *Avesso*, apontando, assim, para os seguintes conceitos: corpo dissecado, corpo imanente, metacorpo e corpo visivo.

No primeiro capítulo, é traçado um panorama analítico das relações entre arte e anatomia nos diferentes períodos históricos das artes plásticas. O objetivo desse capítulo é fundamentar a implantação do conceito de corpo dissecado que, pautada principalmente na suposta[11] dissecação promovida por Michelangelo na pintura da capela Sistina, pretende ser uma noção de corpo no processo criativo de *Avesso*. Não se trata de uma dissecação propriamente dita, mas de uma transformação do corpo cênico por intermédio de uma dissecação

---

[11] *Suposta* porque este meu juízo de que Michelangelo realizou uma dissecação do corpo, por meio da pintura, é fundado em evidências de veracidade não comprovadas. Essas evidências, contudo, apontadas por dois pesquisadores da área da medicina (Barreto & Oliveira, 2004), apresentam argumentos convincentes o suficiente para lançar a ideia de uma espécie de dissecação que poderia vir a ser implementada para a arte da dança. Ao longo do primeiro capítulo detalharei a suposição dos referidos pesquisadores, bem como minha proposta de dissecar o corpo por meio da dança.

artística. Esse é o procedimento pelo qual a coreografia é criada no espetáculo.

O segundo capítulo, mais sustentado nos estudos de dança e pós-modernidade (Silva, 2005), nas teorias contemporâneas de corpo e na estética (Pareyson, 1997), propõe considerar, para a cena coreográfica, as vivências pessoais do intérprete, suas idiossincrasias e subjetividades, sem deixar de considerar as multiplicidades características do corpo. O corpo imanente, então, surge como noção que acredita na existência do corpo cênico como algo que, mesmo inerente à pessoalidade do intérprete, não se encontra fixo e estabelecido, mas em constante processo de construção e, consequentemente, de transformação.

O terceiro capítulo, pautado em teorias da linguística (Jakobson, 2001), pretende discutir acerca do corpo e da dança como linguagens e, portanto, como agentes de discurso. Refletindo sobre os estudos linguísticos e sobre a noção de dramaturgia do corpo (Greiner, 2005), traço um paralelo entre as noções de corpo como sujeito e objeto (Merleau-Ponty, 1994) e proponho a noção de metacorpo, considerando, para tanto, os aspectos referentes ao tratamento estético concedido ao processo criativo de *Avesso* e as consequentes transformações de sentido do corpo no espetáculo.

No quarto e último capítulo, apresento um diálogo entre as noções de visivo e visível, emprestadas dos estudos literários de Calvino (1990). Nesse momento, são tecidas considerações acerca das maneiras como os corpos dos intérpretes podem ser visualizados no processo criativo do espetáculo. Para tanto, são consideradas duas formas de visualização: a visiva e a visível.

A primeira é viabilizada nesta pesquisa pela utilização das estratégias metodológicas de pesquisa e criação do movimento, promovendo uma espécie de visualização não literal do interior do corpo, isto é, uma visualização estabelecida pelas diferentes percepções e sensações corporais. A segunda forma de visualização, abordada nesse capítulo, é aquela que apresenta imagens visíveis do corpo segundo os elementos cênicos do espetáculo, da coreografia ao cenário. O corpo visível é a materialização artística de corpo que a encenação do espetáculo promove.

Como se observa, a noção de transformação passeia por todo o texto, permeando o raciocínio do processo criativo do espetáculo e, por conseguinte, da pesquisa que, inserida na área das artes cênicas, caracteriza-se como uma pesquisa-ação, isto é:

Um tipo de pesquisa social com base empírica que é concebida e realizada em estreita associação com uma ação ou com a resolução de um problema coletivo e no qual os pesquisadores e os participantes representativos da situação ou do problema estão envolvidos de modo cooperativo e participativo (Thiollent, 1985, p. 14).

Este livro surge, portanto, como um trabalho de pesquisa acadêmica com ênfase em um processo coreográfico, no qual me encontro absolutamente envolvida, assumindo a função de coreógrafa, diretora artística, encenadora e, assim, a qualidade de pesquisadora participante valendo-me da observação participante, que fundamenta a etnopesquisa. Macedo (2004, p. 153-154) explica:

Uma das bases fundamentais da etnopesquisa, a observação participante, termina por assumir sentido de pesquisa participante tal o grau de autonomia e importância que assume em relação aos recursos de investigação de inspiração qualitativa.

A observação participante, na qual me incluo, caracteriza-se como observação participante completa por pertencimento original (Macedo, 2004), isto é, sou uma pesquisadora que faz parte da comunidade estudada, a CMD que, por sua vez, autoriza minha investigação.

Sendo assim, este livro se constrói pelo enfoque da etnopesquisa que, inspirada pela argumentação fenomenológica, "permite que o objeto comunique a análise a partir daquilo que é construído e a partir do próprio fenômeno" (Macedo, 2004, p. 43), corroborando o caráter processual do objeto e, por conseguinte, a noção de transformação vigente no pensamento que circunda a pesquisa, por meio das suas concepções de relatividade e imprevisibilidade.

Como opções metodológicas, destacam-se, na criação de *Avesso* e, por conseguinte, na configuração deste texto, a pesquisa bibliográfica; a observação sistemática por intermédio da análise dos laboratórios de pesquisa coreográfica e dos exames médicos coletados, bem como de outras fontes de visualização da anatomia e fisiologia humanas (atlas de anatomia e vídeos documentários sobre o tema); a observação participante sobre o objeto da pesquisa, predominando nesse momento o mútuo envolvimento entre pesquisador e sujeitos, de modo que a população pesquisada forme um "*corpus* interessado na busca do conhecimento" (Macedo, 2004, p. 154), participando interativamente da pesquisa.

Minha observação focaliza, sobretudo, a transfiguração do corpo na ação dos movimentos dançados. No entanto, o espaço para olhar as transformações do corpo na coreografia e nos demais elementos cênicos do espetáculo é validado, além das opções metodológicas anteriormente explicitadas, pela utilização de parte do *Questionário Pavis* (Pavis, 2003, p. 33-34), sugerido como recurso para o que o autor chama de análise do espetáculo. Esse questionário, porém, é utilizado aos poucos, somente para as questões de interesse desta pesquisa. Suas respostas não são disponibilizadas para o leitor, elas apenas servem como direcionadoras das minhas reflexões.

De forma complementar, utilizo falas de espectadores da encenação, surgidas a partir de debates reflexivos realizados após apresentações do espetáculo e, a exemplo do que foi feito em minha pesquisa de mestrado, conforme as diretrizes da etnopesquisa, recorro à utilização de entrevistas de estrutura aberta e flexível com os integrantes do elenco do trabalho e os artistas envolvidos no espetáculo, criadores dos elementos cênicos.

Essas pessoas contribuíram tecendo comentários acerca das etapas criativas. A essa coletânea de material, opto por chamar de *Diálogos Reflexivos*. Eles compreendem tanto reflexões dos envolvidos no processo de *Avesso*, quanto impressões de espectadores. Alguns trechos desses diálogos são utilizados no corpo do texto.

Outra coletânea que, em alguns momentos, utilizo neste texto analítico, compreende o material produzido pelos dançarinos da CMD, por meio da fala e da escrita dissertativa, narrativa e/ou poética. São maneiras diferenciadas de registro das impressões dos sujeitos da pesquisa, catalogadas em diários de bordo e úteis à análise do objeto de estudo.

Vale reiterar, para o material de análise selecionado, o respaldo dado pela etnopesquisa, que propõe ao pesquisador validar seu estudo pela fala dos sujeitos, permitindo-lhes revelar respostas significativas no teste da hipótese lançada nos planos de investigação do objeto.

1 O CORPO DISSECADO: UM ESTUDO DAS CONCEPÇÕES ARTÍSTICAS DA ANATOMIA HUMANA NA PERSPECTIVA DE UM PROCESSO CRIATIVO EM DANÇA

A influência da anatomia humana sobre as artes é algo que se caracteriza, além do interesse estético, pelo desejo de aliar arte e ciência, expresso pelos artistas dos mais diferentes períodos. A relação estabelecida entre essas duas vertentes fez com que, ao longo da história, ocorressem grandes transformações nos estudos da anatomia humana, assim como na própria arte, que passou a valer-se de procedimentos eminentemente científicos para a pesquisa e a composição de obras. Dentre esses procedimentos destaco o ato da dissecação.

A finalidade da dissecação é separar as estruturas anatômicas visando o estudo minucioso e promovedor do conhecimento do corpo para a investigação de possíveis tratamentos de doenças, preparar médicos para a realização de procedimentos cirúrgicos, dentre outras atividades afins. Segundo Leite (2007), dissecção ou dissecação é o ato de "separar com instrumental cirúrgico ou não, os componentes anatômicos de um corpo, por doença, com finalidade de estudo ou para execução de um procedimento".

Este estudo, por sua vez, lança mão de uma maneira diferenciada de dissecação, a qual só se faz possível por meio do processo artístico. Trata-se, portanto, de uma dissecação artística do corpo. Essa noção surge pautada no olhar sobre a pintura de Michelangelo na capela Sistina.

A partir desse estímulo indutor, situado na obra de Michelangelo, o presente capítulo abrange, em sua reflexão, o âmbito histórico-analítico acerca das relações entre arte e anatomia. O objetivo aqui é refletir sobre as possibilidades de diálogo entre a presença da anatomia nas artes plásticas e o processo criativo que norteia esta pesquisa, traçando, para tanto, um painel histórico da arte com destaque para o olhar lançado sobre o corpo.

Vale ressaltar que essa abordagem não se pretende uma análise histórica detalhada da arte como um todo, o que tornaria o texto demasiadamente extenso. Diante da prioridade dada à arte renascentista por conta da capela Sistina, ponto de partida para a ideia de dissecação em arte, opto por um recorte, em torno das artes plásticas produzidas no ocidente europeu, para verificar as possíveis dissecações artísticas nos diferentes períodos.

Destaco, ainda, dentro desse recorte, alguns exemplos do olhar sobre o corpo na arte brasileira. Tal proposição articula-se com a observação dos resultados estéticos das dissecações verificadas nas obras plásticas produzidas no Brasil, contexto em que se inserem este livro e os conceitos nele propostos.

Breve Abordagem Histórico-Analítica Da Arte Sob A Ótica Da Anatomia Humana

O corpo humano nas produções artísticas: da Pré-História aos romanos

Desde o período mais remoto da história da humanidade e da arte, o homem sempre apresentou uma certa preocupação em relação à necessidade de autorretratar-se e, por conseguinte, conhecer mais intimamente sua anatomia. Representações do corpo humano sempre estiveram em evidência nas produções artísticas, tanto na pintura quanto na escultura. Um bom exemplo do quanto são longínquas essas representações é a *Vênus de Willemdorf*, que remonta ao período Paleolítico[12], conforme explica Proença (2004).

Figura 1 – *Vênus de Willemdorf*

Fonte: Proença (2004, p. 12)

A forma humana representada na Idade da Pedra Lascada.

---

[12] O período Paleolítico faz parte da Pré-História que se divide em três momentos: o Paleolítico Inferior (aproximadamente 500.000 a.C.), o Paleolítico Superior

As representações do corpo tanto do homem quanto de outros animais, entre os povos primitivos, muitas vezes não seguiam os padrões formais, mas sim, adquiriam características incomuns e, até certo ponto, bizarras para os olhos "atuais" do senso comum. Isso provavelmente se explica pela relação que a arte pré-histórica possuía com as crenças. Para o homem pré-histórico, as imagens, entendidas aqui como suas obras de arte, carregavam, além de uma característica estética, uma intenção mágica que, de acordo com estudiosos, referia-se às crenças. A dissecação artística do corpo na Pré-História, portanto, tinha atributos de caráter sobrenatural, a partir dos quais o homem esperava alcançar determinados objetivos de vida.

A explicação mais provável para essas pinturas rupestres ainda é a de que se trata das mais antigas relíquias da crença universal no poder produzido pelas imagens; dito em outras palavras, parece que esses caçadores primitivos imaginavam que, se fizessem uma imagem da sua presa – e até a espicaçassem com suas lanças e machados de pedra – os animais verdadeiros também sucumbiriam ao seu poder (Gombrich, 1993, p. 22).

De certa forma, a aparente imaturidade das pinturas e esculturas rupestres tem, no fundo, um forte apelo estético

---

(cerca de 30.000 a.C.), e o Neolítico (aproximadamente 10.000 a.C.). Os dois primeiros são conhecidos também por Idade da Pedra Lascada, enquanto o terceiro pode ser ainda denominado de Idade da Pedra Polida. (*cf.* Proença, Graça. *História da arte*. 16 ed. São Paulo, Ática, 2004. p. 10).

de abstração. Pode-se inferir que elas antecipam o desenrolar artístico das abordagens plásticas do corpo.

Uma representação do corpo humano que remonte a esse período demonstra o que Singer (1996) chama de instinto anatômico. O autor explica:

> Existe, de certo modo, um instinto anatômico, cujos primórdios teríamos que procurar em um passado muito remoto. [...] podemos perceber nas tradições do caçador ou no ofício do açougueiro, um acurado senso de anatomia, embora adaptado somente a certos fins e limitado a um campo restrito. O arqueiro paleolítico sabia muito bem onde encontrar o coração de sua vítima, que ele retratou trespassado por flechas, nas paredes de seu abrigo. O artista que trabalhou na caverna Mas D'Azil nos deixou muitos testemunhos de sua habilidade e de seus conhecimentos. Estes incluem esculturas de crânios de cavalo, e mesmo a representação exata da dissecação de uma cabeça de cavalo exibindo o contorno dos músculos superficiais (Singer, 1996, p. 19).

Ainda que não voltado exatamente para o corpo humano, pode-se dizer que esse instinto anatômico tenha permeado o fazer artístico da época. É possível acreditar que, a partir dos conhecimentos desse instinto acerca de animais de diversas espécies, o homem tenha iniciado um processo de investigação anatômica, mesmo que essa não tivesse atributos de ciência.

Abordando a trajetória evolutiva das artes plásticas, Proença (2004) faz referência aos diversos períodos históricos da existência dessa linguagem. Com o intuito de investigar a presença do conhecimento acerca do corpo humano, bem como as diversas maneiras de expressá-lo artisticamente, interessa-me, contudo, verificar a relação entre essa evolução e a utilização de formas humanas nas criações artísticas desses períodos, isto é, observar a história da arte sob a perspectiva da anatomia humana, entendendo os processos artísticos como formas de dissecação do homem.

Nesse sentido, vale apontar a arte egípcia, precursora da arte europeia ocidental, cuja relação com a anatomia se deu de forma curiosa. Para os egípcios, o domínio da técnica deveria sobrepor-se ao estilo do artista, pois o mais importante não era a beleza, mas a plenitude da obra. Observando as pinturas egípcias, verifica-se que "a tarefa do artista consistia em preservar tudo com a maior clareza e permanência possível [...]. Tudo tinha que ser representado a partir do seu ângulo mais característico" (Gombrich, 1993, p. 34).

As formas anatômicas seguiam a lei da frontalidade, o que atribuía a essas representações uma certa ausência de semelhança com a realidade. Segundo Proença, essa lei estabelecida para as pinturas egípcias "determinava que o tronco da pessoa fosse representado sempre de frente, enquanto sua cabeça, suas pernas e seus pés eram vistos de perfil" (Proença, 2004, p. 19).

Considerando essa constatação, é possível verificar que os egípcios possuíam, de fato, uma certa preocupação com a abstração, ao contrário do naturalismo que se produzia no período Paleolítico. Para eles:

A arte não deveria apresentar uma reprodução naturalista que sugerisse ilusão de realidade. Assim, diante de uma figura humana retratada frontalmente, o observador não poderia confundi-la com o próprio ser humano. Ao contrário, deveria reconhecer claramente que se tratava de uma representação

(Proença, 2004, p. 20).

Figura 2 – Baixo relevo egípcio (cerca de 2500 a.C.)

Fonte: Proença (2004, p. 19)

A representação da forma humana na arte egípcia.

Já no que se refere às esculturas, os egípcios tinham a preocupação de revelar algumas particularidades de fisionomia, raça e até mesmo condição social, aprofundando, portanto, a pesquisa acerca do corpo humano a ser representado e, por essa razão, estreitando relações com a investigação da anatomia humana.

Assim, como para os povos pré-históricos, a crença também foi o motivo que desencadeou a arte egípcia. Era para os faraós que essas criações eram feitas, de modo que, para promover a ascensão da alma desses seres "divinos" quando mortos, foram concebidas diversas estratégias, dentre elas, construções de pirâmides e mumificações, além da criação de imagens dos rostos dos faraós, constituindo representações do corpo humano na arte daquele período. Gombrich (1993, p. 33) constata:

> Os egípcios acreditavam que apenas preservar o corpo não era bastante, mas que se uma fiel imagem do rei fosse preservada, não havia a menor dúvida de que ele continuaria vivendo para sempre. Assim, faziam com que os artistas esculpissem a cabeça do rei em imperecível granito e a colocavam na tumba, onde ninguém a via, a fim de aí exercer sua magia e ajudar a alma a manter-se viva na imagem e através dela. [...]. Vê-se que o escultor não estava tentando lisonjear o seu modelo nem preservar uma expressão fugidia. Interessava-se rigorosamente pelos aspectos essenciais. Ficavam excluídos todos os detalhes secundários.

Figura 3 – Cabeça de faraó egípcio (cerca de 2558 – 2551 a.C.)

A crença e a precisão na escultura egípcia.

É válido ressaltar que a prática da medicina tem suas origens justamente nesse período. Segundo Prata (s/d):

> *A medicina surge no Egito, no período 2700 – 2200 a.C. através*
> *dos antigos médicos e cirurgiões dos faraós. [...]. Herófilo,*
> *335 a.C. – 280 a.C., médico e anatomista grego da região*
> *onde se situa atualmente a Turquia, é considerado por*
> *muitos, como sendo o "Pai" da Anatomia. Seus escritos foram*
> *traduzidos por Galeno, porém, boa parte deles se perdeu na destrui-*
> *ção da biblioteca de Alexandria.*
> *Galeno, por cerca de 201 – 131 a.C, realizou estudos a partir de*
> *dissecações de animais e deixou uma das*
> *primeiras obras de estudo de*
> *Anatomia e Fisiologia, utilizada durante centenas*
> *de anos. Foi considerado como o "Príncipe da*
> *Anatomia", e deixou muitos seguidores.*

Apesar disso, não há registros de realizações de disse-cação de cadáveres humanos entre os egípcios. Ainda que eles realizassem a prática de mumificação dos cadáveres, extraindo para isso as vísceras do corpo (Prata, s/d), há registros de que a dissecação humana somente iniciou no século IV a.C. na Alexan-dria, conforme será verificado ao longo deste capítulo.

Tendo sido os egípcios, portanto, precursores da medi-cina, deve-se admitir aqui os primórdios dos estudos de anatomia humana. Singer (1996, p. 20-21) explica:

> *Antes da vinda dos gregos, a área do Egeu era habitada pelos*
> *assim chamados povos minoanos. Sua cultura foi descoberta no último*
> *quarto do século passado na sua metrópole em Creta, onde foram*

encontradas muitas obras características de grande valor artístico. Algumas, e não são poucas, são estudos precisos dos contornos superficiais do corpo humano, comparáveis àqueles artistas rupestres que pintaram os animais que caçavam. [...]. Além disso, verifica-se, de fato, que certos papiros médicos egípcios demonstram procedimentos cirúrgicos que exigem consideráveis conhecimentos anatômicos.

Figura 4 – Registro anatômico do antebraço comparado a um desenho de dissecação moderna (cerca de 1500 a.C.)

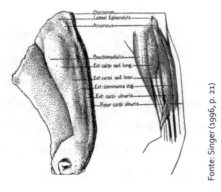

Contornos musculares do antebraço registrados pelos egípcios.

Realmente, os egípcios deviam ser conhecedores de muitas informações acerca da constituição anatômica do homem, o que se evidenciou em algumas de suas produções, ainda que as mesmas possuíssem função mais utilitária ou mágica do que propriamente artística. Eram objetos como hieróglifos e amuletos produzidos com o intuito de garantir o bom funcionamento de sistemas, como o sistema reprodutor feminino, relacionado à fertilidade e a procriação, e ao sistema respiratório, por exemplo.

Figura 5 – Hieróglifos egípcios derivados da forma do útero.

Fonte: Singer (1996, p. 23)

Figura 6 – Amuletos egípcios representando coração, traqueia e pulmões.

Fonte: Singer (1996, p. 23)

Na produção artística da Grécia, por sua vez, as ações humanas passaram a ser mais valorizadas, pois, para a civilização grega, o homem era o que de mais importante havia no universo. Foi essa civilização que começou a representar, por intermédio de suas esculturas, alguns detalhes constituintes da anatomia do corpo humano, como a musculatura. É possível observar também que essas esculturas se lançaram sobre outros detalhes da forma humana, como a estrutura óssea, porém, tudo com o intuito de atingir um certo padrão de beleza, seguindo um ideal de perfeição corporal do homem.

> *Belíssimas esculturas do homem são produzidas, com todos os ideais de força majestosa, grandeza, sabedoria e dignidade incorporadas não apenas na sua forma, mas também na sua expressão.*
> *É o reino do belo que começa a delinear-se*
> *(Silva, 2005, p. 31).*

Para os escultores gregos, já não era importante utilizar-se de uma fórmula para retratar o corpo humano. Se os egípcios valiam-se do conhecimento, os gregos começaram a valer-se dos seus próprios olhos atentos à realidade.

> *A velha ideia de que era importante mostrar toda a estrutura do corpo [...] instigou o artista a continuar explorando a anatomia dos ossos e músculos, e a formar uma imagem convincente da figura humana, a qual permanece visível mesmo sob o ondulado das roupagens. De fato, a maneira como os artistas gregos usaram as roupagens para marcar as principais divisões da anatomia do corpo denuncia a importância que eles atribuíam ao conhecimento da forma. É esse equilíbrio entre a adesão às regras e a liberdade de criação apesar delas que faz com que a arte grega continue tão admirada em séculos subsequentes*
> *(Gombrich, 1993, p. 56).*

Figura 7 – *Discóbolo*, de Míron (aprox. 450 a.C.)

Figura 8 – *Doríforo*, de Policleto (aprox. 440 a.C.)

Figura 9 – *Afrodite de Melos* (segunda metade do século II a.C.)

Fonte: Proença (2004, p. 34)

Ainda na Grécia, no período helenístico[13], a riqueza de detalhes na representação das formas humanas ganhou mais ênfase, de modo que até mesmo as emoções passaram a adquirir espaço nas obras de arte. Como observa Proença (2004, p. 33): "os seres humanos não eram representados apenas de acordo com a idade e a personalidade, mas também segundo as emoções e o estado de espírito de um momento". A escultura *Laocoonte e Seus Filhos* pode ser um bom exemplo dos aspectos emocionais presenciados na arte grega do período helenístico.

---

[13] "No final do século V a.C., Felipe II, rei da Macedônia, dominou as cidades-estados da Grécia. Depois de sua morte foi sucedido por seu filho, Alexandre, que construiu um gigantesco império. Morto Alexandre, seu império fragmentou-se em vários reinos". A esses reinos denomina-se helenísticos, o que designa o período histórico como período Helenístico. (*cf.* Proença, op. cit., p. 33).

Gombrich (1993) observa que, nessa obra, os músculos e a expressão facial de Laocoonte transmitem muito claramente a ideia de esforço, sofrimento e dor, além da agonia de que são vítimas os personagens retratados na situação. Trata-se de uma dissecação repleta de organicidade.

Figura 10 – *Laocoonte e seus Filhos* (cerca de 175 – 50 a.C.)

Fonte: Gombrich (1993, p. 75)

A representação anatômica de um estado emocional na escultura grega.

A produção de pinturas na Grécia também teve destaque, especialmente nos objetos de cerâmica, em que foi evidenciado um progresso técnico em relação à pintura egípcia, de modo que, nas representações do corpo, os artistas passaram a contemplar com mais liberdade aquilo que seus olhos apreendiam.

Figura 11 – Pintura grega em cerâmica (cerca de 510 – 500 a.C.)

Fonte: Gombrich (1993, p. 81)

O corpo na pintura grega: ultrapassando as regras da pintura egípcia.

Os gregos foram os responsáveis pela tradição anatômica ocidental. "Deles derivam mais ou menos diretamente os métodos, as aplicações e mesmo a nomenclatura de nossa disciplina anatômica" (Singer, 1996, p. 20), mais uma razão para que a abordagem histórica dessa pesquisa possua recorte em torno da europa ocidental, conforme explicado no início deste capítulo.

É inegável que uma parte significativa da produção artística ocidental sempre esteve ligada ao conhecimento anatômico. Muitas representações humanas somente existiram em razão dos estudos do homem acerca de si mesmo. Além disso, os cientistas gregos, ao passo que registravam em figuras as formas humanas que pesquisavam, acabavam, de certo modo, atuando como artistas.

Figura 12 – Registro da anatomia humana feito por um cientista (400 a.C.)

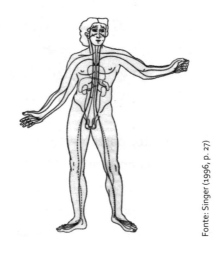

Fonte: Singer (1996, p. 27)

Singer contesta esse pensamento. Diz o autor:

Pergunta-se às vezes se as grandes obras-primas da escultura grega, com seu acurado estudo de musculatura de superfície, não implicam algum conhecimento anatômico. A resposta deve ser negativa. Durante o grande período da arte grega, o século V a.C., não há evidência de que a dissecação do corpo humano já fosse praticada. Não há dúvida de que os contornos musculares, como aparecem nas obras desse período, foram estudados em modelos vivos e não mortos. Ocasionalmente se encontra nessas esculturas gregas o contorno de um músculo para ao qual os textos modernos de anatomia para artistas não chamam a atenção. Um caso interessante é o do músculo pectíneo, mostrado em uma escultura do Argive Heraeum de cerca de 450 a.C. Desde que a estátua foi descoberta em

fins do século passado, demonstrou-se que, em certas posições e sob certas condições, esse músculo pode de fato ser visto na pessoa viva. Entretanto, nas esculturas gregas posteriores, de cerca de 200 a.C. em diante, é possível que os artistas trabalhassem dentro de uma legítima tradição anatômica derivada da dissecação. Desse período, como veremos, existem registros independentes da prática da dissecação
(Singer, 1996, p. 31-32).

Singer, no entanto, parece estar mais preocupado com a legitimidade das obras no sentido de uma fidelidade à constituição anatômica do homem, observada via dissecação de cadáveres. Essa não é a preocupação maior da presente análise. Por essa razão, julgo pertinente observar que, ainda que as obras de arte do início do período grego não tivessem sido frutos de dissecações propriamente ditas, elas resultaram de uma estratégia criativa que, particularmente, acredito, também possa ser considerada uma maneira de dissecar o corpo. Certamente os artistas que as elaboraram, já possuíam preocupação com o conhecimento anatômico. O que importa aqui, portanto, é que a arte aproximava-se cada vez mais da anatomia e as representações do corpo, assim, já continham um certo cunho científico.

Da Grécia a Roma, verificam-se algumas transformações. Os romanos, ainda que grandes admiradores da arte produzida na Grécia, imprimiram em suas obras algumas diferenças. "Por serem realistas e práticos, suas esculturas são uma representação fiel das pessoas e não a de um ideal de beleza humana, como fizeram os gregos" (Proença, 2004, p. 42). É desse período que datam as primeiras dissecações. Foi na escola de Alexandria que a anatomia passou a ser considerada um assunto diferenciado, constituindo, desse modo, uma disciplina.

Ainda assim, os estudos de anatomia humana sofreram um declínio no período do império romano. Conforme explica Singer (1996, p. 58): "A dissecação do corpo humano ainda era praticada ocasionalmente em Alexandria pelo fim do primeiro século a.C., mas havia cessado pelos meados do segundo século d.C.".

Embora isso tenha acontecido, pode-se dizer que, dentre os interesses dos escultores romanos, destaca-se o desejo de representar o homem não apenas por meio do artifício da beleza, como os gregos faziam, mas principalmente, realçando na obra os traços distintivos de uma pessoa e, portanto, valorizando um outro aspecto merecedor de atenção sobre o corpo, o qual não dependia prioritariamente de estudos anatômicos e dissecações propriamente ditas, mas da observação do corpo humano vivo. A prioridade dos artistas, nesse período, era conferir o máximo de realismo possível às suas obras, retratando fielmente as características físicas do indivíduo que, pela obra, seria representado.

O corpo na arte europeia: da Idade Média ao impressionismo

Com o advento da Idade Média[14], a produção de figuras humanas foi reduzida consideravelmente, uma vez que os povos bárbaros, que tomaram Roma, promovendo a queda do império romano e, por conseguinte, o quase desaparecimento

---

[14] A Idade Média inicia-se em 476, com a tomada de Roma pelos povos bárbaros. (*cf.* Proença, op. cit., p. 53).

da cultura greco-romana, privilegiavam a preocupação decorativa, em especial nas igrejas, em detrimento das representações elaboradas do homem:

> As ideias egípcias sobre a importância da clareza na representação de todos os objetos tinham voltado com grande pujança, por causa da ênfase que a Igreja dava à clareza. Mas as formas que os artistas usaram nessa nova tentativa não eram as formas simples da arte primitiva, mas aquelas desenvolvidas na pintura grega. Assim, a arte cristã da Idade Média tornou-se uma curiosa mistura de processos primitivos e métodos refinados (Gombrich, 1993, p. 96).

Figura 13 – A arte cristã da Idade Média (520 d.C.)

Fonte: Gombrich (1993, p. 96)

Relembrando as ideias egípcias de forma apurada como na arte grega.

O que se observa, porém, é que, nesse período, os artistas já não se dedicavam a desvendar modos diversificados de representar o corpo humano. Entretanto, após passar por momentos de quase total ostracismo, a arte, caracterizada até então por sua tradição greco-romana, passou a renascer. Nesse período, evidenciou-se o estilo gótico, presente de modo mais determinante na arquitetura, embora a escultura também tenha obtido seu espaço. Assim, as representações da figura humana foram retomadas.

Paralelamente, cientistas/anatomistas, a partir de sessões esporádicas de dissecação de cadáveres, registravam desenhos que representavam, além das estruturas anatômicas, o próprio ato da dissecação, o qual tinha por objetivo maior investigar a causa das mortes na época, isto é, realizar autópsias.

Figura 14 – Representação de uma dissecação (início do século XIV)

Fonte: Singer (1996, p. 92)

Ainda em se tratando do estilo gótico, a pintura também pôde ser evidenciada, tendo sido desenvolvida a partir do século XIII até o início do século XV, quando já começou a tomar os ares realistas do Renascimento. Havia uma grande preocupação com o realismo nas representações de figuras humanas. Um pintor que se destacou nessa época foi o italiano Giotto:

> A característica principal da pintura de Giotto foi a identificação da figura dos santos com os seres humanos de aparência bem comum. [...]. A pintura de Giotto vem ao encontro de uma visão humanista do mundo, que vai cada vez mais se firmando até ganhar plenitude no Renascimento (Proença, 2004, p. 75).

Por meio do estilo gótico, é possível verificar que o homem, naquele período, aproximava-se cada vez mais de si e da necessidade de conhecer com maior profundidade sua constituição biológica e cultural, a fim de representar suas formas de modo mais realista.

Após a presença marcante do estilo gótico nas artes, surgiu o Renascimento, estilo artístico que se originou do movimento intelectual vigente, especialmente na Itália, durante o século XV. Alguns autores argumentam que, nesse período, os artistas propuseram reviver os ideais culturais greco-romanos, entretanto, é possível acreditar que as razões que explicam o surgimento desse movimento não devem ter uma visão histórica tão reducionista.

Proença (2004, p. 78) explica que:

> Na verdade, o Renascimento foi um momento da História muito mais amplo e complexo do que o simples reviver da antiga cultura

greco-romana. Ocorreram nesse período muitos progressos e incontáveis realizações no campo das artes, da literatura e das ciências, que superaram a herança clássica. O ideal do humanismo foi sem dúvida o móvel desse progresso e tornou-se o próprio espírito do Renascimento. Num sentido amplo, esse ideal pode ser entendido como a valorização do homem e da natureza, em oposição ao divino e ao sobrenatural, conceitos que haviam impregnado a cultura da Idade Média.

De acordo com essa argumentação, portanto, é possível observar que os ideais filosóficos do Renascimento ultrapassaram o mero reviver greco-romano, desenvolvendo assim outros aspectos que lhe garantiram maior especificidade. O ideal humanista e a preocupação com o rigor científico, por exemplo, podem ser apontados como prováveis despertadores de interesse dos artistas pela anatomia humana e, por conseguinte, pela dissecação de cadáveres, prática comum entre os artistas da época o que, por sua vez, trouxe enormes contribuições para as artes.

De fato, o Renascimento é o período que mais apresentou contribuições no que se refere à presença de estudos de anatomia nas produções artísticas. Muitos foram os artistas que se dedicaram à investigação do corpo para a composição de seus trabalhos, de modo que esse foi o período que mais se destacou em termos de produção artística fundada em pesquisas científicas.

Em meio à efervescência cultural e científica da época, a prática da dissecação, "que se encontrava dormente havia 1400 anos – desde os tempos de Alexandre, o Grande –, foi retomada e exerceu influência decisiva sobre a arte que então se produzia" (Barreto & Oliveira, 2004, p. 45). A dissecação de cadáveres, que era utilizada prioritariamente com fins médicos, passou a servir de modo mais direto à arte. Dentre os artistas/ anatomistas que se destacaram nesse período podem ser citados Leonardo da Vinci, Michelangelo, Rafael, Albrecht Dürer, Luca Signorelli e Andréa Verrochio.

A riqueza de detalhes anatômicos presente na obra desses artistas é bastante evidente, o que se deve, muito provavelmente, ao convívio com as dissecações, que lhes permitiam ter maior conhecimento a respeito das formas humanas, não apenas do exterior do corpo, mas também de seu interior. Alguns desses artistas eram considerados anatomistas, pois eles próprios dissecavam cadáveres, tendo como consequência o aprimoramento das figuras humanas e suas estruturas corpóreas tanto nas pinturas, quanto nas esculturas.

Por acreditar que esse tenha sido um período de grande difusão das relações entre arte e anatomia, adiante dedicarei um trecho deste capítulo à reflexão mais profunda sobre as questões vigentes no Renascimento, enfatizando a produção artística desse período como uma forma de dissecação corporal, sem deixar de considerar a dissecação nos demais períodos históricos da arte.

Dando continuidade a esse trajeto histórico da arte sob a ótica da anatomia humana, é interessante ressaltar a arte barroca, período em que foi possível observar a presença de uma carga expressiva muito grande nas figuras humanas retratadas pelos artistas, o que sugere ênfase não apenas no conhecimento anatômico, mas, principalmente, no que se refere à representação das emoções.

Apesar da prioridade no Barroco não ter sido destacar o conhecimento sobre o corpo humano, pode-se apontar, nesse período, um artista que se interessou por retratar sessões de dissecação de cadáveres, demonstrando, com isso, não apenas o anseio de manifestar seus conhecimentos sobre a anatomia humana, mas também o desejo de captar o clima de descoberta que se instaurava nas referidas sessões, uma vez que elas eram, inclusive, mal vistas pela sociedade.

Trata-se de Rembrandt, pintor das obras *A lição de anatomia do doutor Tulp* e *A aula de anatomia do doutor Joan Deyman*, as quais podem ser tidas como exemplo da ativa participação de artistas em sessões de dissecação de cadáveres humanos. Essas obras retratam o conhecimento do artista acerca da anatomia humana, bem como da própria prática de dissecação de cadáveres, tendo em vista a representação tão fiel das sessões em questão.

Figura 15 – *A lição de anatomia do doutor Tulp*, de Rembrandt (1632)

Fonte: Proença (2004, p. 114)

A anatomia como foco central da obra.

Subsequente ao Barroco advém o Neoclassicismo, cuja pintura, por sua vez, "foi inspirada, sobretudo, na escultura clássica grega e na pintura renascentista italiana" (Proença, 2004, p. 124), o que parece conferir às obras um certo realismo, porém, com a grande preocupação de exprimir as emoções do momento captado. Novamente observa-se a ênfase dada aos caracteres não-biológicos do corpo nos processos de criação artística.

Aliás, ao que parece, os artistas dos mais diversos períodos tinham como preocupação maior retratar os aspectos emocionais do homem, valendo-se da anatomia mais propriamente para fins de conhecimento acerca de alguns detalhes do corpo, os quais eram requeridos na composição de suas obras. Com exceção de alguns nomes, que de fato enfatizaram a anatomia humana com o intuito de retratá-la com o máximo de perfeição possível, a grande maioria dos artistas tinha como pretensão representar alguma situação do emocional humano e não, prioritariamente, o corpo em se tratando de suas formas.

Com o Realismo, presenciado entre os anos de 1850 e 1900,

> *o homem europeu, que tinha aprendido a utilizar o conhecimento científico e a técnica para interpretar e dominar a natureza, convenceu-se de que precisava ser realista, inclusive em suas criações artísticas, deixando de lado as visões subjetivas e emotivas da realidade (Proença, 2004, p. 131).*

A escultura realista, que tinha como pensamento maior recriar os seres exatamente como eles eram, sem qualquer preocupação idealista da imagem que era retratada, teve como uma de suas maiores expressões Auguste Rodin:

> Devido ao seu desejo de mostrar os misteriosos anseios do ser humano, suas tensões e toda a sua realidade, de maneira que cada figura esculpida adquirisse um caráter individual, Rodin estudou muito a Anatomia Humana, fascinando-se pelas mãos, fazendo centenas de estudos decorrentes dessa fascinação. Estudou também as proporções humanas, muitas vezes separando a cabeça do restante do corpo (Manabe, 2002, p. 27).

Figura 16 – *A Mão de Deus*, de Rodin (1898)

Fonte: Gombrich (1993, p. 421)

Um estudo da expressividade das mãos.

Já no Impressionismo, movimento que deu início às principais tendências artísticas do século XX, havia uma preocupação mais técnica, uma pretensão de atingir um certo efeito que findou por imprimir uma espécie de padrão às obras, principalmente na pintura. Os impressionistas, especialmente Monet, tinham como intenção representar os momentos de passagem provocados pelas constantes mudanças de luz.

Segundo Proença (2004, p. 140), porém, dentre as considerações seguidas pelos artistas impressionistas destaca-se, acima de tudo, o fato de que "as figuras não devem ter contornos nítidos, pois a linha é uma abstração do ser humano para representar imagens", isto é, o intuito era exatamente não deixar os contornos tão visíveis, conferindo à imagem, inclusive, uma certa sugestão de movimento.

No entanto, apesar de não ter como pretensão abstrair imagens da natureza e, sim, retratá-las na obra o mais próximo possível de como o homem as enxerga, isto é, das impressões que a realidade transmite, o Impressionismo causou grandes modificações nos modos de representação das formas humanas, tornando-as mais abstratas e, consequentemente, menos realistas do ponto de vista da anatomia.

Figura 17 – *Le Moulin de la Galette*, de Renoir (1876)

Um olhar impressionista sobre as formas humanas.

Dentre os pintores impressionistas destacam-se Monet, Renoir e Degas. Uma vez que os movimentos artísticos subsequentes passaram a priorizar um efeito mais abstrato às suas representações, esses pintores parecem ter anunciado uma filosofia artística cuja tendência era não agir com tanta fidelidade às formas humanas, mas priorizar o olhar do próprio artista.

A abstração do corpo na arte europeia do século XX

Ao contrário do que se evidenciou nas obras de arte até o período do Realismo, os movimentos artísticos, a partir do Impressionismo, não tinham como prioridade representar o corpo do homem com exatidão e fidelidade, mas, sim, recriá-lo a partir das sensações humanas que ele apresentasse em um dado instante.

Assim, após o Impressionismo, evidenciou-se o Expressionismo, que inaugurou os movimentos artísticos do século XX. Originado na Alemanha, "o Expressismo procurou expressar as emoções humanas e interpretar as angústias que caracterizaram psicologicamente o homem do início do século XX" (Proença, 2004, p. 152). Nesse sentido, Van Gogh, pintor holandês, assim como outros pintores em evidência no final do período impressionista, já havia anunciado a importância de deformar a realidade propositalmente com o intuito de fazer com que fosse revelado o universo interior de seres reais.

Proença (2004, p. 153) argumenta:

Os expressionistas são deformadores sistemáticos da realidade, pois desejam expressar com a maior veemência possível seu pessimismo em relação ao mundo. Assim, realizam uma pintura que foge às regras tradicionais de equilíbrio da composição, da regularidade da forma e da harmonia das cores. Por isso, é considerada por alguns como uma pintura feia. Contribui para a visão negativa e a amargura com que às vezes o homem e a natureza são retratados.

Belas ou não aos olhos do fruidor, as obras expressionistas podem ser tidas como exemplo de uma estética da abstração, uma tendência a não haver conformismo em simplesmente copiar as formas da natureza como elas são, mas sim retratá-las de acordo com a leitura que o artista possui sobre determinada imagem. Isso, no que se refere à relação existente entre arte e anatomia, demonstra que a partir do Impressionismo e, de maneira ainda mais determinante, a partir do Expressionismo, o artista, no ato da dissecação, passa a valorizar outros aspectos da condição humana, que não unicamente sua forma.

Para Gombrich (1993, p. 449):

> Os expressionistas alimentavam sentimentos tão fortes a respeito do sofrimento humano, da pobreza, violência e paixão, que eram propensos a pensar que a insistência na harmonia e beleza em arte nascera exatamente de uma recusa em ser sincero.

De certa forma, o que se observa na arte expressionista é um tratamento do corpo cuja ênfase reside nos aspectos dramáticos da existência humana, resultando, por conseguinte, em representações corporais de extrema dramaticidade, provocando uma espécie de desfiguração do corpo, como em *O grito*, de Munch.

Figura 18 – *O grito*, de Munch (1893)

Fonte: Gombrich (1993, p. 449)

O corpo desfigurado pela expressão dramática da condição humana.

Na perspectiva que tangencia esses ideais de fuga dos artistas aos padrões formais da realidade concreta, é possível evidenciar no Fauvismo, no Cubismo, no Abstracionismo, no Futurismo, no Dadaísmo e no Surrealismo, que a abstração foi se tornando mais especializada a cada movimento artístico. De um modo geral, todos esses movimentos tinham o intento de fugir das concepções realistas de arte.

Aliás, o que se observa no percurso histórico da arte é que, conforme vão surgindo as necessidades de evidenciar por meio das obras, outras questões humanas para além da forma, amplia-se o sentido de dissecação, que passa a considerar aspectos menos palpáveis na anatomia do corpo.

O Fauvismo, por exemplo, é regido por um princípio de sugestão de figuras em detrimento de suas representações realísticas. Matisse foi um nome de grande importância nesse movimento, assumindo a abstração como proposta de relevância maior de suas obras. Segundo Proença (2004, p. 154), sua característica maior era "a despreocupação com o realismo, tanto em relação às formas das figuras, quanto em relação às cores", de modo que o corpo, ao ser representado, não era tão importante. Mais relevante era a forma como ele era representado. Em algumas obras, Matisse chama a atenção para partes da anatomia humana como as mãos, os pés ou a cabeça, que são, assim, o "centro temático" do quadro.

Figura 19 – *Nu Bleu*, de Matisse (1952)

O exagero dos membros em evidência no corpo é o centro temático da obra.

Já o Cubismo, que tem em Picasso e Braque seus maiores representantes, apresentava uma atitude de decompor os objetos sem qualquer compromisso de fidelidade com a aparência real. Dentre suas características, a fragmentação é a mais marcante, estratégia utilizada, inclusive e principalmente, para retratar o corpo humano.

Figura 20 – *Cabeça*, de Picasso (1928)

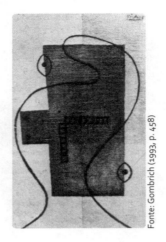

O corpo fragmentado e improvável.

Figura 21 – *Mulher com violão*, de Braque (1908)

A ausência de tratamento realista do tema, por uma inovação da forma, que é fragmentada.

O Abstracionismo, por sua vez, tinha como característica "a ausência de relação imediata entre suas formas e cores e as formas e cores de um ser. Por isso, uma tela abstrata não representa nada da realidade que nos cerca" (Proença, 2004, p. 159). O Abstracionismo consolidou, inclusive por meio de sua nomenclatura, a tendência à fuga das imagens realistas nas obras de arte.

Kandinsky é um pintor que se destaca nesse movimento artístico. Suas obras caracterizam-se pelo tratamento dos temas de uma maneira que estes, incluindo entre eles o corpo humano, não são reconhecidos de imediato, mas sim por intermédio de planos, linhas e borrões aparentemente desconexos.

Figura 22 – *Orientalisches*, de Kandinsky (1913)

Fonte: http://www.postershop.com/Kandinsky-Wassily/Kandinsky-Wassily-Orientalisches-470569 3.html

As formas do corpo ocultadas na abstração das cores.

Por outro lado, os artistas adeptos do Futurismo demonstravam interesse na representação do movimento em si mesmo e não de um corpo em movimento. Sobre os futuristas, Proença (2004, p. 164) explica: "como pretendiam evitar qualquer relação com a imobilidade, recusaram toda representação realista e usaram, além de linhas retas e curvas, cores que sugerissem convincentemente a velocidade". O Futurismo apresentou, por meio das obras de Carrà, Balla e outros, um aprofundamento das ideias lançadas no Abstracionismo.

O Dadaísmo, movimento surgido durante a Primeira Guerra Mundial, propunha libertar a criação artística do pensamento racionalista tendo como argumento o fato de que a arte era "apenas resultado do automatismo psíquico, selecionando e combinando elementos ao acaso" (Proença, 2004, p. 165). A intenção desse movimento não era prioritariamente plástica, mas sim crítica, e seus pressupostos acabaram resultando no surgimento de mais um movimento: o Surrealismo.

Associando realidade e fantasia, o Surrealismo tratava a obra não como resultado de manifestações racionais do consciente, mas como manifestações do próprio inconsciente humano, as quais seriam de natureza absurda e até mesmo ilógica, como as imagens de um sonho ou alucinação. Algumas obras surrealistas retratam imagens de cunho bastante realista, contudo, essas imagens sempre estão associadas a elementos não existentes na realidade, gerando, portanto, o irreal, ou melhor, o surreal.

Um artista de grande expressão nesse movimento é Salvador Dalí, em cujas obras são evidenciadas abordagens muito interessantes da figura humana. Gombrich (1993, p. 472) ressalta que as composições de Dalí "refletem o sonho impalpável de uma pessoa". De fato, ao observar os trabalhos de Dalí pode-se compreender que o corpo no Surrealismo é um produto onírico.

O corpo no Surrealismo não é real nem irreal. Ele existe, contudo, de um modo peculiar. Ele não deixa de ser corpo, porém, ao ser construído por meio da utilização de objetos não pertencentes à estrutura anatômica humana, configura múltiplos significados, resultando em uma espécie de enigma em que determinadas partes são ocultadas e ao mesmo tempo reveladas pela presença de figuras diversas. No Surrealismo, observa-se, portanto, que a própria psique do artista é dissecada no processo criativo.

Figura 23 – *A cidade das gavetas*, de Dalí (1936)

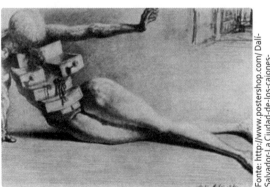

Fonte: http://www.postershop.com/Dali-Salvador-La-Ciudad-de-los-cajones-1936 760084.html

O corpo que se abre e se revela na imagem onírica.

Figura 24 – *Mae West*, de Dalí (1934)

O rosto humano associado a objetos de função prática.

Ao que parece, de um modo geral, os artistas dos movimentos do século XX não tinham como prioridade retratar a realidade. Na verdade, com a presença marcante da fotografia, bem como o acesso facilitado a esse recurso, isso já nem se fazia necessário, o que talvez tenha influenciado o surgimento de movimentos artísticos que primavam pela abstração da vida real.

As práticas de anatomia e a importância dada à dissecação, portanto, já não tinham as mesmas características dos períodos anteriores, em que o enfoque dos artistas era a representação quase literal do corpo. Nos estilos de arte europeia no século XX, esses elementos já não eram determinantes para a composição de uma obra.

Essa liberdade presenciada nos movimentos artísticos do século XX parece ser um argumento que pode apresentar grande afinidade e diálogo com o fazer artístico da dança na contemporaneidade, no qual a preocupação com o aspecto formal não está em primeiro plano, sendo essa dança, portanto, gerada a partir de abstrações de sensações corpóreas ou até mesmo de outras formas, processando a dissecação na linguagem do movimento. Assim como os movimentos artísticos mais abstratos possibilitaram maior liberdade de criação, os desígnios da dança, na atualidade, abrem espaço para a descoberta de diversas formas por meio da liberdade criativa.

Apesar disso, é possível encontrar, principalmente no Renascimento, mesmo com toda a preocupação com o aspecto realístico da obra de arte, argumentos relevantes para a criação em dança. Isso se reflete de forma determinante no processo criativo em estudo nesse livro, que opta por fundamentar a ideia de um corpo dissecado na obra de Michelangelo, artista renascentista, conforme explicarei a seguir.

Arte Renascentista: Um Argumento Para A Concepção De Corpo Dissecado

A Renascença: diálogos entre ciência e arte

O Renascimento foi um período em que aconteceram grandes transformações nas diversas áreas do conhecimento.

Foi uma época em que os ideais humanistas falavam mais alto e o indivíduo, centrado nas suas questões pessoais, buscava reconstruir-se pautado na hipervalorização do homem e da natureza em detrimento do divino e do sobrenatural.

Esse sentido de reconstrução do homem teve como inspiração as tradições da cultura greco-romana, que haviam caído no ostracismo a partir do advento da Idade Média, período que antecedeu o Renascimento. Vale ressaltar que o próprio significado do substantivo renascimento reporta-se a uma ideia de recomeço, de renascer. O Renascimento foi, desse modo, a renovação do homem nos diversos âmbitos do conhecimento.

Durante um longo período, a humanidade havia tido sua intelectualidade subjugada aos preceitos religiosos, estando o conhecimento mais restrito aos espaços dos mosteiros e da Igreja, o que alimentou no homem o desejo de retomar sua voz e instaurar um novo pensamento cujas bases estivessem fundadas na Antiguidade que antecedera a Idade Média, o que, de certa forma, explica o retorno às tradições da cultura greco-romana.

Dentre os aspectos inerentes a esse movimento, destaca-se o humanismo, que determinou a ideia de que o homem era o centro do universo, resultando, portanto, em uma visão antropocêntrica de mundo. O que o humanismo priorizava, enquanto pensamento, era o desenvolvimento do espírito crítico do homem, afastando-o de considerações sobrenaturais e incitando-o ao desenvolvimento do espírito científico.

Os humanistas, indivíduos que tinham como propósito renovar o padrão do formato de ensino das universidades medievais, exerceram plena intervenção sobre a cultura renascentista.

Essa nova visão de mundo referendava as mais diversas áreas do conhecimento. Segundo Sevcenko (1994, p. 14), o objetivo maior dos humanistas era:

> Atualizar, dinamizar e revitalizar os estudos tradicionais, baseado no programa dos "studia humanitatis" (estudos humanos). [...]. Assim, num sentido estrito, os humanistas eram, por definição, os homens empenhados nessa reforma educacional, baseada nos estudos humanísticos.

É possível admitir que a presença do caráter científico nas produções artísticas daquele período deve-se exatamente às condições humanistas inerentes ao ideal renascentista. Esse caráter científico, que se iniciou a partir de estudos e observações da natureza, associados a experimentos empíricos de pesquisa, caracterizava-se, principalmente, por uma postura bastante cética por parte de seus pensadores.

> A palavra de ordem dentre esses estudiosos era o abandono das velhas autoridades e preconceitos e a aceitação somente daquilo que fosse possível comprovar pela observação direta. [...]. Tratava-se da fundação de uma nova concepção do saber completamente aversa aos dogmas medievais e voltada toda ela para o homem e para os problemas práticos que seu momento lhe colocava. A avidez de conhecimento se torna tão intensa como a avidez do poder e do lucro (Sevcenko, 1994, p. 21-22).

No que se refere às artes, a preocupação em estar de acordo com essas condições era tamanha, que os artistas da época sofreram para convencer a todos e ainda a si próprios das pretensões que possuíam. Faure (1990, p. 17) referindo-se a Leonardo da Vinci e Michelangelo, artistas da época, questiona tal sofrimento perguntando-se:

> *O que poderia, então, ser o equívoco secreto daquele, qual poderia ser a causa do sofrimento formidável deste, senão a consciência que ambos tinham, muito nítida, de que a Itália acabara de romper a unidade espiritual da Idade Média, onde a arte e ciência do homem constituíam juntas a imagem simbólica de sua concepção do universo? Não pressentiam tanto um quanto o outro que, à medida que a ciência se objetivava, a arte não podia continuar mantendo-se nas regiões subjetivas do conhecimento?*

Sim, os artistas pressentiam as novas necessidades de diálogo entre arte e ciência, eles tinham pleno conhecimento das razões que pautavam seu fazer e, por esse motivo, sofriam. Seria necessário solidificar os ideais humanistas na arte para que eles não se perdessem ao longo do caminho e se mantivessem coerentes em relação ao pensamento vigente na época. Essa era a maior angústia dos artistas renascentistas, como sugere Faure (1990, p. 17):

> *O esforço deles, sempre tenso, para dar à arte, pela anatomia e a perspectiva, as mesmas bases concretas da ciência, não seria uma confissão implícita de que essa unidade, ao escapar ao sentimento*

do homem, era preciso tentar, mediante um esforço impossível de ser feito por outros que não eles, mantê-la no espírito do homem?

A arte, portanto, precisava manter-se sob o domínio do homem, afastando-se, para tanto, das questões sobrenaturais. O artista renascentista sentia a necessidade de valer-se de estratégias científicas que o capacitassem a dialogar, em primeiro lugar, com os temas humanos.

Foi nesse sentido que, "no século XV houve no domínio da arte um grande movimento destinado a exercer profunda influência sobre o progresso da anatomia. [...]. Os artistas interessavam-se pela representação fiel da forma humana" (Singer, 1996, p. 109). Dentre eles, Leonardo da Vinci merece destaque.

> *Esse homem maravilhoso sem dúvida começou a dissecar para aperfeiçoar sua arte. Logo, entretanto, interessou-se pela estrutura e funções do corpo. Finalmente, seu interesse científico excedeu o artístico, e os seus livros de anotações anatômicas, descobertos em anos recentes, revelaram que ele foi um dos maiores investigadores em biologia de todos os tempos (Singer, 1996, p. 109-110).*

Da Vinci destacou-se, ainda, por inaugurar a tridimensionalidade das figuras na representação de estruturas anatômicas do homem, adotando um método moderno a partir do qual era possível representar as partes do corpo vistas de frente, de costas e de lado.

Figura 25 – *Vista de um crânio*, de Leonardo da Vinci (1489)

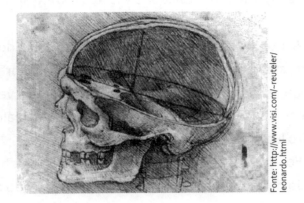

Figura 26 – *Anatomia do coração humano*, de Leonardo da Vinci (1507)

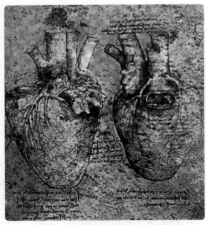

Figura 27 – *Os principais órgãos e sistemas vascular e urogenital de uma mulher*, de Leonardo da Vinci (1507)

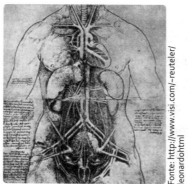

Fonte: http://www.visi.com/~reuteler/leonardo.html

Assim como Da Vinci que, inicialmente, se voltou para os estudos científicos em razão de desejar ampliar seus conhecimentos em prol de sua produção artística, grande parte dos artistas do Renascimento exerceu funções de cientista, com o intuito de aprimorar sua arte.

Os artistas italianos do século XV fizeram bem em esquadrinhar cadáveres, em estudar os trajetos dos tendões, as protuberâncias ósseas, as infinitas ramificações dos nervos, das veias e artérias. Era necessário que, mesmo ao preço de algumas confusões, mesmo ao preço de alguns conflitos entre o entusiasmo que cria e a observação que desencanta, a humanidade adquirisse pouco a pouco a consciência da unidade, que aprendesse a descobrir que a chama que cintila no fundo dos olhos humanos dorme no âmago de todas as formas, que ela faz estremecer as árvores até a extremidade de suas folhas, as asas dos pássaros, as asas dos insetos, os músculos vivos,

os ossos mortos, que ela transmite os estremecimentos atmosféricos
para o frêmito dos regatos e até para a vida das pedras
(Faure, 1986, p. 78-79).

Todo esse furor anátomocientífico presenciado no Renascimento iniciou-se no século XIV com Masaccio, pintor que procurou valorizar as pesquisas de forma e espaço iniciadas por Giotto. Sua arte foi baseada "na sofisticação das técnicas de representação dos volumes e da anatomia do corpo humano" (Sevcenko, 1994, p. 58), seguida por Signorelli, que foi o primeiro grande artista a pintar o nu, acrescentando a suas representações da figura humana características como a força das contrações musculares, além de outros detalhes anatômicos.

No século XVI, período do Renascimento considerado o mais frutífero do ponto de vista artístico, destacaram-se Leonardo da Vinci, Rafael e Michelangelo. O primeiro conferia a suas figuras um forte tratamento psicológico, procurando captar por meio das expressões faciais condições relativas à alma humana. Já o segundo, buscava propor algo mais tranquilo, harmonioso, seguro e livre de mistérios, sustentando-se, para isso, em um grande domínio técnico da pintura.

Por outro lado, Michelangelo foi um artista mais centrado nas formas da carne humana propriamente dita.

O mistério para esse artista não se concentrava na expressão
facial, mas se disseminava por todo músculo do corpo, por toda ruga
da pele ou toda veia entumescida"
(Sevcenko, 1994, p. 64-65),

de modo que esses caracteres permearam toda a sua produção artística.

É esse aspecto renascentista que mais interessa para a argumentação construída nesta análise, especialmente em se tratando de Michelangelo, conforme será particularizado adiante.

Interessa aqui, portanto, entender que a arte sentia necessidade de ancorar-se em uma cientificidade para falar ao fruidor em concordância com o pensamento humanista vigente na época. Importa-me, assim, saber que, no Renascimento, a poesia artística precisava ter fundamentação científica situando, para isso, no homem, a responsabilidade sobre a existência de todas as coisas.

Capela Sistina: a dissecação corporal na obra de Michelangelo

A visão humanística que impregnava o Renascimento, ao estender-se para as artes, originou um celeiro onde foram deixados vários códigos retratando o pensamento vigente na época. São os chamados enigmas que, segundo Barreto & Oliveira (2004), estão contidos em toda obra de arte, constituindo parte de sua natureza. Para os autores,

o enigma é um dos elementos transcendentais responsáveis pela perenidade da obra e pelo desprezo que ela tem com o tempo. Nada o abala. É um elo entre gerações humanas que se sucedem (Barreto & Oliveira, 2004, p. 13).

Dentre os enigmas deixados pelos artistas renascentistas pode ser destacado o sorriso de *Mona Lisa*, além de tantos outros. Ressalto aqui o enigma presente na pintura feita por Michelangelo na Capela Sistina. Esse enigma, estudado por Barreto & Oliveira (2004), constitui o que entendo como uma maneira de dissecar o corpo artisticamente.

Nascido em seis de março de 1475, Michelangelo ficou órfão de mãe aos seis anos de idade, tendo sido entregue a uma ama cujo marido era cortador de mármore, o que aproximaria o futuro artista dos materiais que serviriam a sua atividade de escultor.

Ainda adolescente, ele estudou no ateliê de Domenico Ghirlandaio, mas não tardou a destacar-se, passando a viver, assim, sob responsabilidade do mecenas Lorenzo de Médici, que morava em um palácio frequentado por pintores, escultores, filósofos, arquitetos e médicos. O convívio com essas pessoas aproximou Michelangelo do ambiente científico que permeava o período histórico, despertando seu interesse para as sessões de dissecação.

Aos 18 anos,

> *era não somente um artista formado como também um conhecedor de anatomia plenamente versado nas técnicas de dissecação. [...]. O conhecimento de cada detalhe do corpo humano fazia parte do processo de criação (Barreto & Oliveira, 2004, p. 36).*

Barreto & Oliveira (2004, p. 45), em estudo biográfico do artista, afirmam que

> *antes de fazer o esboço das figuras que iria esculpir, Michelangelo empreendia uma investigação minuciosa, analisando*

> *corpos e fazendo moldes em cera ou madeira das estruturas (para então desenhá-las em vários ângulos e posições).*

Ainda assim, Michelangelo foi pouco reconhecido como anatomista pelos historiadores. Isso, no entanto, não o impediu de deixar um legado artístico-científico que merece ser destacado, em especial no que diz respeito a sua maior obra, a pintura da Capela Sistina. Reduto de impressionantes imagens em que se encontram codificados detalhes muito sutis da anatomia humana, essa obra, como exemplo plástico de abstrações do corpo, dialoga de maneira determinante com minha proposta de pesquisa em dança.

Michelangelo tinha um projeto que era a criação de um tratado de anatomia que tivesse por finalidade servir para outros artistas que desejassem esculpir ou pintar o corpo e seus movimentos. A ideia, entretanto, não vingou.

> *com a ideia do manual de anatomia definitivamente arquivada, Michelangelo continuou a trabalhar nos projetos arquitetônicos que dominaram a última etapa de sua vida (Barreto & Oliveira, 2004, p. 55).*

Contudo, o melhor ainda estava por vir. Mesmo sem obter a concretização do projeto do tratado, Michelangelo conseguiria fazer algo ainda mais surpreendente, deixando uma verdadeira lição de anatomia na Capela Sistina sem precisar pintar sequer uma representação literal das estruturas internas do corpo humano.

Em 1508, iniciou o processo de criação da pintura que o papa Julio II havia encomendado para decorar a Capela Sistina.

Embora Michelangelo não fosse pintor, mas sim escultor, a tarefa foi executada com brilhantismo. Alguns pintores foram incumbidos de auxiliá-lo nos trabalhos, porém, o artista optou por dispensar vários desses homens, preferindo contar com a ajuda de poucos nomes de sua inteira confiança.

Por não dominar completamente a técnica de afresco, Michelangelo vivenciou grandes dificuldades no início do seu trabalho. King (2004, p. 56) ressalta que "a técnica do afresco era de concepção simples e execução difícil. O nome afresco deriva do fato de que o pintor sempre trabalhava sobre revestimento fresco, ou seja, molhado". Isso significa que o trabalho consistia em pintar uma área literalmente molhada. Era necessário correr contra o tempo para que a camada de massa aplicada sobre essa superfície não endurecesse.

Sob os protestos do papa Julio II, que por várias vezes havia cobrado duramente a entrega da encomenda ao artista, em novembro de 1512, Michelangelo entregava seu trabalho. Retirados os tapumes que encobriam as pinturas ao longo de sua elaboração, revelou-se a grande obra cujos códigos escondem uma espécie de dissecação do corpo humano por intermédio da arte.

De acordo com Barreto & Oliveira, a Capela Sistina é um imenso celeiro de códigos deixados por Michelangelo. Para esses autores, os códigos podem ser decifrados em cada uma das trinta e duas cenas que compõem a obra. Há nas pinturas da capela "uma espécie de 'jogo' em que algo está oculto e os indícios levam os investigadores à solução do enigma. Michelangelo utiliza vários recursos para deixar evidente essa intenção" (Barreto & Oliveira, 2004, p. 70).

Nas cenas, Barreto e Oliveira apontam, como sinais reveladores dos códigos, as seguintes características: a posição das figuras, que em muitas situações expõem a parte do corpo camuflada; a direção dos olhares; o movimento das mãos, geralmente apontando a estrutura anatômica e a região do corpo onde há maior luminosidade.

Essas pistas são possibilitadas principalmente pela presença de personagens secundários nas cenas, como, por exemplo, os *ignudi*[15], *querubins*[16] e *putti*[17], além dos *escravos*[18], de modo que todos esses personagens acabam por exercer funções muito maiores do que, à primeira vista, podem ser considerados um mero adorno.

Segundo essas constatações, ao contrário dos outros artistas/anatomistas da época, Michelangelo não optou por representações fiéis das estruturas da anatomia humana, como fez Leonardo da Vinci, por exemplo.

Longe de minhas pretensões medir a qualidade dos trabalhos desses artistas, no entanto, pautada nos argumentos

---

[15] Homens nus que compõem o cenário da Capela Sistina em seu primeiro grupo de imagens (área central da capela) e que, normalmente, aparecem imitando a figura principal com o fim de evidenciar a estrutura anatômica oculta.

[16] Pequenas criaturas contidas nas pinturas que indicam com as mãos as peças anatômicas camufladas. Fazem parte do terceiro grupo de imagens da Sistina.

[17] Assim como os querubins, também consistem em pequenas criaturas que fazem parte do terceiro grupo de imagens da Sistina compondo as figuras "principais" e indicando com as mãos as estruturas anatômicas existentes nas imagens.

[18] Personagens secundários do segundo e quarto grupo de imagens da Capela Sistina que, como os demais, também possuem a função de dar pistas acerca das estruturas anatômicas camufladas nas pinturas, evidenciando as partes do corpo que se referem às estruturas em questão.

levantados por Barreto & Oliveira (2004), percebo que Michelangelo, ao instituir em suas pinturas uma maneira não literal de representação da anatomia humana, opta por um formato mais abstrato ao lidar com seu objeto de investigação: o corpo.

    Michelangelo deixou na Capela Sistina imagens que, em primeira instância, são apenas representações de momentos do antigo testamento bíblico, mas que, na verdade, podem ser muito mais. O artista dissecou o corpo humano ocultando-o nas suas pinturas e codificando assim, estruturas da anatomia interna, como nas imagens a seguir.

Figura 28 – Pistas reveladoras dos detalhes anatômicos na pintura

1 – A sibila dirige o olhar para o ombro;
2 – O querubim aponta para o próprio ombro;
3 – Os *putti* examinam e apontam para o próprio ombro;
4 – A iluminação é mais intensa no ombro da sibila;
5 – Há mais realce de cor e luz na veste que oculta a peça anatômica.

Figura 29 – Imagem comparativa entre a pintura invertida e a estrutura anatômica da articulação do ombro

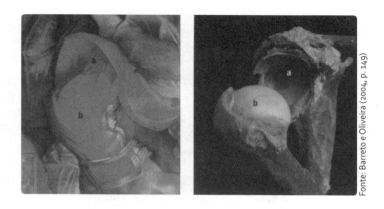

a – cavidade glenoide
b – cabeça do úmero

Figura 30 – Imagem comparativa entre a pintura de Deus e a vista lateral do pulmão esquerdo

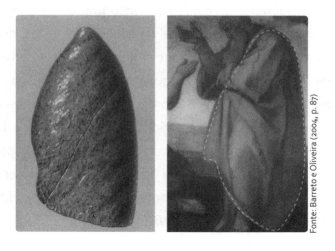

Figura 31 – Imagem comparativa entre a pintura da cena da *Criação do Mundo* (Deus) e o corte do crânio humano.

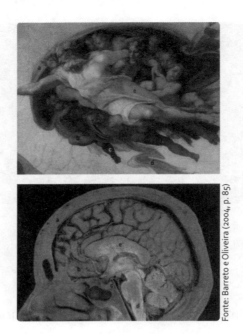

Fonte: Barreto e Oliveira (2004, p. 85)

Considerando as evidências encontradas pelos autores e sem, contudo, contestar aqui a veracidade dos fatos, devo admitir que o argumento de Michelangelo muito se assemelha ao que venho desenvolvendo enquanto objeto de pesquisa para esta análise. Uma vez que a abordagem do artista renascentista traduz uma espécie de dissecação por meio da obra de arte, posso reconhecer que minha proposta criativa para um espetáculo de dança, revele também uma forma de dissecação corporal, entretanto, algo que deverá acontecer por intermédio do movimento, explorando, para isso, qualidades e padrões relacionados com o próprio corpo.

Um Olhar Sobre As Dissecações Do Corpo Na Arte Brasileira

Para lançar a ideia de existência de um corpo dissecado pela dança, optei por enfatizar, conforme esclarecido, a arte no ocidente europeu, tendo em vista a localização geográfica da *Capela Sistina*, obra que me instigou a ressignificar a noção de dissecação para o campo artístico. Não é à toa que focalizo minha análise estética sobre a arte desse continente, uma vez que a pintura de Michelangelo, além de saltar-me aos olhos para a criação de um conceito, encontra-se, por consequências geográficas, situada em um determinado contexto histórico e cultural de claras relações entre arte e ciência.

Contudo, se Michelangelo dissecou o corpo em um tempo e espaço específicos, devo admitir que minha dissecação em dança, também acontece em um contexto particular. Trata-se do contexto de um país de efervescentes produções artísticas ligadas à construção da identidade brasileira.

Desse modo, antes de argumentar acerca de minha proposta de dissecação para o movimento coreográfico, julgo pertinente refletir, ainda que de maneira sucinta, sobre a presença da imagem do corpo no percurso histórico da arte no Brasil. Essa iniciativa tem como objetivo, trazer o olhar do leitor para a dissecação em um ambiente artístico que prepara o terreno para a chegada não apenas da minha proposição de dança, mas para tantas outras proposições artísticas que apresentaram diferentes procedimentos para dissecar o homem em movimento.

Inicio este panorama, portanto, pela arte pré-histórica no Brasil, caracterizada, dentre outras formas, pelas pinturas rupestres, localizadas em diversas cavernas espalhadas pelo país. As pinturas mostram representações bastante primitivas do corpo no que diz respeito à sua anatomia. Sua ênfase, no entanto, pode muito bem explicitar a vigência de experiências culturalmente apreendidas, dotadas de grande significado místico e histórico. São registros longínquos de vida humana no país, evidências reveladoras de que "nossas raízes são muito mais profundas do que o limite inicial de uma data, no tão próximo século XV" (Proença, 2004, p. 189).

Figura 32 – Arte rupestre no Brasil

A dissecação do homem pré-histórico brasileiro na representação de suas atividades cotidianas.

Destacam-se também como exemplificação das dissecações artísticas brasileiras os objetos indígenas, incorporadores da natureza como elemento participativo na construção anatomocultural humana. A arte plumária indígena pode ser considerada um exemplo dessa dissecação, assim como os demais objetos por eles produzidos, cuja ênfase dada à natureza, revela uma tendência do homem em reconhecer-se e pretender-se parte dessa natureza. Os índios criam esses objetos a partir de materiais disponibilizados pela natureza, incorporando-os, a seguir, como petrechos complementares do corpo, no visual de sua própria produção.

Figura 33 – Arte plumária indígena brasileira

Fonte: http://overmundo.com.br/overblog/img_11569914455aldeia_meruri.jpg

O homem transforma a natureza, dissecando sua cultura na produção de objetos de adorno corporal.

Caminhando pelo percurso histórico da arte brasileira, observa-se, no barroco, a influência da religião. As representações do corpo se voltam para a figura de santos e para a arquitetura. A dissecação artística do corpo caracteriza-se, sobretudo, pelo seu sentido mágico-religioso, como na imagem de Aleijadinho.

Figura 34 – *Caminho para o Calvário*, de Aleijadinho (1799)

Fonte: http://usuarios.lycos.es/evergara2/Aleijadinho/Caminho_para_o_Cavario.jpg

A divindade da figura religiosa, humanizada pela expressividade do corpo dissecado na escultura.

O início do século XIX no Brasil é marcado pela chegada da família real portuguesa, que fugia do conflito entre a França napoleônica e a Inglaterra. [...]. A partir de então, o Brasil recebe forte influência da cultura europeia, que começa a assimilar e imitar. Essa tendência

europeizante da cultura da colônia se afirma ainda mais com a chegada da Missão Artística Francesa, oito anos depois da vinda da família real (Proença, 2004, p. 210).

Os reflexos da *Missão Artística Francesa* podem ser verificados em obras de grande apuro técnico, desencadeando uma fase de intensa produção acadêmica, em que a dissecação do corpo se mostra fiel e detalhista às formas humanas, procurando também valorizar os aspectos expressivos dessa humanidade, como na pintura de Vítor Meireles.

Figura 35 – *Moema*, de Vítor Meireles (1866)

Fonte: htt://www.masp.uol.com.br/servico edicativo/assessoriaaoprofessor-ago06.jpg

O apuro das formas humanas na pintura brasileira do século XIX.

É no final do século XIX, porém, que os pintores nacionais começam a criar obras com a perspectiva de diminuir a rigidez acadêmica imposta pela europeização. Antônio Parreiras é um dos artistas que empresta às suas pinturas uma certa imprecisão nas linhas, instituindo uma dissecação de corpo com contornos diferenciados.

Figura 36 – *Iracema*, de Antônio Parreiras (1909)

Fonte: http://www.eco.ufrj.br/pretexto/imagens/Antonio%20Parreiras.jpg

A presença de uma sutil imprecisão nas linhas e formas do corpo humano.

Desse período em diante, a dissecação do corpo na arte brasileira começou a tornar-se mais complexa e abstrata, tendo, inclusive, influências impressionistas na representação de figuras humanas, como se pode perceber na pintura de Eliseu Visconti.

Figura 37 – *Moça no trigal*, de Eliseu Visconti (1918)

Fonte: http://www.arteeeventos.com.br/paginas/leilao//pictures/084_8.jpg

O Impressionismo da arte brasileira no olhar sobre o corpo.

Mas é com a Semana de Arte Moderna, em 1922, que as proposições artísticas de representação de corpo se ampliam, redimensionando as possibilidades de dissecação por meio da abstração corporal. Observa-se, nesse período, uma evidente investigação de formas geométricas na anatomia humana, desencadeando imagens de um corpo estranho, uma abstração com ênfase em determinados aspectos morfológicos deformados, como em Di Cavalcanti, por exemplo, que ressalta os lábios e as cores dos cabelos e peles.

Figura 38 – *Samba*, de Di Cavalcanti (1928)

A dissecação do corpo em abstrações do cotidiano na cultura brasileira.

Um outro aspecto desse período é a noção de antropofagia como estratégia imperativa na composição plástica das obras de arte. Segundo Proença (2004, p. 236):

A teoria antropofágica propunha que artistas brasileiros conhecessem os movimentos estéticos modernos europeus, mas criassem uma arte com feição brasileira. De acordo com essa proposta, para ser artista moderno no Brasil não bastava seguir as tendências europeias, era preciso criar algo enraizado na cultura do país.

Nessa perspectiva é possível destacar como exemplo a artista Tarsila do Amaral, cujas pinturas revelam, por suas características plásticas, uma forte presença da abstração do corpo humano em uma dissecação que propõe a reformulações morfológicas do corpo por meio do olhar para a cultura e as sensações e impressões de uma intensa brasilidade, como em *Abaporu*.

Figura 39 – *Abaporu*, de Tarsila do Amaral (1928)

Fonte: http://www.tarsiladoamaral.com.br/index_frame.htm

O corpo dissecado pelo princípio cultural da antropofagia.

Como se observa, representar o homem e seus sentimentos não era suficiente apenas pelos recursos de expressão facial. Era preciso transpor o nível dessa expressão e evidenciar os sentimentos na própria morfologia corporal, dando organicidade aos aspectos culturais. Exemplos significativos podem ser observados nas propostas de Cândido Portinari e do paraense Ismael Nery.

Figura 40 – *Retirantes*, de Candido Portinari (1944)

Fonte: http://www.historianet.com.br/imagens/balaiada_grande.jpg

A expressividade do corpo no contexto cultural brasileiro.

Figura 41 – *Figura*, de Ismael Nery (1927)

A abstração da figura humana com detalhes anatômicos e expressivos.

Verifico, portanto, que a arte no Brasil acompanhou as tendências da arte europeia, principalmente após a colonização do país. A partir do século XX, porém, é possível verificar uma intensa busca pela singularidade por meio do olhar sobre a cultura brasileira, o que se reflete nos modos como a dissecação do corpo na produção artística do país pode ser compreendida. O que se destaca, em relação à dissecação observada nas obras oriundas da Europa, é a predominância de uma preocupação com o universo cultural.

Não que no ocidente europeu não tenha existido tal preocupação, até porque seria impossível desvincular de um corpo as abrangências culturais e anatomofisiológicas, como é possível verificar nos exemplos aqui relacionados. Tais exemplos demonstram que quando um artista plástico observa um corpo para compor sua obra, ele considera também os aspectos culturais desse corpo na sua criação, seja ele de onde for, esteja ele onde estiver. O que destaco na arte brasileira, porém, é a facilidade com que suas abordagens me permitem evidenciar essa dimensão cultural de corpo.

Enquanto a arte europeia, e mais especificamente a arte renascentista, me possibilita observar com riqueza de detalhes a predominância das ciências biológicas na criação artística, a arte brasileira me permite enxergar claramente a preponderância daquilo que não é biológico no corpo, como referência criativa para pinturas e esculturas.

É na conjunção desses dois olhares que construo a ideia de corpo dissecado em arte, acreditando no corpo biopsicossocial como sujeito que disseca e como o próprio recurso para a dissecação.

A Dissecação Por Intermédio Do Movimento Na Cena Da Dança: A Proposição De *Avesso*

De acordo com os pressupostos estéticos da dança pós-moderna, os quais serão detalhados no capítulo subsequente a este, as possibilidades expressivas do corpo tornam-se mais vastas, ampliando os horizontes criativos do coreógrafo, bem como a propriedade e autonomia do intérprete sobre o movimento dançado. É nesse sentido que surge a proposta do corpo dissecado para a cena da dança.

Entendendo dissecação como o ato de decompor uma dada estrutura a fim de compreendê-la melhor (Houaiss, 2005), posso admitir que, ao realizar uma representação coreográfica da anatomia e fisiologia humanas, considerando para isso características não apenas formais, mas principalmente de tempo, espaço e fluxo, dentre outras, proponho uma outra maneira de compreensão das estruturas corpóreas. É possível admitir, então, por um lado, que o corpo dissecado neste trabalho é a revelação artística de sua constituição interna e, portanto, oculta a olho nu.

Na forma de dissecação implementada nesta pesquisa, contudo, há que se considerar algumas particularidades em relação às abordagens vigentes nas artes plásticas e, mais especificamente, no que tange à abordagem de Michelangelo. A linguagem artística com a qual lido, isto é, a dança, pode propiciar algo que para a linguagem da pintura não é concreto ou viável: o movimento propriamente dito.

As representações anatômicas que Michelangelo fez na Capela Sistina, por mais que sugiram ou causem a sensação de movimento, são formas estáticas de revelação das estruturas corpóreas, ao contrário da representação que pretendo desenvolver, cujo impulso maior e, por consequência, diferencial, é o movimento corporal. Ao concluir tal observação, não estou me referindo a Michelangelo com desdém, pois o valor e a excelência da obra desse artista são de fato incontestáveis. O que julgo interessante, entretanto, é justamente a possibilidade que a dança propicia, permitindo alcançar níveis diferenciados de abstração, permeados por maneiras peculiares de dissecação que serão executadas pelo próprio corpo. A obra aqui desenvolvida está centrada nesse corpo em movimento e não em uma pintura que a represente.

Além disso, é necessário levar em conta outro fator. A investigação anatômica dos artistas renascentistas era pautada no corpo humano morto, parado. Minha proposta sustenta-se em formas de visualização do corpo vivo e, portanto, em movimento, o que de fato corrobora a abordagem que pretendo dar a esse corpo, transfigurando-o por meio de dança.

Uma vez que, para a pesquisa gestual da coreografia, são utilizadas tecnologias médicas geradoras de imagens em movimento, posso considerar que a pesquisa para meu modo artístico de dissecação, ao contrário dos artistas da Renascença, conta com opções diversificadas de contato com as estruturas internas do corpo e, por conseguinte, opções diferenciadas de encenação, conforme as propriedades caracterizadoras da dança cênica na pós-modernidade.

Sob outro ponto de vista, devo argumentar ainda acerca do entendimento de corpo que este livro propõe, considerando-o não somente matéria biológica, mas construto cultural, conforme será explicado no capítulo dois. É válido, portanto, ressaltar desde já que a dissecação que pretendo implementar prima justamente por um sentido amplo de corpo, levando em consideração sua matéria orgânica e, também, suas informações menos palpáveis, isto é, suas emoções, seus humores e inquietações, tornados orgânicos por meio do comportamento, o que será esclarecido no capítulo dois.

Acredito que falar do homem por intermédio da arte requer muito mais que observar unicamente suas estruturas anatômicas. Antes ainda, para a arte, as estruturas anatômicas do ser humano são vistas além do seu aspecto formal.

Tudo isso é levado em consideração nesta pesquisa. A partir do processo criativo que é objeto de investigação dessa análise, lanço a ideia de que fazer dança é dissecar o corpo. Essa dissecação, contudo, é algo que enfatiza não somente a matéria corpo, mas também todos os seus elementos imateriais.

Se para a ciência, dissecar é separar as estruturas a fim de estudá-las em detalhes, para a arte e, mais especificamente, para a dança que acredito fazer, dissecar é um procedimento criativo que requer sentir-se, perceber-se. A dissecação artística vigente em *Avesso* é formal e repleta de códigos ocultos, como a *Capela Sistina*, mas também é subjetiva como *O grito*, e onírica como *A cidade das gavetas*, além de refletir morfologicamente a cultura, como *Abaporu*. Ao passo que, nesta pesquisa, o corpo é tão biológico quanto cultural, em *Avesso*, e na arte de um modo geral, tudo o que é humano é passível de dissecação.

Dissecar o corpo em arte é emprestar alguns instantes da vida ao exercício da observação de si mesmo e também do outro, a fim de desenvolver, a partir das próprias características humanas, o material que, por meio do processo criativo, se fará obra de arte.

2 O CORPO IMANENTE: POÉTICAS CONTEMPORÂNEAS DE DANÇA COMO PERSPECTIVA PARA AS REFLEXÕES SOBRE O ESPETÁCULO *AVESSO*

Para compreender e justificar a dissecação do corpo que proponho implementar por intermédio da dança, é fundamental adentrar no campo da estética e, para tanto, atinar para as concepções de corpo que o pensamento artístico contemporâneo agrega em seu fazer. Nessa perspectiva, considero os pressupostos estéticos da dança na pós-modernidade[19], como a ausência de códigos de movimentos preestabelecidos e a construção do corpo para a cena, além das relações entre forma e conteúdo e das proposições teóricas das noções contemporâneas de corpo.

Com base nesse empenho norteador, o presente capítulo não tem como objetivo dar conta de todas as teorias que pensam o corpo no contexto contemporâneo, mas promover

---

[19] Vale ressaltar que a pós-modernidade nessa tese não é referência apenas temporal, mas, sobretudo, estética. A dança, por sua vez, é vista dentro desse universo. Ao reportar-me ao termo dança pós-moderna ou dança contemporânea, localizo a dança não somente no tempo e no espaço, mas principalmente em um ambiente de ideias que podem ser compreendidas como próprias da contemporaneidade artística no seu sentido filosófico e estilístico.

um cruzamento entre algumas formas similares de entendê-lo nas diferentes áreas do conhecimento, a fim de desenvolver a noção de corpo imanente para a dança.

Por este último, entende-se algo "que está insepara-velmente contido ou implicado na natureza de um ser, ou de um conjunto de seres, de uma experiência ou de um conceito" (Houaiss, 2005). Trata-se, portanto, de uma forma de dança centrada na pessoalidade e na característica subjetiva do intérprete, isto é, sua maneira singular, conforme sugere Deleuze (s/d.) em seu *plano de imanências*[20].

Procuro, aqui, refletir acerca de como os conceitos em questão, de acordo com os preceitos estéticos da pós-moderni-dade em dança, podem ser aplicados ou mesmo evidenciados nessa linguagem. São priorizados nesta reflexão, diálogos com os recentes estudos de corpo e dança e suas respectivas teo-rias de base, articulando, consequentemente, considerações do campo da filosofia, da antropologia, dos estudos culturais, da fenomenologia da percepção e da teoria dos sistemas.

Antes dessas ponderações, entretanto, concentro meus esforços, mais especificamente, sobre a esfera da estética pós-moderna de dança, verificando suas características para, *a posteriori*, tecer relações com a abordagem conceitual de corpo aqui vigente. Tal iniciativa tem o intuito de fundamentar uma justificativa para a implementação do conceito de corpo imanente proposto nesta pesquisa. Além disso, verifico como

---

[20] Tecerei considerações sobre o pensamento de Deleuze e o paralelo com minha ideia de corpo imanente.

as noções contemporâneas de corpo repercutem nos processos criativos em dança e, de modo particular, no processo do espetáculo *Avesso*, objeto de investigação desta análise.

Avesso E Os Pressupostos Estéticos Da Pós-Modernidade Coreográfica

Pós-modernidade em dança

A dança pode ser considerada uma linguagem cênica produtora de espaços abertos ao inusitado. Não precisa ser compreendida como técnica codificada, mas pode ser vista como processo que permite descobrir e elaborar maneiras diversificadas de desenvolver vocabulário corporal e expressão por meio do movimento.

Essa forma de entender a dança deve-se, em grande parte, às ideias e teorias que permeiam o pensamento sobre sua condição na contemporaneidade. Essa condição não diz respeito unicamente ao sentido temporal, mas refere-se, sobretudo, ao sentido estético da dança enquanto linguagem artística.

Desse modo, vale ressaltar os estudos sobre a chamada dança pós-moderna. Antes, porém, faz-se necessário tecer comentários acerca da compreensão que este livro possui sobre o que significa ser pós-moderno em arte. Reconheço que uma tarefa dessa natureza seja, de fato, bastante árdua, no entanto, a intenção aqui não é fazer um estudo detalhado do movimento pós-moderno, mas sim salientar suas principais características a fim de introduzir as reflexões sobre elas no âmbito da dança.

Silva (2005) realiza um estudo aprofundado sobre a pós-modernidade no contexto da dança, porém, sem deixar de percorrer de modo abrangente e, ao mesmo tempo, preciso, o referido movimento. A autora explica:

> O movimento pós-moderno nas artes, a começar pelo seu nome, já indica uma série de questionamentos de peso. [...]. Independentemente de tratar-se ou não de uma quebra de conceitos, valores e técnicas como é habitual nas revoluções artísticas, o pós-modernismo estabelece-se não apenas no domínio estético, mas instala suas influências também nas áreas intelectual, acadêmica, cultural e especialmente na esfera do comportamento e práticas cotidianas. Esse painel finda por criar toda uma estrutura de pensamento, como uma orientação geral à qualidade de vida contemporânea (Silva, 2005, p. 59-60).

Essa estrutura de pensamento à qual Silva se reporta é manifesta por intermédio de características como a multiplicidade, a fragmentação de imagens, a utilização de referências diversas, a experimentação, dentre outras.

Harvey é um dos escritores que estuda a pós-modernidade dentre os quais a autora se vale em suas reflexões.

> O pós-moderno privilegia a heterogeneidade e a diferença como forças libertadoras na redefinição do discurso cultural. A fragmentação, a indeterminação e a intensa desconfiança de todos os discursos universais ou (para usar um termo favorito) "totalizantes" são o marco do pensamento pós-moderno (Harvey apud Silva, 2005, p. 66).

Há, portanto, na produção de arte pós-moderna, uma tendência ao caráter cultural fragmentário e plural, além da predisposição à interdisciplinaridade e ao diálogo com as diversas linguagens artísticas.

Dessa forma, Silva (2005) salienta como conclusão a ideia de que o pensamento vigente no pós-modernismo implica no fazer artístico, provocando um movimento único, porém, não uno, mas qualificado pela multiplicidade evidente nas instâncias social, cultural, política e científica do homem.

Dentre as qualidades mais significativas do pós-modernismo na vida e, em especial, nas artes, Silva (2005, p. 76-77) aponta:

> A pluralidade de significados, discursos, processos e produtos; a invenção como reestruturação; a referência ao passado; a presença da paródia e da ironia; a não negação de correntes artísticas anteriores; as mudanças nas configurações de tempo e espaço; a velocidade de criação artística e tecnológica de informação; a fragmentação, multiplicação e descontinuidade da imagem; a interdisciplinaridade entre as artes e além das artes; o processo artístico visível no produto; a rejeição da narrativa linear; a abolição entre as fronteiras da vida e da arte; a abolição entre as fronteiras da cultura erudita e cultura popular; a nova estrutura de pensamento, senso e comportamento artístico e uma ampla liberdade de criação.

No caso da dança pós-moderna, acredito que ela possua como características todas as qualidades levantadas por Silva em seu trabalho, contudo, penso que, dentre essas virtudes, a pluralidade seja, fundamentalmente, a mais evidente. Esta, de que fala Silva (2005), remete-se à ideia de múltiplo, uma vez que, a meu entender, os termos possuem como premissa, noções de tipos diferentes.

Nesse sentido, Calvino (1990), em seu estudo, refere-se a algumas obras literárias para explicar a multiplicidade, desejando que as obras do próximo milênio tenham como vetor um grande número de possibilidades, uma grande variedade de pensamentos e ideias que, ao serem constatadas pelo leitor, propiciem a multiplicação de si mesmas. Para Calvino (1990, p. 131): "hoje em dia não é mais pensável uma totalidade que não seja potencial, conjetural, multíplice". Não havendo, portanto, unidade total das coisas, o diverso passa a ser um princípio de vida, assim como o é para a literatura investigada por Calvino. Esse princípio literário, todavia, pode ser utilizado como referência para as diversas linguagens artísticas, tornando a multiplicidade, assim, viva nas diversas produções.

De qualquer maneira, é importante entender que a multiplicidade, ou pluralidade, na dança, é o atributo em meio ao qual coabitam várias ideias e formas de lidar com o movimento e a cena onde são construídas variadas poéticas. Essas poéticas, por sua vez, servem-se de uma gama diversificada de técnicas corporais, ora seguindo seus padrões formais, ora transfigurando-os e configurando outros padrões, entretanto, dedicando-se, primordialmente, à pesquisa do movimento como motivação criadora.

Banes (1992), analisando a trajetória da dança pós-moderna americana, explica que o termo pós-moderno em dança pode ser compreendido de diferentes maneiras, de acordo com os períodos históricos de sua existência. A autora afirma:

> *O significado do termo "pós-moderno" em dança é parcialmente histórico e descritivo [...]. Começou como um termo coreográfico para chamar atenção a uma nova geração de artistas da dança. Esses artistas [...] não eram necessariamente semelhantes quanto ao estilo. Seus métodos criativos variavam [...]. No final dos anos 60 e início dos anos 70, os membros dessa geração de artistas aliaram-se à galeria da arte mundial, criando um estilo mais unificado que eu denomino de "dança pós-moderna analítica". [...]. Na dança pós-moderna, o estilo analítico prevaleceu e simultaneamente um novo grupo de coreógrafos, trabalhando numa veia mais teatral, criou o que denomino de "dança pós-moderna metafórica". [...]. Nos anos 80 e 90, uma segunda geração daquilo que poderia realmente ser chamado de coreógrafos pós-modernos – muitos deles alunos e seguidores da primeira geração – assim como várias outras formas de movimentos pós-modernos estrangeiros, finalmente se junta à primeira geração. [...]. Em um certo sentido, o movimento pós-moderno em dança, começou realmente como pós-moderno, passou por um interlúdio modernista, e agora embarca de novo em um segundo projeto pós-moderno (Banes, 1992, p. 20-22).*

De um modo geral, a partir das considerações de Banes, observa-se que a dança pós-moderna, independente do período existencial, apresenta, como característica determinante, a diversidade estilística. Tal constatação implica a necessidade de olhar essa dança por um prisma eminentemente estético, no qual as imagens verificadas são completamente díspares, constituindo múltiplas configurações coexistentes.

Acredito ser esse o predicado da dança no momento histórico atual. Banes (1992) realiza sua análise até os anos 90 e aponta uma sugestão para o futuro, a qual chama de segundo projeto pós-moderno. Na condição de pesquisadora da dança, tomo a liberdade de, a partir do exame histórico da autora, refletir sobre esse novo projeto, isto é, a produção de dança do novo século, admitindo como atributo primordial a convivência de múltiplas proposições, processos e produtos entre si. Dança pós-moderna propriamente dita, dança pós-moderna analítica ou dança pós-moderna metafórica são denominações que, designadas por Banes, refletem etapas da construção de uma estética em dança. Hoje, presentes de maneira simultânea e evidenciadas nas diversas produções coreográficas, essas etapas constituem algumas das poéticas contemporâneas de dança.

Princípios da dança pós-moderna

A dança pós-moderna nasceu nos Estados Unidos, entretanto, não permaneceu estagnada nessa origem. Ela desenvolveu-se abrangendo diversas características culturais bem como outras manifestações estéticas de dança oriundas de diversos lugares, como a Europa, a Índia e o resto da Ásia, englobando diferentes momentos históricos dessas regiões em suas pesquisas.

Assim, a dança pós-moderna reporta-se, na atualidade, não unicamente ao movimento decorrente da insatisfação com a dança moderna americana, conforme os registros históricos de dança apontam acerca de seu surgimento[21]. Ao contrário disso, ela absorve a categoria moderna de dança e tantas outras existentes. Ela pode carregar ainda outras linguagens corporais, ou até mesmo, não ligadas propriamente à dança ou às artes cênicas.

A dança pós-moderna, à qual me refiro, pode ainda ser o processo de construção (ou investigação) de uma linguagem corporal diferenciada e, nesse sentido, é exatamente isso que a presente pesquisa pretende ser.

Silva constata, dentro da pluralidade vigente na dança pós-moderna, a presença de qualidades como a fragmentação, a justaposição de imagens, o ato de repetir, a utilização de diferentes referências, a possibilidade de uso de narrativa não-linear e a ampla liberdade de criação e uso de materiais diversificados. A autora explica que a dança pós-moderna "poderia ser classificada como aquela que aceita a estética da liberdade" (Silva, 2005, p. 142), em que se evidencia uma permissividade ao criador, propiciando-o maior autonomia. É como se a pluralidade fosse apenas a porta de entrada para esse universo de proposições, independência e democracia, em que a pesquisa do movimento interessa-se não mais por superações técnicas, mas por superações de inventividade, por inovação e desligamento de formas e fórmulas preconcebidas.

A liberdade gerada pela multiplicidade faz com que a dança contemple uma outra maneira de lidar com o movimento,

---

[21] Segundo Silva (2005) a dança pós-moderna surge graças à exaustão de criadores e espectadores, cansados das dramatizações excessivas e conteúdos psicológicos presentes na dança moderna.

não o considerando mais como uma forma corporal a ser aprendida e executada por intermédio da imitação. Há, nessa perspectiva, uma organização diferenciada da dança que começa por investigar um movimento absolutamente ajustado ao conteúdo que a obra artística deseja abordar.

> *Seguramente, nenhuma outra corrente de dança, antes, lidou tanto com experimentação e pesquisa como a de nossos dias. Pelo contrário, as correntes anteriores se formulam através de um vocabulário de movimentos restrito, de fórmulas coreográficas preestabelecidas e uma certa falta de liberdade criativa (Silva, 2005, p. 142).*

Os trabalhos que seguem essas correntes, referidas por Silva, devem sempre estar adequados a padrões específicos de movimento previstos pelas suas respectivas técnicas. Na dança pós-moderna, por outro lado, a formulação coreográfica é dada de modo diferente, prevalecendo a possibilidade do uso de diversas técnicas e opções de movimento.

> *Se a dança moderna, por exemplo, trazia de bandeja uma série de gestos e posturas expressivas e facilmente identificáveis para a leitura do espectador, a dança pós-moderna, especialmente agora, é mais metafórica pois isola os elementos do gesto e do corpo em unidades menores de percepção. Essas unidades, emolduradas como o objeto central de interesse e abstração através da repetição, do tempo transformado e da permissão para a multiplicidade, caracteriza uma corporalidade única (Silva, 2005, p. 138).*

A argumentação de Silva, entretanto, abrange, além do aspecto da liberdade de criação de movimentos, questões sobre o corpo na dança pós-moderna. Essas questões podem ser classificadas de duas maneiras: a construção do corpo nos processos criativos e a relação entre o corpo e as pesquisas de movimentos nesses processos, considerando-o, assim, forma e conteúdo da obra.

O assunto relacionado à temática do corpo na dança, contudo, será abordado mais profundamente adiante. Por enquanto, interessa-me argumentar acerca de uma característica não apenas marcante na produção da dança pós-moderna em geral, mas sobretudo motivadora para meu processo de criação artística: a possibilidade de utilização, nas pesquisas coreográficas, de movimentos não codificados pelas técnicas de dança já existentes.

É possível apontar o coreógrafo norte-americano Merce Cunningham, em destaque na imagem a seguir, como o precursor da chamada dança pós-moderna. Sua proposta de dança, inaugurada em meados da década de 40, tinha como pretensão desvencilhar-se das ideologias e formalidades da dança moderna, escola a qual pertencia, integrando a companhia de Martha Graham (1894-1991)[22].

---

[22] Dançarina norte-americana que foi um ícone da dança moderna. Desenvolveu uma técnica centrada, principalmente, nos movimentos do torso, de onde provinha sua dança e na força do gesto partindo da força da emoção.

Figura 42 – Merce Cunningham

O artista investiga em seu corpo diferentes motivos para o movimento.

Silva (2005) salienta que dentre os questionamentos de Cunningham podem ser destacados a narrativa única e linear, o uso convencional do palco e as formas lineares dos processos criativos. A partir desses questionamentos Cunningham propunha uma recusa aos padrões estéticos das escolas de dança anteriores, como o balé e a dança moderna.

No que se refere ao uso do palco, é interessante observar que Cunningham não aceita estruturas convencionais fundadas na perspectiva renascentista, isto é, aquela em que a ação parte de um ponto central, como nos balés, por exemplo. Langendonck (2004, p. 126), ao estudar a obra e as proposições estéticas de Cunningham, verifica que, em certa ocasião, o coreógrafo "apresentou uma dança com o espaço descentralizado, atacando a perspectiva de palco que vinha sendo usada tradicionalmente na apresentação de danças desde o século XVIII". Suas concepções de utilização do espaço cênico perduram até hoje nas obras de sua companhia de dança, como ilustra a seguinte imagem.

Figura 43 – *Merce Cunningham Dance Company* I

Dançarinos da companhia de Cunnigham, a partir da proposta estética e filosófica do coreógrafo, subvertem o espaço, reconfigurando as estruturas convencionais de palco para a cena da dança.

A autora explica ainda que

> *Cunningham defende uma dança que se baseia na movimentação do homem comum. [...]. O coreógrafo tenta colocar em suas coreografias a movimentação das pessoas comuns nos espaços comuns (Langendonck, 2004, p. 40),*

não demonstrando, dessa maneira, o intuito de sustentar-se nos padrões corporais das técnicas de dança formais.

> *Desnudar a dança de todos os artifícios estranhos a ela, negar a dramaticidade da dança moderna, a artificialidade do balé clássico, desenhando-a conforme seus componentes essenciais, foram estratégias imperativas na origem do pós-modernismo*
>
> (Silva, 2005, p. 106).

Figura 44 – *Merce Cunningham Dance Company* II

A movimentação comum abordada na cena da dança.

Essas estratégias, elucidadas também pelo recurso da imagem acima, fizeram a dança embarcar em um projeto em que "os conceitos-chave a serem seguidos seriam a liberdade criativa e uma intensa e extensa experimentação" (Silva, 2005, p. 109), aspectos esses que passaram a compor, portanto, sua estética na contemporaneidade, constituindo fatores elementares para suas encenações.

Filosoficamente, porém, pode-se dizer que esses princípios teóricos da dança pós-moderna tenham nascido muito antes de Cunningham, uma vez que a chamada dança moderna já sinalizava, desde seus primórdios, uma busca pela liberdade de movimento.

Isadora Duncan (1878-1927) pode ser considerada a precursora desses ideais. Para ela, a dança deveria ser "livre de formas preestabelecidas, livre de configurações criadas artificialmente" (Azevedo, 2004, p. 62). Talvez Duncan, que iniciou seu trabalho nos Estados Unidos, merecesse ser considerada a primeira pensadora da dança pós-moderna, ainda que inserida, de maneira cronológica, na modernidade coreográfica. Sua proposta amplamente experimental, evidenciada nesta tese com o auxílio da imagem a seguir, privilegiava sua história de vida pessoal. Em suas aulas eram valorizadas muito mais as questões filosóficas de sua estética do que fundamentos técnicos ou metodológicos.

Figura 45 – Isadora Duncan

Fonte: http://www.duncandancers.com/img/isadora04.jpg

A dança livre de preceitos técnicos.

Em se tratando dos coreógrafos modernos, pode-se dizer que essa liberdade de expressão corporal, evidenciada hoje como um dos princípios elementares da dança pós-moderna, foi perdida em decorrência de uma excessiva preocupação com a sistematização técnica e metodológica dos movimentos e do próprio processo de criação deles. Os sucessores de Duncan continuaram priorizando os mesmos ideais filosóficos por ela lançados, entretanto, a prática coreográfica organizou-se de tal forma que o fazer não mais acompanhou o discurso.

A dança moderna americana que, esteticamente, já poderia ter como características o que se evidencia hoje na dança pós-moderna, caminhou para uma espécie de engessamento a partir da instituição de códigos de movimento e técnicas sustentadas nos modelos cópia-repetição. Dentre essas técnicas podem ser citadas as de Ruth St. Denis (1878?-1968)[23] e Ted Shawn (1891-1972)[24], Martha Graham (1894-1991), Doris

---

[23] Buscava na dança um sentido religioso. Para tanto, aproximou-se das danças orientais, principalmente as egípcias e hindus. Acreditava que o corpo deveria se envolver com a alma no ato da dança e desenvolveu um vocabulário de movimentos centrando, acima de tudo, tronco, ombros e braços. Foi professora de Martha Graham.

[24] Cultivava na dança valores como o dinamismo e a progressão da intensidade do movimento, além de pontuar as atividades masculinas básicas em suas propostas. Trabalhava também com a linguagem do *jazz dance* e enfatizava em sua dança a expressão das emoções. Juntamente com Ruth Saint Denis fundou a *Denishawn School*.

Humphrey (1895-1958)[25] e Jose Limón (1908-1972)[26]. As imagens a seguir revelam os padrões de movimento característicos das técnicas de cada um desses coreógrafos.

Figura 46 – Ruth Saint Denis

Fonte: http://recollectionbooks.com/bleed/images/BB/osainyn001p1.jpg

Utilização de elementos orientais religiosos na construção de princípios técnicos de dança moderna.

---

[25] Estudava os gestos em suas dominantes prática e religiosa para a construção do movimento de dança. Enfatizou diversos aspectos em sua sistematização técnica, principalmente as formas, ritmos e dinâmicas do corpo em quedas e recuperações, sempre associando isso a expressão das emoções.

[26] Estudou dança com Doris Humphrey, consolidando os princípios desta coreógrafa e acrescentando a eles os característicos balanços de sua técnica, além de uma forte expressão teatral.

Figura 47 – Ted Shawn

Dinamismo e emoção na concepção da técnica do movimento.

Figura 48 – Martha Graham

O movimento que parte da emoção irradiando do centro às extremidades do corpo.

Figura 49 – Doris Humphrey

Fonte: http://cache.eb.com/eb/image?id=10878&rendTypeId=4

Enfatizando as formas do corpo no trânsito entre quedas e recuperações.

Figura 50 – Jose Limón

Fonte: http://www.danceheritage.org/images/limon.jpg

Associando expressividade teatral e soltura das articulações do corpo aos princípios de Humphrey.

Paralelamente, a Europa via nascer um movimento de libertação da dança, instituído a partir do expressionismo alemão. Nomes como Mary Wigman (1886-1973)[27] e, um pouco mais tarde, Kurt Jooss (1901-1979)[28], impulsionados, sobretudo, pelo desejo de não fazer da dança um artifício de beleza, mas de discussão e revelação dos problemas políticos e sociais da época, difundiam naquele continente uma nova estética de dança. Fundamentada na "rejeição a formas e conteúdos da arte representativa burguesa" (Siqueira, 2006, p. 100) e muito mais democrática do que a dança moderna americana, instituía-se a chamada dança expressionista que, por sua vez, originou o que hoje se conhece como dança-teatro. As coreografias de Wigman e Joss, ilustradas a seguir, configuram-se como marcos da estética da dança expressionista.

---

[27] Objetivava expressar a personalidade do artista adotando o corpo com instrumento para este fim. Foi aluna de Laban e seu trabalho caracterizou-se, especialmente, pelo contato intenso com o chão, além de uma marcante expressividade dramática, promovendo a fusão entre forma e expressão. Para ela o movimento deveria partir do tronco para os membros e suas extremidades. Trabalhava com o improviso no intuito de consolidar novas formas para os movimentos.

[28] Artista alemão de formação tripla (música, teatro e dança). Promoveu intensa associação entre as linguagens da dança e do teatro. Acreditava nos mesmos valores que Mary Wigman e os artistas da dança moderna americana, valorizando as emoções como formatadoras do movimento. Também foi aluno de Laban e ficou famoso por sua obra intitulada *A Mesa Verde*.

Figura 51 – Mary Wigman

Expressão e forma geradas pela força do centro do corpo.

Figura 52 – *A Mesa Verde*, de Kurt Joss

Teatro e dança em associação na expressão do movimento.

Apesar de sua busca por liberdade de conteúdos e formas, essa dança apresentava alguns princípios técnicos semelhantes aos da dança moderna nascida nos Estados Unidos. Wigman, por exemplo, propunha trabalhar prioritariamente o torso e a bacia, fazendo o movimento partir do tronco, como na dança moderna americana.

Por outro lado, é inegável que os europeus valorizaram muito mais a expressividade como elemento gerador do movimento do que os americanos, aparentemente mais preocupados com a formatação técnica. De certa forma, pode-se entender que a dança expressionista esteve muito mais próxima do que hoje se entende esteticamente como dança pós-moderna do que a dança moderna norte-americana.

A grande personalidade nessa história da dança europeia, porém, é o húngaro Rudolph Von Laban (1979-1958), que desenvolveu um minucioso método de notação coreográfica e uma profunda investigação do uso do corpo no espaço, formando coreógrafos como os já mencionados Wigman e Joss, contribuindo sobremaneira com a formatação das técnicas de dança moderna no mundo todo. Uma parcela da codificação de Laban para a análise e registro do movimento pode ser evidenciada na imagem a seguir.

Figura 53 – Rudolph Von Laban

Fonte: http://www.tanzarchiv-leipzig.de/files/Laban_Vortrag.jpg

Corpo e espaço: motivadores das proposições de Laban para o estudo do movimento.

Segundo Mommensohn (2006, p. 15), "Laban aparece como o precursor do pensamento de refletir sobre a dança, sistematizando um método de análise do movimento". Suas ideias revolucionaram as metodologias de composição em dança, abrangendo o movimento do cotidiano e valorizando a individualidade do dançarino em detrimento do formalismo existente no balé. As ideias de Laban vêm prestando inúmeras contribuições ao longo dos tempos, atravessando gerações e promovendo o amadurecimento de muitas correntes de pesquisa em dança.

A matriz do que propôs Laban é originária dos princípios de François Delsarte (1811-1871)[29] e Émile Jacques-Dalcroze (1865-1950)[30], valorizando a percepção e consciência do corpo em toda e qualquer movimentação. Apesar de toda a influência teórica e prática de Laban e dos ideais filosóficos e estéticos de Duncan, os coreógrafos/ pensadores da dança moderna, especialmente da americana, caíram em uma espécie de armadilha em decorrência da excessiva preocupação em desvincular-se das premissas técnicas do balé.

Talvez o grande pecado desses artistas tenha sido, antes de suas abordagens estéticas, suas propostas metodológicas de desenvolvimento coreográfico, guiadas pela sistematização formalizada do aprendizado do movimento dentro de determinados padrões.

Em função dessa sistematização, a dança moderna perdeu um pouco do seu espírito libertário proposto por Duncan nos Estados Unidos e da sua natureza investigativa disseminada por

---

[29] Francês que lançou o princípio de que a intensidade do movimento é diretamente proporcional à intensidade da emoção. A partir de seus estudos foram edificados os princípios básicos da dança moderna, tanto daquela surgida nos Estados Unidos quanto da europeia. Dentre esses princípios destacam-se: a mobilização para o movimento partindo do torso, a obtenção da expressão por meio da contração e do relaxamento e a possibilidade de tradução corporal de todos os sentimentos humanos. Segundo Bourcier (2001, p. 247), "o delsartismo teve uma influência estabelecida historicamente na dança moderna dos Estados Unidos. [...]. Atingiu também a Alemanha. [...]. Rudolph Von Laban integrou em seu próprio sistema de ensino vários princípios delsartianos".

[30] Músico e pedagogo suíço que propôs uma abordagem rítmica para o movimento, desenvolvendo uma pedagogia do gesto a partir da prática de solfejos corporais cada vez mais complexos. Como Delsarte, também acreditava que o sentimento tinha a propriedade de enriquecer o movimento.

Laban na Europa, estabelecendo novas regras. Não que já não se estudasse ou pesquisasse mais. De fato seria injusto afirmar que houve ausência de pesquisa, assim como seria injusto contestar a contribuição desses estudiosos para a arte da dança. Acredito, entretanto, que os caminhos percorridos, inicialmente ampliaram o universo criativo, mas em seguida, limitaram-no.

A dança libertou-se da "prisão" e do academicismo do balé, mas criou novas "prisões" em vocabulários de movimentos que se tornaram tão previsíveis quanto os do balé. Novas "fôrmas" e novos códigos, conforme demonstram as imagens à frente, foram instituídos para o corpo dançante. Localizo essa codificação como a principal diferença entre a dança moderna e a dança pós-moderna.

Figura 54 – Técnica de balé

Postura ereta e uso do *en dehors* (para fora) desde a articulação coxo-femural até os pés: códigos de movimentos característicos da técnica de balé.

Figura 55 – Técnica de dança moderna

Contração do tronco e mãos em concha: códigos de movimentos característicos da técnicade dança moderna instituída por Martha Graham.

Siqueira (2006, p. 102) explica que:

A dança moderna não abdicou da harmonia preconizada pelo balé clássico. A distância entre os dois deve-se mais à recusa da dança moderna em estabelecer um código de movimentos a ser obedecido por virtuoses da técnica.

O que Siqueira argumenta é justamente o fato de que a dança moderna, apesar de ter fugido dos preceitos técnicos e virtuosos do balé, acabou estabelecendo seus próprios preceitos, os quais, de certa forma, não deixaram de assemelhar-se ao balé em termos de processo criativo. Como o balé, a dança moderna também caminhou para a formalização. A diferença entre eles é que a dança moderna trouxe uma outra variedade de elementos no seu vocabulário, adotando princípios instituídos por Humphrey, Graham e Limon, dentre outros.

É provável que, em virtude de uma previsibilidade de movimentos e ações para a dança, Cunningham tenha sentido necessidade de recuperar o pensamento e os ideais lançados por Duncan. Talvez por isso a denominação de sua dança tenha sido justamente a de pós-moderna. Por outro lado, observa-se que mesmo Cunningham, que negou todos os princípios das correntes de dança anteriores, caiu na "armadilha" da sistematização, apesar de não ter deixado a técnica, no seu sentido formal, sobrepor-se ao princípio filosófico e, principalmente, à pesquisa, experimentação e investigação do movimento por parte do intérprete.

Assim caminha a pós-modernidade coreográfica. A partir de suas concepções é possível idealizar movimentos tanto por meio de outros preexistentes, ressignificando-os ou não, quanto é possível desenvolver movimentos ainda não codificados em dança.

Os seguidores da pós-modernidade em dança, assim como os pensadores da dança moderna, desejam instituir padrões e vocabulários de movimento diferenciados. O que se verifica, porém, ao contrário da dança moderna, é que esse desejo, a cada montagem coreográfica, está sempre presente. Há uma fidelidade estética aos princípios filosóficos. A formatação de uma linguagem em dança, partindo dos princípios da pós-modernidade, dá-se muito mais pela metodologia ou metodologias de processo criativo do que pela forma dos movimentos. Esse conjunto de métodos, por sua vez, busca a investigação do inusitado e não a instituição de códigos que devam ser simplesmente repetidos.

Assim, na perspectiva de conceber movimentos não sustentados nos padrões das técnicas formais de dança, os coreógrafos adeptos da pós-modernidade na dança vêm buscando motivos para suas pesquisas nos mais variados tipos de situação. Nesse sentido, qualquer razão, tema ou ideia pode ser considerada material para a composição de movimentos. Desde a situação mais comum ao cotidiano de qualquer indivíduo até um ritual tribal podem constituir os motivos da pesquisa que deverá compor os movimentos de uma cena coreográfica.

Além disso, observa-se uma certa tendência a voltar a atenção da pesquisa coreográfica para o próprio corpo e a maneira como ele se movimenta. É possível considerar que os seguidores dessa tendência têm inspiração justamente nas ideias difundidas por Cunningham, que reinaugurou[31] um pensamento acerca da dança, assim como implantou um tratamento diferenciado para as composições coreográficas, centrando no movimento corporal propriamente dito, suas indagações e motivações criativas.

As qualidades estruturais da dança, como por exemplo o tempo, o espaço ou a dinâmica do movimento tornaram-se então razões mais do que suficientes para a criação coreográfica, que por sua vez, transformou-se naquele momento em uma moldura, uma janela por onde olhar o movimento em si mesmo (Silva, 2005, p. 106).

---

[31] Parto do princípio de que Merce Cunningham fundamentou-se nos ideais primeiramente inaugurados por Isadora Duncan.

A dança pós-moderna, então, surgiu e difundiu-se com inclinação para a investigação de formas diversificadas de mover o corpo, sendo esse o motivo primeiro das concepções coreográficas.

Siqueira (2006) acredita que a dança pós-moderna esteja situada em paralelo a outras formas de dança na contemporaneidade, como a dança-teatro, o teatro físico, o butô e a nova dança etc. A autora explica que a denominação dança contemporânea é o que abarca essas diferentes danças, uma espécie de conceito "guarda-chuva", em que se inserem diferentes correntes, dentre as quais a dança pós-moderna.

Diz a autora: "A dança contemporânea constitui-se em um conjunto de diversas orientações, interpretadas por dançarinos de formações variadas" (Siqueira, 2006, p. 95). Em minha opinião, trata-se de uma maneira de nomear diferentes formas de pensar e fazer diferentes danças, pautadas em valores semelhantes, como a livre criação, a interdisciplinaridade e a pluralidade, dentre outros. As nomenclaturas mudam dependendo das proposições artísticas e filosóficas, mas principalmente, em função do contexto histórico e cultural.

Seja a chamada dança-teatro alemã, a dança pós-moderna americana, o teatro físico inglês ou até mesmo o butô japonês, a dança contemporânea que, para muitos se configura como um estilo de dança, é na verdade uma gama variada de linguagens e movimentos artísticos relacionados à expressão por meio do movimento, cujas peculiaridades são os já referidos valores que, por sua vez, participam das características elencadas na pós-modernidade coreográfica. Características estéticas dessas danças podem ser constatadas nas seguintes imagens.

Figura 56 – Cena de *Pina Bausch*

A expressividade da dança-teatro alemã de *Pina Bausch*.

Figura 57 – Cena de *Trisha Brown*

Sucessores de Cunningham transfigurando espaços na dança americana.

Figura 58 – Cena do *DV8*

O teatro físico do grupo inglês *DV8* agregando pesquisa corporal e expressão teatral.

Figura 59 – Cena de *Tatsumi Hijikata*

O corpo do butô: multiplicidade no diálogo entre natureza e cultura.

Partindo desse princípio de diversidade, pode-se equiparar a dança contemporânea à arte moderna edificada no século XX.

Assim como quando se fala em artes plásticas, não é possível definir com precisão o que é a arte moderna devido à grande multiplicidade de movimentos[32] que a constituem, também não é possível classificar com exatidão o que é a dança contemporânea, pois ela pode ser várias coisas ao mesmo tempo. Em função disso, uma maneira eficaz de pensá-la pode ser compreendendo-a como estética que congrega diferentes poéticas. Nesse sentido, ela poderia até ser nomeada na sua forma pluralizada, isto é, danças contemporâneas. Desse modo, todas as formas de expressão coreográfica, inclusive a dança pós-moderna, nada mais são do que poéticas contemporâneas de dança.

Em meio à diversidade, porém, essas poéticas possuem peculiaridades, de modo que cada uma delas tem sua própria assinatura, mas não necessariamente os mesmos códigos de movimento. Cada uma dessas poéticas apresenta, além de seus próprios princípios, um determinado vocabulário, contudo a sistematização do mesmo não consiste em repetir e imitar os movimentos, mas sim em descobri-los.

É partindo desse pressuposto que surgem a CMD e o espetáculo *Avesso*. A inquietação e a aspiração de descobrir a sua dança particular fazem brotar a experiência criativa desse espetáculo, como explica uma das integrantes do elenco do grupo.

Eu acho que o Avesso *surgiu por causa da nossa necessidade de descoberta do movimento. Seria como se fosse assim: estamos entrando numa fase na qual o que estamos criando já não nos basta, então, temos*

---

[32] Expressionismo, Cubismo, Futurismo, Surrealismo, Dadaísmo, entre outros.

que procurar ou, de alguma forma, encontrar movimentos diferenciados, mais nossos, que partam mais de dentro, da nossa experiência de vida e consciência corporal. Partindo desse princípio, como criar alguma coisa sem me conhecer? Se a ideia era começar a criar movimentos diferentes partindo de mim mesma, então eu precisava me conhecer profundamente (Luiza Monteiro)[33].

A título de esclarecimento, saliento que o que move conceitualmente esta pesquisa e, por conseguinte, seu fazer prático evidenciado no espetáculo *Avesso*, parte das teorias da pós-modernidade coreográfica, mas não pretende ser dança pós-moderna. Assumo, porém, localizar os preceitos estéticos de minhas estratégias criativas em dança nos princípios da pós-modernidade, dentre os quais têm destaque a multiplicidade, a liberdade criativa e a experimentação. A partir desses valores são desenvolvidos os princípios e procedimentos de construção do espetáculo estudado, fomentando, portanto, minha poética cênica em parceria com os intérpretes-criadores da CMD.

O movimento autônomo como elemento norteador da dança

Em função da variedade de linguagens, é importante elucidar que a dança contemporânea[34], devido a sua própria

---

[33] Integrante da CMD em depoimento concedido no dia 14 de novembro de 2007.

[34] Entendendo dança contemporânea como estética em que se inserem diversas poéticas, semelhante à ideia do conceito "guarda-chuva" sugerida por Siqueira (2006).

143

estrutura plural, não possui uma técnica ou técnicas específicas, como acontece com o balé e a dança moderna, expressões de dança em que foram desenvolvidas técnicas formais englobando determinados códigos de movimento.

Sanches traz à tona a questão da multiplicidade de técnicas na formação corporal do intérprete de dança contemporânea. O autor argumenta: "é impossível desenvolver uma técnica de dança que abrace a multiplicidade da cena contemporânea. Acredito ser mais coerente falar em técnicas contemporâneas de dança" (Sanches, 2005, p. 59-60).

Isso se deve ao fato de, na dança contemporânea, não existir uma formulação peculiar e codificada de vocabulário corporal, conforme aconteceu com as correntes anteriores. Muito pelo contrário, a peculiaridade dessa maneira de dançar reside exatamente na ausência de unicidade. Em minha opinião, é exatamente isso que explica o fato de a dança contemporânea caracterizar-se, principalmente, pela liberdade criativa, isto é, pela possibilidade de investigação e invenção de uma maneira particular de dançar, seguindo, como direcionadoras, uma série de metodologias criativas propiciadoras da descoberta do movimento que se quer dançar e não aspectos técnico-formais preestabelecidos.

A multiplicidade existente na estética contemporânea de dança faz com que haja uma certa tendência à pessoalidade/ individualidade de cada criador, o que é propiciado justamente pela liberdade de experimentação e criação. Essa particularidade e esse modo pessoal de lidar com a criação podem ser entendidos como a poética do artista, já mencionada.

Pareyson (1997, p. 17) explica que "uma poética é um determinado gosto convertido em programa de arte, em que por gosto se entende toda a espiritualidade de uma época ou de uma pessoa tornada expectativa de arte". Em síntese, a poética é uma espécie de carimbo pessoal do artista em que ele registra a proposição de um programa de arte, de um modo de operacionalização.

A poética está diretamente relacionada com a pessoalidade e, por conseguinte, com a subjetividade do seu criador. Pareyson argumenta que a pessoalidade é inerente a todas as atividades humanas e, consequentemente, às atividades artísticas.

> *Entre a pessoa do autor e a sua obra existe uma identidade verdadeira e propriamente dita. Nesse sentido, a arte é qualquer coisa de muito mais intenso que a expressão, já que a obra, mais do que exprimir a pessoa do autor, pode dizer-se que o é: ela é a pessoa mesma do autor, não fotografada num dos seus instantes – o que seria imagem muito parcial e falseadora – mas colhida na sua integridade viva, e solidificada, por assim dizer, num objeto físico e autônomo. [...]. A obra é o próprio autor, solidificado numa presença evidente e eloquente, que se encomenda para a eternidade (Pareyson, 1997, p. 107-108).*

Na chamada dança contemporânea, pode-se dizer que o aspecto da pessoalidade do artista, evidenciado em muitas obras, é decorrente dos próprios preceitos estéticos inerentes à pós-modernidade coreográfica. O criador de dança adepto dos princípios da pós-modernidade, ao promover sua arte não por meio de uma formulação pré-fabricada, mas por uma via que prima por fazer diferença pela pesquisa do movimento, demanda uma outra organização do seu processo. Ele aproxima-se de questões pessoais e recorre a maneiras diversificadas de operar, as quais, por não possuírem unicidade técnica e estilística, fazem o artista lançar mão de recursos mais subjetivos na criação de sua poética.

Além dessa particularidade que é a própria poética de cada artista, é interessante perceber como cada processo criativo possui também a propriedade de valer-se de uma estratégia específica no que tange aos procedimentos técnico-corporais, de modo que esses, além de serem adequados às necessidades de cada intérprete, são também ajustados às imanências do projeto coreográfico em processo. "Seria como se cada coreógrafo, a cada montagem, estabelecesse a feitura do corpo de seu elenco de acordo com a sua proposta e principalmente com as singularidades de cada intérprete" (Silva, 2005, p. 138).

No caso de *Avesso*, essas características verificadas nas poéticas contemporâneas de dança são assertivas e demonstram a existência de uma concomitância entre a forma que a obra possui e as soluções a partir das quais ela é criada. Isso, no processo deste espetáculo, pode ser evidenciado e compreendido a partir das opiniões dos próprios integrantes da CMD, como demonstrado na seguinte reflexão:

> *Parece que a ideia do Avesso é um tema e uma técnica e não só um ou o outro. Por exemplo, quando nós fizemos o Não dito, a gente pesquisou a história do Brasil, que a gente já tinha estudado. Já o Avesso não foi bem assim. Como pesquisar um corpo sem ter uma teoria? Então, me parece que vem uma técnica de pesquisar sobre o*

próprio corpo junto com a ideia do espetáculo, com o assunto

(Ercy Souza)[35].

Verifica-se, assim, a presença de algo diferencial, pois não é dada aos dançarinos uma forma pronta, à qual ele deva moldar seu corpo e seus movimentos. Aos intérpretes-criadores do espetáculo, procuro dar a ideia de uma fórmula auxiliar para a descoberta de uma dança que tenha motivação na vida deles mesmos.

É nessa perspectiva que se insere, não apenas meu projeto de pesquisa acadêmica, mas meu projeto de vida enquanto artista da cena, isto é, investigar uma forma autêntica de dançar, que torne a dança acessível a qualquer sujeito, implementando o que denomino de movimento autônomo. Assumindo o papel de diretora fomentadora do processo criativo de *Avesso*, desenvolvo estratégias de despertar o intérprete de dança para a descoberta do movimento expressivo pessoal e subjetivo, pesquisado e proposto por ele mesmo, que é, portanto, criador e executor de sua própria dança.

Nesse sentido, o movimento autônomo, desvelado no ato da dissecação artística do corpo, torna-se elemento norteador da poética imanente de dança, refletindo as descobertas do intérprete acerca de si mesmo. O conceito aqui proposto surge a partir das experiências da CMD, inspiradas na proposta de Rodrigues (1997), denominada de bailarino-pesquisador-intérprete. Segundo a autora, no ato da investigação

---

[35] Integrante da Companhia Moderno de Dança em depoimento concedido no dia 14 de novembro de 2007.

do movimento para a dança, "ao bailarino é solicitado o inventário de suas origens, de seus registros culturais, de sua relação com a terra" (Rodrigues, 1997, p. 147).

Em minha opinião, esses elementos, em direção aos quais o bailarino caminha para desenvolver sua dança, são constituintes do corpo imanente que, por sua vez, é o que norteia a descoberta e expressão do movimento autônomo.

Acredito ser possível avançar mais uma etapa de meu projeto de vida artística por meio desta pesquisa acadêmica, desenvolvendo os conceitos aqui apresentados e os assumindo enquanto estratégias de construção poética.

Para tanto, penso que os princípios estéticos da pós-modernidade coreográfica, inseridos na estética contemporânea de dança, sejam os mais adequados e até mesmo mais eficientes, tendo em vista a multiplicidade que permite uma abordagem diferenciada do movimento. Por meio da utilização de diferentes artifícios, essa maneira de pensar e fazer dança propicia a construção de uma poética distinta e, por conseguinte, imanente, como entendo ser o corpo no espetáculo *Avesso*.

A especificidade da construção do corpo nas poéticas contemporâneas de dança

Conforme explanado na seção anterior, na estética contemporânea de dança, as técnicas de preparação corporal vão além dos tradicionais modelos cópia-repetição e buscam, por intermédio do próprio processo criativo, instituir diferentes padrões de movimento. Cada processo demanda uma preparação do corpo, conforme observa Silva (2005, p. 139): "O corpo na dança, hoje, constrói-se para cada montagem e nele estão inscritas as particularidades do seu momento, da sua cultura, das suas possibilidades, que são inúmeras".

Louppe (2000, p. 27) propõe o conceito de corpo híbrido e afirma que "hoje em dia a formação do bailarino é constituída por diversas correntes, além de participar de projetos pontuais, não apresentando, portanto, uma referência corporal constitutiva". Antes de detalhar a proposição de Louppe, entretanto, acredito ser pertinente tecer alguns comentários sobre o entendimento do que vem a ser de fato as já citadas múltiplas técnicas na dança contemporânea.

Balanchine[36] (*apud* Cavalcante, 2000, p. 41) afirma que técnica é " o método ou os detalhes de procedimento essenciais para a competência na execução de qualquer arte". Segundo Cavalcante, "Balanchine considera a arte no sentido grego de téchne, ou conjunto de regras indispensáveis para a boa execução de um ofício. Por esse motivo, assume a técnica do balé clássico para terreno de suas especulações" (2000, p. 48).

De certa forma, observa-se em Balanchine uma tendência a unificar o processo criativo por meio de uma técnica específica. Embora o coreógrafo fale em detalhes de procedimento, isto

---

[36] Coreógrafo russo radicado nos Estados Unidos que fundou a escola *American Ballet* e, posteriormente, a companhia *New York City Ballet*. Balanchine criou novas versões para balés como *O Quebra Nozes, Dom Quixote* etc. Sua maneira de coreografar adequa-se ao que os historiadores de dança denominam de balé neoclássico, uma vez que ele renovou o vocabulário, a técnica, a linguagem e a encenação do balé clássico. (Cf. Bourcier, Paul. *História da dança no ocidente*. Trad. Marina Appenzeller. 2. ed. São Paulo, Martins Fontes, 2001. p. 236-239).

é, modos de operacionalização, ele adota em seu trabalho uma única técnica corporal, a do balé clássico.

Se considerarmos a proposição de Mauss (1974) para a conceituação de técnica, é possível admiti-la como toda e qualquer formulação por meio da qual se chega a um dado fim, ou ainda, que a técnica é uma espécie de solução encontrada pelo homem para uma determinada situação. Mauss (1974, p. 211) explica a técnica especificando o conceito de técnicas corporais, que são "as maneiras como os homens, sociedade por sociedade e de maneira tradicional, sabem servir-se de seus corpos". Trata-se, portanto, de "adequação ou (re)invenção de modos de utilização do corpo" (Mendes, 2004, p. 79).

Em se tratando especificamente da dança, Iannitelli (2004, p. 30) explica que "técnica na dança é uma forma de desenvolver habilidades nesta e o domínio de seus elementos (corpo, movimento e a sua expressão poética)". Isso significa que o aprendizado da técnica é por si só plural, já que envolve tantos elementos. Para chegar ao ápice do conhecimento seguro acerca desses elementos, é necessário que o intérprete de dança vivencie experiências diversas e as utilize da maneira mais adequada possível.

Esse pluralismo reflete uma característica da pós-modernidade, ou seja, não há qualquer preocupação em se negar absolutamente nada. Tudo pode ser apropriado, sem qualquer escrúpulo ou preconceito (Iannitelli, 2004, p. 31).

Iannitelli defende a proposta de integração entre técnica, no sentido global de seus elementos, criatividade e teoria, no intuito de promover a expressão autêntica do movimento poético individual, proposição essa que condiz justamente com meu ideal imanente de dança, no qual o intérprete concebe movimento a partir de suas idiossincrasias.

Algumas propostas pedagógicas vêm solidificando-se com vistas a abranger esse viés pessoal não apenas no que se refere à criação coreográfica, mas, principalmente, enfocando a formação do intérprete. Nesse sentido, Iannitelli (2004, p. 32) salienta o trabalho de Isabel Marques, estudiosa da pedagogia da dança que propõe uma "pedagogia centrada no contexto", englobando no ensino da dança, considerações sobre a realidade de cada aluno e buscando conectar as experiências sócio-culturais do sujeito na prática da dança.

Marques (2001) parte do princípio de que, assim como o professor tem um papel artístico na formação de seu aluno, o coreógrafo/artista possui incumbências pedagógicas de formação do indivíduo. Diz a autora: "proponho que pensemos em uma articulação múltipla entre o contexto vivido, percebido e imaginado pelos alunos e os subtextos, textos e contextos da própria dança" (Marques, 2001, p. 96).

Ainda no que tange ao processo de ensino-aprendizagem, Iannitelli (2004, p. 34) desenvolve a disciplina Treinamento Técnico Individual[37], com a qual busca "integrar desempenho corporal e expressividade estética em uma abordagem metodológica centrada primeiramente no aluno".

A autora implementa um programa de atividades em que princípios técnicos de diferentes naturezas são trabalhados de

---

[37] Disciplina optativa do currículo da Escola de Dança da UFBA, criada por Iannitelli em 1995 como alternativa complementar para a formação do profissional de dança.

modo a promover um diálogo fértil entre fisicalidade e expressividade. Para tanto, a professora utiliza recursos visuais a fim de enfatizar o conhecimento sobre a estrutura anatômica do corpo e improvisação dirigida, propiciando maior liberdade expressiva. A atuação do aluno é verificada como um todo, isto é, são observados os aspectos motor, afetivo, psicológico e até mesmo intelectual.

Entendendo essas proposições para a formação do intérprete de dança e, sobretudo, entendendo que propostas dessa natureza são extremamente adequadas à linguagem pós-moderna da dança, é possível argumentar que, nas poéticas contemporâneas de dança, a ideia de unicidade prevista por Balanchine, e inicialmente mencionada, já não é suficiente. É exatamente aí que se estabelece o diálogo com as técnicas corporais de Mauss, pois a dança à qual me refiro é, conforme explicado, resultante de múltiplas vivências e, por conseguinte, de muitas técnicas corporais, inclusive as mais cotidianas, como o andar, por exemplo.

Se Balanchine fala em método, isto é, procedimento técnico e sistemático a partir do qual se faz algo, é válido compreender que hoje, na dança pós-moderna, esse método não se encontra sustentado em uma única técnica, mas sim em uma gama diversa de referências. Por isso, talvez seja melhor falar em metodologia em vez de método, uma vez que metodologia abrange todo um conjunto de procedimentos técnicos, recorrendo, então, a vários métodos e caracterizando-se pela já comentada multiplicidade.

Nos processos coreográficos, estabelece-se, então, uma metodologia de criação cuja característica é a multiplicidade e a construção do corpo que dança, produto dessa multiplicidade, que abrange desde as técnicas corporais mais pessoais e próprias de cada intérprete ou grupo, como nas considerações de Mauss, até as mais complexas e direcionadas, sejam elas de dança ou não.

Se antes a construção do corpo para a dança se dava à luz dos princípios de um coreógrafo, hoje há que se levar em consideração as vivências particulares de cada intérprete, isto é, todas as suas técnicas corporais, referências culturais, história de vida etc. Além disso, é importante compreender que cada processo criativo é inédito e requer uma diferente construção de corpo, de modo que as mesmas informações corporais dos intérpretes possam habitar de maneira peculiar cada processo artístico.

Essas constatações esclarecem a noção de corpo híbrido proposta por Louppe e citada no início desta sessão. Segundo Louppe (2000, p. 31),

a hibridação é, hoje em dia, o destino do corpo que dança, um resultado tanto das exigências da criação coreográfica, como da elaboração de sua própria formação. A elaboração das zonas reconhecíveis da experiência corporal, a construção do sujeito através de uma única determinada prática corporal torna-se, então, quase impossível.

O raciocínio de Louppe, associado ao de Mauss, leva-me a compreender que, na dança, o indivíduo não pode ser considerado puro, uno e intangível, uma vez que na vida cotidiana ele é híbrido. Trata-se de um mesmo corpo. O mesmo corpo que vive, dança.

Além disso, como expõe Iannitelli (2004, p. 37),

independentemente da abordagem de ensino da técnica da Dança, esta deve ser norteada e compreendida como "processo" e não como "produto". O objetivo não é "chegar lá", onde quer que "lá" seja; a ênfase deve estar no "como" o movimento é realizado por cada aluno, visando um corpo dançante, expressivo e idiossincrático.

Traçando um paralelo entre o ensino da técnica e a construção do corpo para um espetáculo, pode-se dizer que, assim como o ensino deve ser visto como processo, a obra coreográfica também deve ser tida muito mais como processo do que como produto, pelo menos para os que nela estejam envolvidos. A noção de técnica, dessa maneira, é redimensionada, pois ela deixa de ser um fim a ser atingido e torna-se um meio que é descoberto ao longo do próprio fazer coreográfico.

Assim, procurando respeitar os procedimentos pessoais de cada artista e o "como chegar lá" particular de cada intérprete, será possível conceber dança com uma qualidade expressiva original. Original não no sentido de ineditismo, mas no sentido da origem da coisa que, por sua vez, será tão imanente quanto os próprios corpos em processo. Eis, assim, os valores vigentes na construção do espetáculo *Avesso* e, por conseguinte, do corpo imanente e do movimento autônomo na cena da CMD.

Por Uma Estética Multissensorial: O Corpo Como Forma e Conteúdo Da Obra Coreográfica

O que este capítulo se propõe a discutir é a implementação de um princípio criativo para a criação coreográfica justificado pelos valores estéticos da pós-modernidade em dança. Ao referir-me à estética, no sentido que quer este capítulo, reporto-me não somente aos aspectos formais dos movimentos, mas a todo o manancial cultural que esse movimento transporta. Esta estética compreende, portanto, valores muito além da forma que a dança possui.

Por outro lado, acredito que seja importante argumentar aqui sobre a questão da forma, uma vez que minhas reflexões giram em torno, também, de um produto estético que se realiza por meio de impressões plásticas, visuais.

Sendo assim, a noção de forma que pretendo abranger nesta pesquisa, fundada nos estudos de estética de Pareyson, pode ser entendida de duas maneiras. A primeira delas é o sentido da forma enquanto aspecto geral da obra como produto. Já a segunda refere-se ao sentido formante, isto é, os modos de operacionalização do fazer artístico que se dá no decorrer do processo.

Pareyson desenvolve esse raciocínio por meio dos conceitos de forma formada e forma formante, explicando que a primeira é o resultado de uma produção e a segunda, com aspecto mais gerundivo, é aquela que se constrói enquanto constrói a obra. "A forma, além de existir como formada ao termo da produção, já age como formante no decorrer da mesma" (Pareyson, 1993, p. 75). A formação de uma obra de arte consiste justamente na transformação da forma formante em forma formada, o que explica a necessidade de argumentar acerca dessas duas maneiras de existência do conceito de forma em minha pesquisa.

Por enquanto não farei referência à forma formante. Essa noção será abordada mais adiante, quando entrar em questão a experiência propriamente dita do processo criativo do espetáculo *Avesso*. Agora, interessa-me discutir a noção de forma formada na perspectiva das produções contemporâneas de dança e, consequentemente, na perspectiva de minha proposição cênica, traçando, para isso, um paralelo entre esse conceito de forma e a noção de conteúdo na obra de arte.

Segundo Pareyson (1997), há diversas maneiras de compreender as relações entre forma e conteúdo, além do que essas relações vêm se modificando e se transformando ao longo do curso histórico da arte.

A primeira maneira a qual Pareyson faz referência é a teoria do *ornato*, que adota a união de forma e conteúdo como junção, sendo a primeira uma espécie de ornamento da segunda. O conteúdo seria, portanto, o assunto a ser tratado e a forma, uma preocupação técnica e estilística de como tratar o referido assunto. Assim, o assunto, ou conteúdo seria a porção não artística e a forma, o ornamento artístico de beleza.

Embora, à primeira vista, essa relação pareça coerente, ao observá-la de modo mais conciso, é possível verificar que não é estabelecido um vínculo entre forma e conteúdo. Os dois parecem absolutamente independentes e avulsos, podendo existir, de modo separado, sem a necessidade de criação de uma obra de arte para sua sobrevivência.

Essa maneira de estabelecer relação entre forma e conteúdo parece-me muito presente na dança, em especial se tratando das linguagens em que há uma "fôrma", uma receita técnica preestabelecida. Nos balés de repertório[38], por exemplo, por mais

---

[38] Espetáculos como *O lago dos cisnes*, *Dom Quixote*, *A bela adormecida*, *O corsário*, dentre outros, constituem balés de repertório tradicional, interpretados pelo mundo inteiro por diversas companhias. De um modo geral, os temas

centrada no corpo que seja a pesquisa dos movimentos, não parece haver um diálogo frutífero entre forma e conteúdo. Os bailarinos parecem mais submeter-se a superações técnicas do que à proposta investigativa de movimento para um dado conteúdo.

É como se o conteúdo fosse de modo simples encaixado forçosamente naquela forma que, por sinal, possui uma previsibilidade tediosa, uma vez que ela funciona exatamente como "fôrma" onde ajustar os corpos dançantes. Em síntese, o conteúdo, submetido à prioridade dada à forma, e a forma, são independentes, assim como também não se interpenetram. São duas realidades que parecem se unir apenas para o momento da cena. Não há troca entre eles, há apenas uma junção.

Uma segunda maneira de entender a relação entre forma e conteúdo é aquela pela qual o conteúdo se expressa como motivo e sentimento inspirador e a forma, como a inteireza da expressão.

> *Forma e conteúdo são vistos assim na sua inseparabilidade: o conteúdo nasce como tal no próprio ato em que nasce a forma, e a forma não é mais que a expressão acabada do conteúdo. Analisando bem, nesta concepção a inseparabilidade de forma e conteúdo é afirmada do ponto de vista do conteúdo: fazer arte significa "formar" conteúdos espirituais,*

---

abordados fazem referência a uma história de amor entre uma princesa e um plebeu, ou vice-versa e a dança caracteriza-se pela presença de variações compostas de passos de balé e mímica.

dar uma "configuração" à espiritualidade, traduzir o
sentimento emimagem, exprimir sentimentos
(Pareyson, 1997, p. 56-57).

Nesse caso, apesar de ser mais evidente a insepara-bilidade entre ambos, a forma parece estar subjugada ao conteúdo. Ao contrário da maneira anterior, em que o conteúdo submete-se à forma, nessa parece haver uma supremacia do conteúdo em detrimento da forma. É como se o conteúdo fosse o grande mentor da ideia e a forma, um servil executante.

De um jeito aparentemente mais equilibrado, a terceira maneira de entendimento da relação forma e conteúdo tem o aspecto de ser a mais interessante, pelo menos para o meu modo de pensar a obra de arte, pois estabelece-se a inseparabilidade entre forma e conteúdo sem, contudo, supervalorizar um ou outro. Há, nesse caso, um diálogo cooperativo entre ambos e uma sensação de cumplicidade que acompanha todos os momentos da obra, desde o seu fazer até a sua contemplação que, mesmo ao findar, permanece viva e inteira para o fruidor. Pareyson (1997, p. 57 - 58) comenta:

A forma foi entendida como o resultado da formação de uma
matéria, da produção de um objeto físico, como matéria formada,
isto é, como uma configuração conseguida de palavras, sons, cores,
pedras ou qualquer outra coisa. E, paralelamente, reparando no
fato de que nem sempre as obras de arte representam objetos ou
exprimem sentimentos, porque nenhum objeto real ou possível e
nenhum sentimento determinado está contido num arabesco, numa
música abstrata, numa obra arquitetônica que, não obstante, têm

um significado humano e uma ressonância espiritual, procurou-se o conteúdo a um nível mais profundo e num campo mais vasto encontrou-se o "mundo" do artista: o seu modo de pensar, viver e sentir, a sua concepção de mundo e seu posicionamento frente à vida [...], os ideais, as aspirações que nutrem no seu coração, as experiências, as escolhas, as crenças de que informa a sua vida, em suma, a personalidade concreta, toda a sua espiritualidade. [...]. A espiritualidade do artista coincide com a matéria por ele formada, no sentido de que sua operação tem um insuprimível caráter de personalidade, que arrasta para a obra, como matéria formada, todo o seu mundo interior.

Pareyson explica ainda que a operação de um processo artístico implica em dois fazeres. Um deles é a formação do conteúdo e o outro, a formação de uma matéria. Por meio dessas atividades, afirma-se a inseparabilidade de forma e conteúdo, porém, do ponto de vista da forma. Assim, os dois procedimentos tornam-se simultâneos e coincidentes e a formação de um conteúdo tem lugar como formação de uma matéria e vice-versa, pois "se a forma é uma matéria formada, o conteúdo não é outra coisa senão o modo de formar aquela matéria" (Pareyson, 1993, p. 63).

Nessa perspectiva, o autor reflete sobre essas noções entendendo a arte como formação de uma matéria e considerando, a partir dessa formação, a inseparabilidade entre forma e conteúdo. Essa inseparabilidade é resultante do fato de o processo de formação do conteúdo ser coincidente com a formação da matéria que é por fim, o fazer da arte.

Pareyson destaca as imaterialidades do artista para falar de como elas são materializáveis por meio da obra. Observa-se, inicialmente, uma distinção entre matéria e espírito. O autor parece crer em dois campos distintos, entretanto, aprofundando a reflexão pode-se dizer que ele parte da afirmação da existência de ambos tão somente para negar sua distinção.

Adoto o pensamento de Pareyson para salientar a existência de uma materialização do imaterial, ou ainda, quem sabe, descartar a possibilidade de existência do imaterial, uma vez que a própria imaterialidade é materializável. Se a obra formada é o artista materializado, é possível sintetizar que o artista congrega forma e conteúdo em si.

Essa noção de inseparabilidade entre artista e obra é algo que se evidencia nas recentes produções de dança, em que as inquietações acerca do corpo, vêm ganhando ênfase e sendo abordadas como forma e conteúdo na formação da matéria artístico-coreográfica.

As propensões mais recentes da dança, que não deixam de se assemelhar às tendências preconizadas nos primórdios da pós-modernidade coreográfica, caracterizam-se pela intensa experimentação de movimentos cuja pesquisa encontra-se centrada no corpo e suas idiossincrasias, questionando esse corpo, suas possibilidade de movimento e sua condição de objetificação[39].

Há uma tendência dos artistas, na atualidade, a produzirem dança com esse fim. Como exemplo, podem ser citados, dentre os muitos seguidores dessa corrente, trabalhos de coreógrafos

---

[39] Sobre essa noção tecerei maiores detalhamentos nas seções e capítulos subsequentes e, mais especificamente, nas discussões acerca dos conceitos de sujeito e objeto. Por enquanto, vale salientar como os artistas vêm questionando as formas de tratamento e entendimento do corpo como objeto no intuito de contrariar a referida objetificação.

nacionais e internacionais, tais como Lia Rodrigues, Dani Lima, Alejandro Ahmed (Cena 11 Cia. de Dança) e Sacha Waltz, apontados nas imagens à frente.

Figura 60 – Cena de *Lia Rodrigues*

Discutindo a coisificação do corpo.

Figura 61 – Cena de *Dani Lima*

Partes e todo em relação na reflexão sobre o corpo.

Figura 62 – Grupo *Cena 11*

A redescoberta do movimento em uma nova condição de corpo.

Figura 63 – Cena de *Sacha Waltz*

A Investigação de movimento centrada em um determinado estado de corpo.

No sentido que demonstram as imagens, percebe-se que a estética da dança na pós-modernidade contempla como uma de suas finalidades, o estudo do movimento tendo como referência o próprio corpo, suas condições e seus estados de ser, tanto os mais evidentes quanto os mais latentes.

Ocorre ainda que

> *o corpo dançante hoje não é mais visto em termos de sua relação cinética. As coreografias procuram trabalhar o movimento, a sensação cinestésica, as ideias e as marcas de identidade corporal daquele corpo específico que dança, para que, através do e com o movimento, procure-se comentar ou subverter as representações que são construídas sobre os corpos marcados, estigmatizados (Matos, 2000, p. 79).*

Daí a importância de se considerar o caráter de pessoalidade do intérprete de dança, valorizando sua autonomia e suas particularidades individuais, ou como quer Pareyson (1993), "o mundo do artista" que, nesse caso, é trazido para a cena como forma e conteúdo da obra coreográfica.

No caso específico do processo criativo em estudo, é proposta uma abordagem de corpo que agrega tanto aspectos biológicos quanto configurações mais subjetivas, de modo que no fazer artístico todas essas peculiaridades do corpo tornam-se imanências presentificadas na pesquisa do movimento, em que se verificam as diferentes qualidades expressivas do corpo por meio da experimentação e do contato com essas imanências.

Trata-se de uma abordagem estética em que se presencia a inseparabilidade entre forma e conteúdo, uma vez que a pesquisa do movimento se dá partindo do contato com o que acredito ser o corpo imanente, a partir do qual são levadas a termo as subjetividades corporais dos intérpretes, ou a chamada corporeidade, da qual falarei no tópico subsequente. É por meio da sensibilização dos intérpretes para a percepção mais aguçada de suas imanências que a matéria artística é formada, de modo que a organização da estrutura coreográfica se dá, não por meio da forma ou do conteúdo, mas através de um repertório de sensações que gera um vocabulário corporal e, por conseguinte, a coreografia.

Em *Avesso*, os intérpretes-criadores exercitam a capacidade de se autoperceberem e dançarem partindo dessa informação. Nos momentos mais "livres" do espetáculo, em que não há sequências coreográficas previamente marcadas, os dançarinos improvisam e experimentam, no ato da cena propriamente dita, a criação de sua dança. Isso possibilita, a cada espetáculo, viver a experiência de uma dança diferente, conforme o estado de corpo em que o dançarino se encontre. O que viabiliza essa liberdade de experimentação em cena é a gama de exercícios praticados nos laboratórios durante o processo coreográfico, exercícios esses aos quais os dançarinos se reportam durante a encenação. Integrantes do elenco do espetáculo argumentam:

Eu acho que uma das coisas que faz o Avesso ser bem diferente de uma apresentação pra outra é a grande quantidade de estímulos que nós tivemos durante o processo. Uma hora eu posso lembrar das sensações, dos cheiros, daquela consciência daquele dia, daquele filme... Eu acho que tem vários estímulos. Fora que ele é muito subjetivo

(Nelly Brito)[40].

Na cena, qualquer espetáculo já é diferente, mesmo os espetáculos marcados... Imagina um espetáculo como o Avesso. *Então, se eu tenho tempo e um dia inteiro no teatro, eu recupero as experiências do processo, abro a consciência, fico mais consciente do meu corpo. Se for uma apresentação daquelas em que eu tenho que vir correndo da faculdade e não dá nem tempo de pensar muito, já é uma outra sensação corporal. A diferença depende muito disso. Quando eu chego em cima da hora, eu vou ampliando a minha consciência durante o espetáculo, porque não dá pra fazer muita coisa antes. Não tem como dançar sem essa consciência, por mais que eu venha correndo. Durante o espetáculo eu vou recuperando as vivências do processo. Não tem como não mergulhar no corpo. E esse corpo é sempre outro. Nunca é o mesmo. Eu respiro de uma forma diferente, meu sangue circula de uma forma diferente*

(Márcio Moreira)[41].

É a partir de observações dessa natureza que me permito falar na existência da dissecação artística do corpo por meio da dança, considerando o ato de dissecar como perceber o corpo em toda sua condição no momento da experimentação, criação e execução coreográficas. Observa-se, ainda, a

---

[40] Integrante da CMD em depoimento concedido no dia 14 de novembro de 2007.

[41] *Idem.*

presença de uma estética diferenciada nesse processo de formação da obra de dança. Uma estética que não é da forma, nem do conteúdo, mas que, entendida como uma experiência multissensorial, pode ser de ambos.

A concepção de estética que é adotada para esta argumentação, entretanto, não se refere unicamente a um aspecto formal, mas a uma reunião de informações que, imbricadas no fazer artístico, configuram tanto a forma quanto o conteúdo da obra, implicando por fim o pensamento que a própria obra instaura. Nesta proposta teórico-prática, a cena da dança se pretende a cena do próprio corpo, sendo esse, então, por intermédio da experiência de um processo criativo multisensorial, gerador de forma e conteúdo na obra, simultaneamente.

Além disso, a partir do entendimento de corpo aqui existente, observa-se que a ideia do corpo dissecado agrega aspectos que não são meramente formais, ainda que impliquem no resultado formal da dança que pretendo desenvolver. Dessa maneira, a dissecação prevista pelo processo criativo em questão está contida de intensa subjetividade, na qual são contextualizados os aspectos constitutivos do corpo de cada intérprete, tanto no que se refere ao orgânico quanto no que diz respeito ao cultural, configurando, portanto, a estética desse corpo e, por conseguinte, dessa dança.

Sobre a experiência da multissensorialidade vigente no processo de *Avesso*, a intérprete-criadora Nelly Brito comenta:

O Avesso é muito guiado pela sensação e não pela forma, como costumam ser os espetáculos a que a gente assiste. Então, você vai a um espetáculo e o que o prende mais é a forma. Geralmente é assim, mas isso não é uma regra. Bom, então vem a forma, principalmente se ela é agradável. No Avesso o que acontece não é isso porque o mais importante não é a forma, é a sensação. Então, o que importa não é se agrada, se é bonito ou esteticamente correto. O que importa é se causa uma sensação. Uma sensação que não sou eu que digo como você tem, você que vai ter[42].

É por essa razão que acredito que a dissecação que sugiro não pode ser vista unicamente como preocupação estética no sentido da forma. Diante da particularidade de cada intérprete, ao dançar sobre si próprio, ou ainda, dissecar a si próprio, creio ser possível alcançar um resultado cênico repleto de dados não unicamente formais, mas também conteudistas do ponto de vista da subjetividade do corpo no corpo e representada pelo próprio corpo.

Diante dessas observações percebo que minha abordagem coreográfica encontra-se nesse patamar e procura investigar a dança para o corpo no próprio corpo, recorrendo não somente às formas do seu interior, mas também à maneira como esse interior se movimenta e se transforma, partindo de acontecimentos externos ao corpo, considerando, para isso, não apenas sua anatomia, mas também a cultura que a circunscreve, recorrência relevante no que se refere à estética da dança pós-moderna, que pode ainda ser considerada,

---

[42] Depoimento concedido no dia 7 de outubro de 2007.

como um tipo específico de comportamento e percepção em vez de um ideal ou conceito [...] e no caso específico do espetáculo que irei desenvolver, como [...] a desconstrução da expressão física, que questiona a regra do sujeito sobre seu corpo, apresentando-se como uma construção cultural (Baxmann apud Silva, 2005, p. 142-143).

Acredito, desse modo, que dentro dessa sugestão estética de dissecação do corpo por meio da dança no processo do espetáculo *Avesso*, as alternativas de movimento lançadas pelo intérprete, nas experiências de sensibilização e percepção, apresentem informações referentes a contextos culturais, informações inerentes ao corpo e não opções meramente formais.

Diante dessas constatações, no processo de *Avesso* é possível argumentar ainda acerca da existência de uma estética que entende forma e conteúdo como reveladores do próprio meio em que o corpo do artista se insere culturalmente. Essa característica, presente no fazer da dança pós-moderna, traduz mais um pressuposto que minha abordagem cênica corrobora.

Contando, portanto, com opções criativas como a fragmentação, a justaposição de imagens, a repetição, a utilização de diferentes referências, a possibilidade de uso de narrativa não-linear e, principalmente, com a ampla liberdade de criação e uso de materiais, sendo essas, características inerentes à dança pós-moderna, lanço mão de estratégias que permitem desvelar um modo particular de fazer dança, ou ainda, uma maneira própria e não-convencional de criar movimentos, estabelecendo uma estética multissensorial para o corpo imanente, na qual forma e conteúdo interagem de modo convergente e complementar.

Noções De Corpo Na Poética De *Avesso*

Uma abordagem conceitual de corpo na contemporaneidade

Segundo Matos (2000, p. 72), "para pensar a dança no contexto pós-moderno, é necessário refletir sobre as mudanças de concepções de corpo e como isso favorece novas inserções com a construção da identidade cultural". A autora defende a ideia de que a poética de um criador de dança na contemporaneidade está diretamente relacionada à sua identidade cultural. Há, portanto, uma sugestão de que as manifestações corporais de uma pessoa estão ligadas à maneira como sua identidade se constrói e vice-versa.

Dessa forma, Matos observa que a construção de uma identidade dá-se por meio de experiências corporais. Mauss (1974) propõe esse raciocínio na apresentação de seu conceito de técnicas corporais. De modo complementar, cabe dizer que se a corporeidade for considerada como a construção de um indivíduo nos seus aspectos biológicos, psicológicos, sociais e culturais, conforme aspira Matos (2000), a identidade, então, confunde-se com a própria corporeidade.

A identidade de um indivíduo, assim como as suas vivências corporais, são duas instâncias que trabalham em cooperação, de modo que ambas arquitetam mutuamente esse indivíduo, ou antes, se a identidade é no corpo, quer dizer que esse último, por sua vez, reflete a identidade.

A identidade, contudo, não é algo estanque. Estando ela relacionada com o corpo, encontra-se na dependência das experiências vividas por esse corpo e, nesse sentido, transforma-se ao passo que ele vai sendo transformado pelo seu aprendizado cotidiano. Tal constatação leva-me a rememorar o conceito de identidade cultural na pós-modernidade proposto por Hall, que fala em múltiplas identificações em detrimento de uma identidade única e fixa. Diz o autor:

> [...] O sujeito, previamente vivido como tendo uma identidade unificada e estável, está se tornando fragmentado; composto não de uma única, mas de várias identidades, algumas vezes contraditórias ou não resolvidas [...]. O próprio processo de identificação, através do qual nos projetamos em nossas identidades culturais, tornou-se mais provisório, variável e problemático [...]. A identidade plenamente unificada, completa, segura e coerente é uma fantasia. Ao invés disso, à medida que os sistemas de significação e representação cultural se multiplicam, somos confrontados por uma multiplicidade desconcertante e cambiante de identidades possíveis, com cada uma das quais poderíamos nos identificar – ao menos temporariamente (Hall, 2002, p. 12-13).

Esse câmbio ao qual Hall se reporta, faz jus a uma característica elementar da pós-modernidade, a multiplicidade. Além disso, considerando que a identidade se reflete no corpo, é relevante lembrar o quanto esse câmbio é condizente com as concepções pós-modernas de corpo, que o consideram não unicamente como matéria biológica, mas também como construto cultural, isto é, como produto do meio. Essa ideia de produto, no entanto, não é aqui tratada como resultado estabelecido de uma operação, mas agrega um pensamento que o considera algo em construção, uma espécie de resultado parcial de uma experiência que, na verdade, está sempre em processo.

O corpo, nessa perspectiva, não é apenas um depósito ou sede de algo que nele se aloja, mas sim uma espécie de agenciador, um articulador de informações que o tocam e o penetram. O corpo é o gerenciador de sua própria identidade, alterando-a e adaptando-a às diversas situações e/ou necessidades do meio.

Em minha dissertação de mestrado, que originou o primeiro volume dessa coleção, propus a noção de impregnação cultural, a qual enfatizava justamente a ideia de apreensão de informações inerentes ao meio onde o sujeito vive. Essa noção sustentava-se, principalmente, nas ideias de endoculturação, (Geertz, 1989), trajeto antropológico (Durand, 2002) e *imprinting* cultural (Morin, 1989), todas elas adeptas do pensamento de que o homem não se constitui apenas de informações biológicas, mas agrega em sua existência caracteres culturais e, portanto, mais subjetivos. Consta em minhas reflexões o seguinte comentário:

Operacionalizando e redimensionando de forma autônoma os conceitos de endoculturação, trajeto antropológico e "imprinting" cultural, estabelecidos por Geertz, Durand e Morin respectivamente, propomos aqui a utilização do conceito impregnação cultural, admitindo todos os determinismos culturais situados nos níveis psicológico, imaginário, comportamental, entre outros. Priorizamos, contudo, por meio dessa proposta, esses determinismos simbolicamente visíveis no comportamento corporal, acreditando que os sistemas culturais imprimem caracteres corporais em um indivíduo e vice-versa, seja por necessidade de adequação ao ambiente ou por meio de imitação ou aprendizado (Mendes, 2004, p. 77-78).

Outra informação determinante para a proposição da noção de impregnação cultural é o conceito de *meme*, desenvolvido por Dawkins (2001) que, fundado no pensamento evolucionista de Charles Darwin e tecendo uma analogia com o gene, considera essa a menor unidade cultural do homem. O *meme*, portanto, está para a cultura assim como o gene está para a vida.

Estudiosos das ciências biológicas, em sua grande maioria, consideram a transmissão dessas características apenas através dos genes, enquanto Dawkins e demais seguidores do que conhecemos como neodarwinismo, consideram também a transmissão dos caracteres culturais, isto é, adquiridos. Esses caracteres, ditos memes, seriam todas as impregnações culturais (Mendes, 2004, p. 82).

Toda essa rememoração se faz útil no sentido de compreender o corpo que dança como um corpo em permanente construção, mutante e cambiante como a identidade cultural. Uma construção que se dá "através da mediação do contexto social, histórico e cultural, com a experiência somática, com a materialidade corpórea e com a construção da subjetividade"

(Matos, 2000, p. 72). Uma construção resultante de um processo de impregnação cultural associado a outros aspectos mais objetivos componentes do homem.

O corpo é visto, portanto, a partir de uma noção de instabilidade, ou como denomina Sant'anna (2001), de passagem. Ao refletir sobre essa condição, que na verdade é característica da subjetividade contemporânea, a autora estabelece o conceito de corpo-passagem, explicando que:

> Um corpo tornado passagem é, ele mesmo, tempo e espaço dilatados. O presente é substituído pela presença. A duração e o instante coexistem. Cada gesto expresso por este corpo tem pouca importância "em si". O que conta é o que se passa entre os gestos, o que liga um gesto a outro e, ainda, um corpo a outro (Sant'ana, 2001, p. 105).

Segundo Sant'ana, um corpo de passagem é um lugar por onde percorrem informações ininterruptamente, ou seja, onde não há estagnação, mas sim uma espécie de visitação dessas informações, que entram em acordo com outras informações que por ali passaram anteriormente, transformando-se e transformando-as para propagar novas informações. O corpo de passagem é o corpo que dá passagem ao meio em que ele se insere.

Nesse sentido, há que se considerar a subjetividade do corpo não como algo puro e individualizado, mas como algo adulterado, repleto de elementos estranhos. Aliás, é a partir dessa impureza que se constrói a individualidade. O indivíduo é, então, resultado de experiências coletivas.

Santaella fala na crise do sujeito para explicar essa condição do corpo e a própria construção da subjetividade. Para ela, essa crise "coloca em causa até mesmo ou, antes de tudo, nossa corporalidade e corporeidade (Santaella, 2004, p. 10). O corpo tornou-se, assim, um nó de múltiplos investimentos e inquietações". Diante das concepções de identidade na pós-modernidade, o indivíduo já não é individual. Ele é um sujeito que se constrói a partir de uma coletividade e essa característica é assim conferida à sua corporeidade.

> *Não existe sujeito ou subjetividade fora da história e da linguagem, fora da cultura e das relações de poder. [...]. Por isso, no lugar dos antigos "sujeito" e "eu" proliferam novas imagens de subjetividade. Fala-se em subjetividade distribuída, socialmente construída, dialógica, descentrada, múltipla, nômade, situada, fala-se de subjetividade inscrita na superfície do corpo, produzida pela linguagem etc. Nessa mudança, o psicológico abandona o espaço provado e intransferível das psiques individuais para se alojar nas encruzilhadas e nas ruelas que marcam o estar-no-mundo com outros seres humanos (Santaella, 2004, p. 17).*

O eu e o mundo entram em conectividade e cooperam um com o outro para a instituição de suas características. O corpo interage com o meio e, consequentemente, agencia informações do meio e de outros corpos. Homem e meio, indivíduo e coletividade. E nesse entremeio, o corpo-passagem que é, na verdade, o próprio homem em sua condição de elo, ponto de ligação, processo, tal como a imprecisão da identidade cultural na pós-modernidade; processo que implica em ver o corpo a partir de seus diferentes estados, ou ainda, estágios.

Katz & Greiner (2002) propõem um olhar semelhante sobre o corpo levando em consideração as relações e o trânsito estabelecidos entre natureza e cultura, situando o corpo não como oposição entre o meio e o indivíduo biológico, mas como lugar de passagem de ambos. Referindo-se a Dawkins (2001) e seu conceito de meme, as autoras afirmam: "hoje se sabe que nada é puramente determinado pela genética ou pelo ambiente, e que somos, como todas as outras criaturas, um produto complexo de ambos" (Katz & Greiner, 2002, p. 86).

A partir dessa concepção, Katz e Greiner redimensionam o entendimento de corpo como sítio de informações, localizando-o também como lugar de trânsito onde acontecem sucessivas impregnações culturais que retornam ao ambiente por meio do próprio corpo. Trata-se de uma espécie de ciclo em que as informações do ambiente impregnam o corpo que, por sua vez, passa a se relacionar com o ambiente de outra maneira, reverberando novas trocas. "Meio e corpo se ajustam permanentemente em um fluxo inestancável de transformações e mudanças" (Katz & Greiner, 2002, p. 90).

A essa compreensão de corpo como lugar de trânsito, Katz e Greiner denominam de corpo-mídia. Para as autoras,

o objetivo de apresentar o corpo como mídia passa pelo entendimento dele como sendo o resultado provisório de acordos contínuos entre mecanismo de produção, armazenamento, transformação e distribuição de informação. Trata-se de instrumento capaz de ajudar a

combater o antropocentrismo que distorce algumas descrições
do corpo, da natureza e da cultura
(Katz & Greiner, 2002, p. 97).

O conceito proposto apoia-se no entendimento de corpo como sistema por onde transitam informações interiores e exteriores a ele, informações essas que, ao penetrarem no corpo, são transformadas gerando novas informações.

A noção de corpo-mídia, no entanto, originada nos estudos interdisciplinares de dança e comunicação, também se fundamenta na teoria da evolução, que possui como característica a contínua transformação dos seres. "A mídia à qual o corpomídia se refere diz respeito ao processo evolutivo de selecionar informações que vão constituindo o corpo" (Greiner, 2005, p. 131), o qual passa a se comunicar por meio dessa formação que, por sua vez, depende, sobretudo, dos contextos espacial e cultural.

As relações entre o corpo e o ambiente se dão por processos coevolutivos que produzem uma rede de pré-disposições perceptuais, motoras, de aprendizado e emocionais. [...]. Mas o que importa ressaltar é a implicação do corpo com o ambiente, que cancela a possibilidade de entendimento do mundo como um objeto aguardando um observador. Capturadas pelo nosso processo perceptivo, que as reconstrói com as perdas habituais a qualquer processo de transmissão, tais informações passam a fazer parte do corpo de uma maneira bastante singular: são transformadas em corpo
(Greiner, 2005, p. 130).

Nesse sentido, pode-se considerar o corpo ainda, além de agente incorporador do meio, como algo que se encontra apto tanto para receber quanto para articular e transmitir informações. Trata-se de um corpo aberto, conforme propõe Santana (2002). A autora adota a teoria dos sistemas e a teoria evolucionista para estudar as relações entre corpo, dança, meio e tecnologia compreendendo-os como sistemas abertos e evolutivos.

> *Como sistemas abertos, o corpo – ou a dança – a tecnologia e o próprio mundo estão em constante troca, modificando-se e tendendo sempre à complexidade. Eles existem lutando por sua permanência; suas transformações prevalecem quando conseguem ser selecionadas pelo ambiente.*
> *Sendo assim, agregam-se ao mesmo processo pelo qual continuam trocando, tornando-se complexos e modificando-se (Santana, 2002, p. 22).*

Essa é uma condição na qual o corpo-mídia também pode ser situado, isto é, evidencia-se uma evolução mútua, uma interdependência entre os sistemas abertos corpo e meio "e o corpo humano, como sistema aberto e dinâmico, vem se transformando e, por sua vez, vem também modificando e impregnando o meio em que habita" (Santana, 2002, p. 24).

Seguindo uma linha investigativa semelhante nas considerações do corpo como sistema aberto, pode-se pontuar Spanghero (2003, p. 19):

Sistemas abertos estão em permanente interação com o meio ambiente, internalizando informações e devolvendo-as transformadas ao mundo, que os modifica, e assim sucessivamente.

Spanghero (2002, p. 23) agrega as noções de corpo-mídia e corpo aberto para garantir a compreensão de que "o corpo é o lugar permanente do trânsito entre natureza e cultura. O corpo é mídia de seu estado, do jeito que as informações ali se organizaram. O corpo expressa o que ele é".

Cruzando as proposições das autoras, é possível acrescentar à noção do corpo como produto e produtor de informações do meio, a ideia do corpo subjetivo, já mencionada de que trata Matos (2000). Para a autora, o corpo é objetivo no que se refere à sua natureza biológica e subjetivo no que diz respeito à sua natureza cultural. Essas noções não se opõem, mas complementam-se e coexistem na identidade de um indivíduo.

Entretanto, não se trata de corpo como uma identidade única e imutável, mas sim como possuidor de múltiplas identidades que articulam o corpo objetivo/subjetivo com todos os aspectos inerentes a ele, conforme salientado no início desta seção.

Esse corpo sujeito pode ser entendido ainda como o corpo próprio, de que fala Merleau-Ponty (1994, p. 205): "A experiência do corpo próprio nos ensina a enraizar o espaço na existência. [...]. Ser corpo é estar atado a um certo mundo". O corpo próprio é, portanto, uma experiência de impregnação cultural. O corpo próprio propõe a incorporação do espaço no próprio corpo, em oposição à noção de objeto, que seria algo manipulável e inativo.

Adiante tecerei novas considerações sobre o corpo próprio, tendo em vista a necessidade de traçar uma discussão mais densa sobre as noções de sujeito e objeto. Por ora, proponho me deter sobre a ideia de que o corpo é lugar de passagem, conforme ressaltam as teorias da contemporaneidade. É esse corpo que pretendo dissecar, observando toda a sua instabilidade sem deixar de admitir suas imanências e pessoalidades.

Essa proposição do conceito de corpo imanente encontra suporte na filosofia de Deleuze. Para o autor a ideia de imanência se opõe às características transcendentais relacionadas aos modos mais divulgados do termo. No sentido religioso, que por sua vez é o mais difundido, a imanência é compreendida como algo que está além desse mundo, próximo do que se entende como transcendência.

O que Deleuze pretende, no entanto, é rever o sentido de transcendência, entendendo que esta é sempre um produto da imanência e não o contrário.

A imanência não se remete a alguma coisa como unidade superior a todas as coisas nem a um sujeito como ato que opera a síntese das coisas. [...]. A pura imanência é uma vida, nada mais. Ela não é imanência à vida, mas o imanente que não é imanente à nada específico é ele mesmo uma vida. Uma vida é a imanência da imanência, a imanência absoluta (Deleuze, s/d, p. 2).

Entender a imanência como vida, e não como algo para além da vida, permite uma compreensão da vida como algo presente, como um estado, um instante, assim como se entende o corpo partindo da sua abordagem conceitual na contemporaneidade. Logo, a imanência reflete um estado de ser do próprio corpo, ou, para assumir de fato o pensamento de Deleuze, a imanência em si, já é o corpo aqui e agora.

No próximo capítulo retomarei as reflexões sobre o conceito de imanência desenvolvido por Deleuze e sua aplicação à dança enquanto linguagem. Por enquanto continuarei discorrendo sobre os modos contemporâneos de operar a noção de corpo, conforme segue.

O corpo como sujeito rizomático na experiência do espetáculo Avesso

As concepções de corpo na contemporaneidade, de um modo geral, possuem como atributo o caráter de abertura. O corpo é, portanto, algo processual que está em construção. Tanto a noção de corpo de passagem, proposta por Sant'ana (2001), quanto a de corpo-mídia, advinda dos estudos interdisciplinares de dança e comunicação, com as bases fundadas no neodarwinismo de Dawkins e na coexistência de natureza e cultura nas configurações de corpo e meio, e os conceitos de corpo aberto, sustentado na teoria dos sistemas, e corpo sujeito, mais relacionado com os estudos culturais e a fenomenologia, convergem para um mesmo ideal de corpo: um corpo agenciador cuja incompletude lhe é própria.

Ao mesmo tempo, vale ressaltar a ideia de impregnação cultural que, buscando referências na antropologia cultural, conforma um outro olhar sobre essa noção de corpo. Esse olhar concorda com a existência desse mesmo ideal, ajustando-se, então, como colaborador para o aumento da credibilidade e aceitação do corpo como construto tanto social e cultural e, portanto, subjetivo, quanto biológico, nas diversas áreas do conhecimento e, por conseguinte, em meio ao próprio conhecimento comum.

Conforme verificado, não se trata da ideia de subjetivação do corpo como algo estanque e unificado, nem tampouco individual, mas sim de uma subjetividade que se constrói de forma múltipla e coletiva, tal qual a experiência da construção ininterrupta da identidade cultural. Tudo é processo e o corpo sujeito, por sua vez, é também processual.

Nesse sentido, é interessante verificar o pensamento que norteia a proposta conceitual de Deleuze & Guattari (1995, p. 11), em que: "escrevemos o *Anti-Édipo* a dois. Como cada um de nós era vários, já era muita gente".

Ao atribuir a autoria de sua obra a vários e não apenas a eles próprios, Deleuze e Guattarri demonstram entender que o homem, em qualquer fazer, não está só, ou seja, ele não é único, mas sim, constitui-se de diversos outros que estabelecem sua personalidade, seu comportamento e seu pensamento. Há nessa maneira de entender o homem uma identificação com a ideia de corpo como sujeito processual e, consequentemente, uma espécie de acordo com a noção de identidade cultural na pós-modernidade e com todas as concepções de corpo às quais me remeti anteriormente.

O corpo é, assim, sujeito, porém um sujeito cujos caracteres não se impregnam de forma determinista, mas são engendrados por uma rede de informações, por uma teia de outros sujeitos em conexão entre si; um ciclo inestancável em que não é possível saber onde ficam o começo e o fim.

A noção de sujeito evidenciada na síntese do corpo próprio, de Merleau-Ponty (1994), amplia-se para uma consideração ainda mais complexa que pode ser vista, portanto, pelas lentes da horizontalidade, conforme propõem Deleuze & Guattari (1995).

A partir do pensamento horizontal inaugurado por Nietzche[43], os autores refletem sobre a possibilidade de entender o pensamento como um rizoma, isto é, de uma forma não-vertical e hierarquizante, como nos modelos de pensamento arborescente.

Um rizoma é um "caule subterrâneo e rico em reservas, comum em plantas vivazes, caracterizado pela presença de escamas e gemas, capaz de emitir ramos folíferos, floríferos e raízes" (Hoauiss, 2005). Ao contrário das raízes comuns, um rizoma não se fixa na terra como a base de sustentação de uma árvore. Por suas características morfológicas, um rizoma configura um emaranhado de caules que se entrelaçam não sendo possível identificar seus pontos inicial e conclusivo.

Segundo Deleuze & Guattari (1995, p. 15) "o rizoma nele mesmo tem formas muito diversas, desde sua extensão superficial ramificada em todos os sentidos até suas concreções em bulbos e tubérculos". Com base nessas condições morfológicas dos vegetais e no pensamento horizontal, os autores desenvolveram, portanto, a ideia do pensamento rizomático. Os autores apontam os seguintes princípios como

---

[43] Filósofo alemão que propôs uma filosofia assistemática e fragmentária. Seu tratamento horizontal do pensamento vai de encontro à dominância do pensamento hierárquico e hierarquizante vigente na filosofia ocidental de um modo geral. (*Cf.* Collinson, Diané. *50 Grandes Filósofos: da Grécia antiga ao século XX.* Trad.: Maurício Waldman e Bia Costa. São Paulo, Contexto, 2004. p. 206-210).

características de seu conceito de rizoma: conexão, heterogeneidade, multiplicidade e ruptura a-significante.

O primeiro princípio refere-se à condição de que qualquer ponto do rizoma pode ser conectado a qualquer outro ponto. O segundo quer dizer que um traço em um rizoma não necessariamente faz referência a outro da mesma natureza.

Sobre o princípio da multiplicidade, dizem os autores: "nós não temos unidades de medida, mas somente multiplicidades ou variedades de medida" (1995, p. 17). O pensamento rizomático possui determinações que, ao desenvolverem-se, variam de natureza. Já a ruptura a-significante é o princípio que explica que a ruptura de uma ou mais linhas segmentares próprias de um rizoma, ao explodirem, criam uma linha de fuga que, por sua vez, cria novas linhas para a reconfiguração do rizoma.

Este último princípio conforma a noção de desterritorialização, que seria a própria ruptura da linha (ou linhas) territorializada e, por conseguinte, sua reterritorialização sob a condição de uma nova linha.

Partindo desses princípios, é possível situar as noções de corpo na contemporaneidade dentro da perspectiva das características em questão. Pode-se dizer que o corpo, assim como o rizoma, conecta-se a outros corpos e também ao meio, assim como destaca-se pelo caráter de heterogeneidade entre os corpos. Como o rizoma, o corpo também se caracteriza pela multiplicidade de informações nele impressas, bem como de outros corpos e, consequentemente, de caminhos por onde essas informações entram e saem.

Assim como a individualidade de um sujeito se constrói na experiência da coletividade, conforme argumentado, a unidade de um rizoma se dá tomando-se por base a multiplicidade. Como em um rizoma, em que qualquer ruptura pode vir a gerar uma nova linha, no corpo a apreensão ou aprendizagem de qualquer informação pode gerar novos percursos em busca de outras informações a receber ou a transmitir. Nesse fluxo de agenciamentos, são constantes as desterritorializações e reterritorializações do corpo. E mais, como o rizoma, o corpo também "não começa nem conclui, ele se encontra sempre no meio, entre as coisas, interser, *intermezzo*" (Deleuze & Guattari, 1995, p. 37).

Na estética proposta pelo espetáculo *Avesso*, essa noção de corpo como sujeito rizomático pode ser evidenciada ao longo de todo o processo criativo e, inclusive, na própria encenação.

Para chegar ao movimento autônomo que se quer dançar, o intérprete-criador, a partir das estratégias metodológicas de criação, tece diversas redes de conexão, primeiramente no seu próprio interior e, em seguida, relacionando-se com o meio, em que se encontra com outros corpos.

Valendo-me dos recursos tecnológicos da medicina, por meio da visualização de diagnósticos por imagem e de exercícios de sensibilização, autopercepção e consciência do corpo, estimulo os intérpretes-criadores a desenvolverem suas linguagens de movimento para a cena.

Nesse percurso criativo, os sujeitos da pesquisa entram em conexão com suas próprias estruturas físicas, promovendo múltiplas possibilidades de conexão entre as diversas partes do corpo, percebendo as funções dos diferentes órgãos e tecendo redes de ligação entre eles, isto é, construindo uma espécie de rizoma composto de linhas imaginárias no organismo.

Essas linhas ligam os pontos internos do corpo entre si, mas não são estanques, pois a experiência da autopercepção sutil do corpo promove sucessivas rupturas e, consequentemente, o surgimento de novas linhas imaginárias na rede interorgânica. A experiência da dança acontece de uma forma absolutamente não-literal e não-linear, pois depende da maneira como a percepção do corpo e, por conseguinte, a construção da sua teia rizomática, acontece naquele instante.

Outra experiência significativa para a exemplificação da aplicabilidade do conceito de rizoma à dança e, mais especificamente, ao espetáculo *Avesso*, é o uso da técnica de contato-improvisação[44]. O contato-improvisação tem como fundamento o desencadeamento do movimento improvisado a partir de estímulos de contato do corpo no espaço, seja com outro(s) corpo(s) ou com elementos presentes no espaço, como o chão, a parede, um objeto, ou qualquer outro elemento.

Na Companhia Moderno de Dança esse recurso é utilizado tanto individualmente, considerando a estrutura espacial do local de ensaio, quanto em duplas, em pequenos grupos e com o

---

[44] O contato-improvisação é uma técnica criada pelo bailarino norte-americano Steve Paxton no início dos anos 70. É um trabalho de movimento que surge da prática de dar e receber o peso do corpo, tomando consciência dos vários efeitos desta troca. A dança e os movimentos que surgem do contato-improvisação lidam com o desequilíbrio e o inesperado. A técnica desenvolve uma mente perceptiva elevada e ensina a pessoa a entregar, receber e dividir peso com outra para criar diálogos corporais e improvisações. O movimento ocorre segundo as leis naturais da física mecânica. A pessoa move-se aproveitando a gravidade, entregue ao *momentum* do movimento, sem controlá-lo racionalmente. Cabe a ela, a simples percepção dessas forças, como elas atuam em seu corpo e no espaço, e como integrá-las ao movimento espontâneo do momento (Jabor, 2007).

grupo todo. As imagens ilustram a utilização da técnica em dupla no processo criativo e do produto estético da companhia.

Figura 64 – Contato-improvisação em *Avesso* I

Trabalhando em dupla para a descoberta do movimento autônomo.

Figura 65 – Contato-improvisação em *Avesso* II

A imanência desvelada na cena da dança.

O fluxo de movimento criado a partir dessa técnica pode ser também considerado a construção de um rizoma à medida que o "leva e traz" gerado na improvisação cria também linhas imaginárias entre os corpos e o ambiente.

No processo de *Avesso* esse rizoma é também um exemplo do entendimento do corpo como agenciador de informações. A técnica de contato-improvisação é utilizada na construção do espetáculo como forma de comunicação entre os corpos dançantes. Cada corpo comunica acerca de si, externando sua experiência autoperceptiva, "dizendo" ao outro de si. Entretanto, ao passo que sua informação chega ao outro corpo, ela é imediatamente devolvida, modificando suas percepções e transformando a estrutura de seus movimentos em formas e qualidades.

Acontece que, nessa circularidade comunicacional, não há como precisar o início e o fim, tampouco a sequência lógica dos acontecimentos, pois ela simplesmente não existe, o que é mais uma razão para entender essa dança como um rizoma. Nas imagens a seguir, um exemplo de como a técnica de contato-improvisação é utilizada no processo e no produto do espetáculo *Avesso*.

Figura 66 – Contato-improvisação em *Avesso* III

A experiência do rizoma na multiplicidade dos corpos em contato.

Figura 67 – Contato-improvisação em *Avesso* IV

O movimento improvisado a partir da técnica aplicada a uma cena do espetáculo.

O rizoma da experiência de contato-improvisação em *Avesso* sofre inúmeras rupturas, cria incontáveis linhas de fuga e pode ser compreendido como a própria relação do corpo no ambiente, exemplificando o ciclo ininterrupto de construção da corporeidade. Na verdade, não só o contato-improvisação, mas toda a experiência criativa do espetáculo configura-se como a própria condição de instabilidade do homem no mundo. Na dança, como na vida, o que se tem são as relações interdependentes de corpo e meio, meio e corpo, corpo e corpo, corpo e outro(s) corpos(s).

O contato-improvisação, porém, tem uma dimensão de dissecação artística muito particular. Ele é uma das mais evidentes formas de dissecação artística do corpo imanente no espaço, pois, construindo rizoma entre o corpo e o ambiente, ele possibilita a experimentação do movimento consciente em via de mão dupla, levando e trazendo informações por entre as linhas imaginárias da teia interior-exterior do corpo.

A noção de corpo como sujeito trazida à tona neste livro, portanto, por meio dessas reflexões, amplia-se para a proposta do corpo como sujeito rizomático, isto é, sujeito agenciador entre o interior e o exterior, entre si mesmo e o meio. E nessa perspectiva, tudo no corpo pode ser considerado rizoma, inclusive as próprias relações entre os sistemas orgânicos, em que a hierarquia deixa de existir e dá lugar a implementação de uma conexão horizontalizada entre as partes que compõem o todo.

O corpo imanente dissecado em Avesso: *sujeito rizomático em diálogo com a prática do corpo sem órgãos*

No que se refere à relação horizontalizada existente entre as partes do corpo, vale traçar aqui um paralelo entre as noções de corpo imanente, lançada nesse livro, e corpo como sujeito rizomático, apresentada na seção anterior, e a concepção do corpo sem órgãos sugerida pelo diretor de teatro Antonin Artaud.

Para Artaud, o ator "deve desenvolver as potencialidades orgânicas de forma a ultrapassar o comportamento natural e cotidiano, para que acabe atingindo o espectador" (Azevedo, 2004, p. 21). No sentido de percorrer esse objetivo, Artaud propõe localizar os sentimentos fisicamente por meio do que chama de musculatura afetiva, atribuindo ao domínio desta musculatura uma qualidade de poder "que tem uma trajetória material, não só por meio, mas também nos órgãos" (Artaud, 1984, p. 189), desmistificando, assim, as relações hierárquicas e, portanto, verticais, entre o cérebro e os demais órgãos.

Em busca dessa não verticalidade, Artaud desenvolve o que Deleuze e Guattari denominam de uma prática: o corpo sem órgãos. Segundo os autores, o corpo sem órgãos "não é uma noção, um conceito, mas uma prática, um conjunto de práticas" (1995, p. 9). O corpo sem órgãos é, se é que se pode dizer assim, um ideal inventado por Artaud.

"O corpo sem órgãos não tem boca, não tem língua, não tem dentes, não tem laringe, não tem esôfago, não tem estômago, não tem ventre, não tem ânus" (Artaud *apud* Lins, 1999, p. 47). Entretanto, não é que não haja órgãos de fato, mas ao passo que a organização do corpo, de acordo com a concepção do corpo sem órgãos, não se dá de forma hierarquicamente vertical, perde-se a necessidade de nomear estruturas e funções, pois tudo é corpo. Tudo é musculatura afetiva. O corpo sem órgãos é um rizoma sem começo nem fim; é um sistema aberto onde não há definição do que é mais ou menos importante.

Além disso, o corpo sem órgãos vive à mercê de um estado de corpo. Ele é transitório e, por isso, contraditório, uma vez que passeia por diferentes meandros de sua existência. Ele é um corpo momentâneo, processual. O corpo sem órgãos é o que o momento ou a situação o leva a ser e reflete o(s) estado(s) de ser do corpo no ambiente. O corpo sem órgãos é "uma rede móvel e instável de forças e não de formas" (Greiner, 2005, p. 25).

Aliás, esse argumento muito se assemelha às minhas pretensões de instituir uma estética multissensorial para o processo de criação em dança, conforme ressaltei. Assim como Artaud pretendia desenvolver seu teatro por meio dessa rede de forças buscada por meio do seu atletismo afetivo, em *Avesso* posso admitir a intenção de fazer dança por intermédio de uma organização diferenciada, onde o que importa não é a forma, mas a sensação, ou a rede de forças, como quer o corpo sem órgãos.

Compreender as pretensões de Artaud possibilita ampliar os horizontes de minha própria concepção de corpo. Se, para o corpo sem órgãos, o mais importante não é a forma e sim a rede de forças; se para o corpo sem órgãos não existe hierarquização do corpo, nem tampouco entendimento do corpo como algo pronto, pode-se dizer que o corpo sem órgãos é um corpo sujeito rizomático que, de passagem, vem sendo construído por meio das suas experiências e vivências imanentes. É esse corpo que interessa ao processo criativo do espetáculo *Avesso*.

Um exemplo prático da aplicabilidade do conceito de Artaud, no espetáculo *Avesso*, é dado pela experiência vivida pelo intérprete-criador Márcio Moreira na criação do espetáculo. Não apenas esse dançarino, mas todos os demais podem ser vistos como corpos sem órgãos. O caso de Moreira, no entanto, é bastante evidente, em função de condições físicas impostas pela especificidade morfológica de seu corpo, cuja particularidade e diferença são flagrantes em relação aos demais componentes do elenco.

Ao nascer, esse artista teve os ligamentos do membro superior direito comprometidos por um erro médico, gerando consequências físicas e uma certa limitação para a realização de determinados movimentos. No decurso de sua vida, Moreira foi submetido a sessões de fisioterapia e intervenções cirúrgicas, de modo que algumas limitações foram vencidas, tendo o dançarino desenvolvido ao máximo as funções do referido membro.

Pessoalmente e, por conseguinte, de modo artístico, a morfologia do braço direito desse intérprete-criador nunca foi problema. Muito pelo contrário. Em suas experiências coreográficas na CMD, Moreira sempre procurou dialogar firmemente com sua diferença, evidenciando nas pesquisas de movimento as descobertas acerca de como seu braço direito poderia e deveria participar do desvelar de sua dança.

No processo criativo de *Avesso*, essa relação é intensificada pela relevância de suas percepções para a abordagem teórico-prática dessa pesquisa, como argumenta o dançarino:

> *O meu braço direito é o que mais grita pra mim no espetáculo. A partir dele eu descobri muitas coisas, outras qualidades de movimento e tal... Ele foi fundamental pra definir quais as minhas qualidades de movimento mais evidentes, quais as minhas características pessoais, a minha maneira particular de dançar*[45].

Entretanto, não apenas a questão física do braço direito é enfatizada nas vivências criativas desse intérprete-criador para o *Avesso*, mas também suas condições de peso e seu problema de coração manifesto por uma aceleração exacerbada dos batimentos cardíacos.

Nos laboratórios de improvisação para a criação do espetáculo, Moreira associa essas suas condições físicas a intensidades, formas e velocidades, na perspectiva de experimentar possibilidades de movimento. Seu braço direito, seu coração e as camadas de gordura consideráveis na constituição de seu corpo, ganham posição de líderes nas pesquisas coreográficas, subordinando o cérebro ao mesmo plano dessas estruturas orgânicas. Sua experiência individual para o *Avesso* é ilustrada na imagem a seguir.

---

[45] Depoimento concedido no dia 14 de novembro de 2007.

Figura 68 – Corpo imanente I

Foto: Ana Flávia Mendes

A investigação das condições físicas como exemplo da prática do corpo sem órgãos.

O caso de Moreira pode ser exemplificado como constatação da vigência do ideal de corpo sem órgãos defendido por Artaud. Trata-se de uma evidente horizontalização das estruturas orgânicas do corpo em que não cabe pensar o cérebro como único comandante da experiência. A vivência artística da dança imanente, centrada no corpo, permite que um "simples" braço, em colaboração com células, sangue, coração, cérebro e outros elementos, seja o direcionador do movimento autônomo do intérprete-criador.

Isso se aplica não somente a Moreira, mas também à coluna vertebral de Wanderlon Cruz, que lhe impõe limitações de movimento e ocasiona dores; ao tremor de Ercy Souza, que o faz parecer mais cansado do que ele realmente está; à extrema brancura da pele de Ana Paula Siqueira, que muda de cor facilmente ao ser tocada; à rinite alérgica de Luiza Monteiro, que lhe causa dificuldades respiratórias, e tantas outras características dessas pessoas que, por meio de suas peculiaridades, fazem o *Avesso* ser o que é. O corpo sem órgãos está intensamente contido no espetáculo, abrangendo em sua horizontalidade as condições orgânicas dos dançarinos e suas relações com o ambiente.

A imagem abaixo demonstra a experiência da horizontalidade e não-hierarquização dos órgãos na realização das pesquisas coreográficas do espetáculo. Nessa experiência, os intérpretes-criadores utilizam como motivo para a improvisação e descoberta de movimentos, diferentes sensações percebidas nas partes do corpo, relacionando-as ao todo na implementação de vocabulários particulares de movimentos.

Figura 69 – Corpo imanente II

Foto: Ana Flávia Mendes

O corpo sem órgãos na descoberta das imanências.

Deleuze (*apud* Lins, 1999, p. 59) explica que o corpo sem órgãos "opõe-se a todos os estratos de organização, tanto aos da organização do organismo quanto aos das organizações de poder". É a essa organização do organismo a que me refiro ao implementar uma noção diferenciada de dissecação e ao instituir os conceitos de corpo imanente e movimento autônomo. Não me refiro somente ao organismo biológico, mas também ao complexo *mimético* que faz de nós seres humanos, pois "tanto quanto o sujeito, o organismo não é absolutamente constante" (Santaella, 2004, p. 24), ou ainda, o sujeito pode ser entendido como o próprio organismo, se levarmos em consideração que a este último também são agregadas características fenomenológicas.

A dissecação do corpo[46], nesse sentido, é uma proposta estética de desvelar diferentes possibilidades para o movimento na cena da dança. Não se trata de uma estética da forma, mas de uma estética diferenciada, na qual forma e conteúdo promovem um diálogo produtivo a partir de estratégias metodológicas de criação que visam à percepção sutil do organismo/sujeito humano.

Sendo assim, entendo que não é possível dissecar esse corpo sem levar em consideração todos os aspectos próprios do sujeito dissecado, suas imanências e sua condição fenomenológica no mundo, razão pela qual a proposição estética ganha contornos ainda mais subjetivos, repletos de aspectos

---

[46] A dissecação artística do corpo como proposta metodológica de criação será detalhada no capítulo quatro a partir de uma explanação das opções coreográficas utilizadas no processo criativo de *Avesso*.

psicológicos, sociais e culturais do indivíduo, isto é, desse corpo que é o que denomino de imanente.

O corpo dissecado, portanto, não é apenas uma matéria organicamente estruturada da qual pode se extrair informações precisas e concretas. No caso que aqui se apresenta, o organismo, em si mesmo, já pressupõe uma desestabilidade ao considerar, como elemento de dissecação, aspectos menos palpáveis, reconfigurando a própria acepção do que seria o orgânico.

Aliás, o raciocínio desta análise para o que vem a ser o orgânico, promove um entendimento de que a própria cultura em torno do corpo, ao impregná-lo, torna-se organismo, isto é, é apreendida, transformando-se em elemento orgânico, sugerindo uma certa materialidade para os aspectos imateriais do homem.

Nessa perspectiva, seria possível sugerir até mesmo uma outra maneira de realizar estudos de anatomia, considerando o corpo não mais como matéria orgânica no sentido unicamente biológico, mas como complexo desestabilizável e desestabilizante. O orgânico, dessa forma, deixaria de ser tão somente a organização material de estruturas. Antes, as próprias estruturas já seriam consideradas muito mais que objetos e o organismo, por sua vez, já seria repleto de informações de diferentes instâncias, informações de natureza cultural, além da biológica. O corpo, portanto, no seu contexto global, concentraria em sua organicidade tanto a sua natureza material quanto seus valores psicossociais não palpáveis, isto é, imateriais.

Essa sugestão, no entanto, não parece muito viável para o estudo em cadáveres, inerente às práticas de dissecação da anatomia, uma vez que o corpo humano morto já não implica transformações para o meio, assim como o meio não o transforma mais. Ou transforma?

A questão parece digna de reflexão. É interessante pensar, mesmo o corpo sem vida, como sujeito transformador e transformável do meio, entretanto, como o objetivo aqui não é sugerir alternativas para os estudos da ciência da vida, mas formular uma dissecação especificamente voltada para as artes da cena, resta-me argumentar que, no caso do processo criativo de *Avesso*, a noção de dissecação amplia-se diante da condição de ser do corpo e, dessa maneira, observo que minha proposição de dissecação não existe sem o corpo imanente porque é o corpo imanente que será dissecado pela e para a dança.

Mas o que viria a ser, então, essa condição de ser do corpo? É ela que define o corpo imanente. Conforme verificado na seção "Uma abordagem conceitual de corpo na contemporaneidade", o corpo hoje pode ser entendido por palavras como processo, construção, abertura, passagem, trânsito, elo, rede, rizoma. Todas essas palavras atestam um olhar sobre o corpo não a partir de sua forma ou estrutura física, mas a partir de um estado, de uma condição de ser, de um momento ou qualidade de existência, como propõem os chineses, segundo Greiner (2005, p. 22). A autora explica que, para eles, o corpo é "sempre ativo e nunca considerado como um instrumento ou objeto", razão pela qual o definem como corpo sentado, corpo andando, corpo doente, entre outros, não havendo um substantivo que o conceitue. Ele é sempre o sujeito da ação.

São esses estados, propiciados pela inserção do corpo no ambiente, que designam ao corpo sua condição de inconstância.

Essa condição, vista como complexo desestabilizável e desestabilizante, conforme mencionado há pouco, faz com que o corpo tenha um aspecto organizacional um tanto caótico do ponto de vista de uma estruturação mais vertical. Isso é o que confere ao corpo a classificação de um sujeito rizomático. É essa (des)ordem horizontal, não-hierárquica e instável de que trata o corpo sem órgãos. É essa a (des)ordem que interessa à presente reflexão.

3 O METACORPO NA LINGUAGEM DA DANÇA

Conforme argumentado no segundo capítulo, de acordo com os parâmetros que norteiam o fazer artístico nas poéticas contemporâneas de dança, verifica-se uma certa tendência à realização de abordagens relacionadas prioritariamente com o corpo. Na atualidade são frequentes os processos coreográficos centrados em motivações relativas ao próprio corpo que dança, sendo ele, portanto, o eixo de investigação e enfoque de muitas produções cênicas, localizando-se assim, como centro da obra de arte.

No processo criativo de *Avesso*, o corpo é o informante da obra, assim como vem acontecendo nas diversas abordagens de dança centradas nas questões que circunscrevem o corpo. Desse modo, o objeto de pesquisa desta análise constitui uma expressão artística sobre o corpo, fundamentada no corpo e realizada pelo próprio corpo, possibilitando, por intermédio da proposta cênica, a existência de uma espécie de metalinguagem, uma vez que o corpo fala de si mesmo. Nesse sentido, ressalto a existência de uma estratégia cênica metacorporal, ou ainda, de um metacorpo que se faz presente a partir da linguagem da dança.

A intenção aqui é refletir de que maneira a dança pode ser entendida como linguagem e como essa linguagem se apresenta no espetáculo *Avesso*, tendo em vista a manifestação artística do corpo expressando a si mesmo.

Para subsidiar essa reflexão dialogo com estudos interdisciplinares de dança e comunicação, levando em consideração as noções de corpomídia e dramaturgia do corpo, na perspectiva de construir um argumento para a compreensão do movimento, do gesto e da dança como linguagens. Também auxiliando as reflexões, retomo o conceito de imanência de Deleuze, verificando sua aplicabilidade no contexto da dança para, a partir dessa compreensão, observar o raciocínio metalinguístico presente nos processos de criação e encenação do espetáculo em estudo.

CORPO E DANÇA COMO LINGUAGENS: A DRAMATURGIA DO CORPO E O CORPOMÍDIA

Linguagem é "um sistema de signos convencionais que pretende representar a realidade e que é usado na comunicação humana" (Japiassú, 1996, p. 164). A partir dessa constatação, observa-se que a função primeira da linguagem é comunicar, seja por meio de sons, gráficos ou gestos, mas sempre compreendendo o estabelecimento de convenções que tem a propriedade de constituir signos para dizer algo, isto é, representações de pensamentos e ideias.

A comunicação é uma consequência da linguagem, ou antes, sem comunicação não há linguagem. Assim como comunicar é expressar-se por meio de uma determinada linguagem, a linguagem pode ser algo que surge a partir de uma tentativa ou situação de comunicação e, nesse sentido, as poéticas contemporâneas de dança podem ser entendidas como formas de comunicação que instituem maneiras diferenciadas de linguagem. Isso significa que entre linguagem e comunicação há uma relação de interdependência. O fato é que, anterior ou posterior à linguagem, a comunicação é sempre uma prática que, podendo acontecer de diversas formas, informa algo.

"Comunicar é atuar sobre a sensibilidade de alguém, buscando mobilizá-lo, convencê-lo ou persuadi-lo" (Rector & Trinta, 1999, p. 7). A comunicação é, portanto, uma prática cotidiana inerente às relações humanas, as quais são mantidas por meio da transmissão de mensagens. Essas mensagens, por sua vez, têm como aporte o uso de códigos, ou seja, unidades de linguagem.

Os códigos, no entanto, podem ter características variadas, sejam elas verbais, auditivas, visuais ou gestuais. A comunicação, dessa maneira, pode ser definida em duas instâncias: verbal e não verbal. Interessa-me aqui refletir sobre a comunicação não verbal.

Segundo Rector & Trinta (1999, p. 20-21), a comunicação não verbal é estabelecida pela

> movimentação significativa do corpo [...]. Falamos pela atividade voluntária de nosso aparelho fonador, porém, ao participar de uma interação social, nós o fazemos, isto é, falamos, com todo o nosso corpo (grifo meu).

É como diz a máxima: *O corpo fala*[47].

---

[47] Título de livro que se transformou em máxima entre os estudiosos do corpo nos anos 1980. (*Cf.* Weill, Pierre & Tompakow, Roland. *O corpo fala: a linguagem silenciosa da comunicação não verbal.* Petrópolis, RJ, Vozes, 1986).

Com base nessas observações, constata-se que o falar do corpo está diretamente ligado às relações sociais interpessoais e, logo, implica questões culturais e comportamentais, considerando toda a abrangência extrabiológica da compreensão de corpo vigente no contexto deste livro. Assim, vale ressaltar que a comunicação não-verbal e, por conseguinte, o comportamento não-verbal, propicia e facilita a expressão dos desejos e estados afetivos, integrando as dimensões física e psicológica do indivíduo, o ser social.

A comunicação, aliás, é uma prática em que a interação e indissociação entre corpo e ambiente pode ser muito bem exemplificada, pois a sua eficácia está diretamente ligada à percepção do indivíduo acerca de si e do meio onde ele se encontra.

É nesse trânsito comunicacional que a linguagem se constitui. A linguagem e a comunicação, portanto, são pontes de ligação entre o indivíduo e o meio ou o meio e o indivíduo, ou ainda, um indivíduo e outro indivíduo, mas sempre estão na dependência da presença de um ou mais corpos.

Pensar a dança como linguagem, tarefa que adiante será mais detalhada, requer um entendimento mais apurado acerca da natureza comunicativa do corpo, natureza esta que compreende dois elementos expressivos: movimento e gesto.

A noção de corpo como linguagem, conforme verificado, é pensamento que se fundamenta nas teorias da comunicação. Essas teorias reafirmam a condição comunicacional dos elementos expressivos do corpo, constituindo o que os estudiosos de dança e comunicação denominam de dramaturgia corporal.

Greiner (2005) propõe pensar as ações corporais como dramaturgia. O termo dramaturgia é próprio da linguagem artística do teatro e tem vários sentidos. No sentido clássico, "é a técnica (ou a poética) da arte dramática, que procura estabelecer os princípios de construção da obra" (Pavis, 1999, p. 113). Já no sentido da atividade do dramaturgo, a dramaturgia é "o conjunto das escolhas estéticas e ideológicas que a equipe de realização, desde o encenador até o ator, foi levada a fazer" (Pavis, 1999, p. 113). "A dramaturgia, no seu sentido mais recente, tende, portanto, a ultrapassar o âmbito de um estudo do texto dramático para englobar texto e realização cênica" (Pavis, 1999, p. 114).

O termo dramaturgia, da maneira que utiliza Greiner, não se reporta prioritariamente a situações cênicas, mas faz referência ao cotidiano do corpo em toda a sua dimensão expressiva, na qual movimento e gesto compõem o discurso. A autora fala em dramaturgia da carne, explicando que:

> *Tradicionalmente, a palavra dramaturgia sempre esteve vinculada ao texto teatral. No entanto, após os anos 80, a discussão começou a surgir com força no meio da dança, até mesmo por uma questão de mercado, com o surgimento do chamado "dramaturgo de dança". [...]. O dramaturgo de dança teria uma função que se aproxima mais do dramaturgista teatral do que propriamente do dramaturgo. Isto porque ele escreveria e reescreveria o texto dramatúrgico no corpo dos atores-bailarinos (Greiner, 2000, p. 361).*

A autora se reporta aos conceitos de dramaturgia na atualidade, que a consideram como poética, ou como aquilo que dá conectividade ao espetáculo, para propor a noção de dramaturgia do corpo. Greiner lança a hipótese de que a dramaturgia de um corpo seja o seu próprio estado de existência, a sua maneira de ser/estar no mundo. "A dramaturgia do corpo não é um pacote que nasce pronto, um texto narrado por um léxico de palavras, mas como a sua etimologia propõe, emerge da ação" (Greiner, 2000, p. 81). Essa ação, por sua vez, engloba os já mencionados elementos expressivos do corpo.

Partindo desse princípio, pode-se verificar que a dramaturgia do corpo também está relacionada à condição comunicativa do homem. É por meio de suas dramaturgias que o corpo fala, expressa e é o próprio indivíduo. A dramaturgia do corpo é algo retratado pelo comportamento humano, por meio de seus elementos expressivos. Gesto e movimento são componentes de dramaturgia corporal e, por conseguinte, unidades de comunicação. Gesto e movimento são códigos das mensagens que emanam do corpo no processo de comunicação.

Nessas reflexões, então, reporto-me mais uma vez à teoria do corpo-mídia, que vê na capacidade comunicativa do corpo uma via de acesso às suas próprias transformações e às transformações do ambiente. O corpo-mídia trata não apenas das transformações materiais do corpo no espaço, mas das mudanças imateriais, as quais também são tornadas dramaturgia.

A dramaturgia do corpo, portanto, é algo que se constrói a partir da construção do próprio corpo-mídia enquanto complexo rizomático, sistema aberto de caráter contínuo. É o corpo imanente evidenciado no capítulo dois dessa pesquisa. Nesse caso, as imanências implicadas na natureza do corpo são as suas próprias experiências que, por meio de sucessivos processos de impregnação cultural, são tornadas dramaturgias corporais.

Entender o corpo como mídia é pensar a função comunicacional do corpo como agenciamento de informações no percurso cíclico entre o corpo e o ambiente. Novamente retomo a ideia dos códigos de linguagem como pontes entre o corpo e o mundo.

Nas técnicas formais de dança, em que os executantes se baseiam em movimentos preestabelecidos, como, por exemplo, no balé, caso mencionado no capítulo anterior, os códigos preexistem e o coreógrafo ou o intérprete recorrem a esses códigos na construção de sua coreografia e, por conseguinte, de sua linguagem. A dança, portanto, constitui-se como linguagem alicerçada nos padrões de uma determinada técnica, tendo seus códigos estruturados de antemão.

Já nas poéticas contemporâneas de dança, evidencia-se a proposta de ir além dos códigos de movimento já instaurados, negando-os, transformando-os ou até mesmo inventando outros códigos. As unidades de comunicação na estética de dança contemporânea são códigos em construção, isto é, códigos a serem descobertos durante a pesquisa coreográfica.

No caso de *Avesso*, esses códigos são investigados a partir dos padrões do próprio corpo humano, considerando a dramaturgia corporal dos intérpretes-criadores no desvelar dos movimentos e gestos a serem dançados. Trata-se de códigos de linguagem não-verbal (movimento e gesto), aos quais chamo de elementos expressivos do corpo, como informações veiculadas pela mídia corpórea. Em *Avesso*, é o próprio corpo que descobre, cria e comunica seus códigos. Os elementos expressivos do corpo são, portanto, unidades de linguagem no processo de comunicação corporal.

Na sua forma cotidiana, o gesto é a menor unidade da linguagem corporal. Segundo Rector & Trinta (1999, p. 23) o gesto é "uma ação corporal visível, pela qual um certo significado é transmitido por meio de uma expressão voluntária". O gesto é, desse modo, um recurso esclarecedor de mensagens, tanto em processos de comunicação verbal, funcionando como reforço da linguagem falada, quanto em processos de comunicação não-verbal, em que a combinação de vários gestos configura a linguagem.

No teatro, o gesto é tido como "movimento corporal [...] produzido com vistas a uma significação mais ou menos dependente do texto dito, ou completamente autônomo" (Pavis, 1999, p. 184). Percebe-se, então, que, na linguagem teatral, o gesto também possui a função de ênfase na comunicação verbal ou significação de uma mensagem não-verbal.

Na dança, a força simbólica do gesto é ainda maior, haja vista sua condição altamente abstrata de significação de uma mensagem. O gesto na dança é sempre transfiguração de uma ideia, razão pela qual sua manifestação é determinante para o entendimento do processo comunicacional vigente nessa linguagem artística.

Langer explica o gesto na dança como elemento virtual, isto é, como ilusão criada a partir do movimento, conferindo ainda mais valor à dança como comunicação do corpo. Para Langer (2003, p. 183): "gesto é a abstração básica pela qual a ilusão da dança é efetuada e organizada". A autora explica:

> *O gesto da dança não é um gesto real, mas virtual. O movimento corporal, por certo, é bem real; mas o que o torna gesto emotivo [...] é ilusório, de maneira que o movimento é "gesto" apenas dentro da dança. Ele é movimento real, mas autoexpressão virtual*
> *(Langer, 2003, p. 186).*

O gesto na dança, portanto, possui caráter de reforço de significação do movimento. É como se o movimento na dança precisasse do gesto assim como a palavra na comunicação verbal também precisa. O gesto é, desse modo, sempre um elemento expressivo que ratifica e dá significação às ideias da comunicação, seja ela verbal ou não. Por essa razão o gesto é unidade de linguagem.

Assim como na comunicação cotidiana via linguagem corporal, na dança o gesto também se caracteriza como unidade. O gesto é, na dança, uma unidade simbólica do movimento. Sua função possui dominante estética[48] e, logo, a dança, como linguagem, constitui-se de unidades que ultrapassam a dominante utilitária da comunicação.

O gesto está para a dança assim como a palavra está para a poesia. Se na comunicação verbal ou escrita a palavra

---

[48] No próximo capítulo falarei mais detalhadamente sobre a noção de dominante e sobre as funções da arte.

possui função utilitária, na poesia a palavra tem sua função ampliada para algo que está além da comunicação usual. Institui-se, portanto, uma linguagem artística com apelo estético, isto é, a poesia, cuja menor unidade é a palavra.

Da mesma forma acontece com a dança, linguagem em que o movimento é redimensionado em gesto, dando vez a seu potencial simbólico e ganhando uma função para além da comunicação. O gesto para a dança é, assim, o movimento corporal com intenção simbólica.

Partindo desse princípio, porém, a comunicação na dança (e na arte de um modo geral) também pode ter sua função ressignificada, uma vez que entender a existência do gesto (ou da palavra) enquanto unidade estética de linguagem não significa eliminar a função comunicacional dessa unidade. Pode-se dizer que, como a própria linguagem, na dança, a comunicação também tem sua função prática redimensionada em função estética. É por essa razão que se torna viável pensar a dança como linguagem.

Não é meta desse livro, contudo, discutir conceitos de comunicação, mas sim refletir acerca da comunicação do corpo nos processos criativos em dança e, de modo específico, no processo coreográfico de *Avesso*. Considerando o corpo-mídia e a dramaturgia do corpo como caminhos pertinentes na compreensão da linguagem corporal, é interessante pensar de que linguagem falam o gesto e, por conseguinte, o movimento no espetáculo.

O Plano De Imanência Na Compreensão Da Dança Como Linguagem E Metalinguagem

Partindo do que Katz e Greiner compreendem como dramaturgia do corpo, é possível, então, inferir que o corpo é linguagem. Ora, se esta tese entende que o que faz uma dança ser dança não é outra coisa senão o próprio intérprete criador e suas vivências, isto é, seu corpo imanente, logo, a dança é corpo e, portanto, é linguagem, como sintetiza o diagrama abaixo.

Figura 70 – Diagrama da dança como linguagem

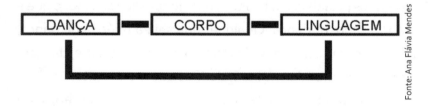

Fonte: Ana Flávia Mendes

Nota-se que o corpo está no centro dessa relação, sendo a ele atribuída a possibilidade de denominação da dança como linguagem. Se o conceito de corpo-mídia defende que o corpo é o agenciador entre a natureza e a cultura, o corpo, como linguagem, é também o agenciador que promove à dança o *status* de linguagem.

Há, porém, quem não concorda com essa afirmação. Gil (2004), ao estudar a dança como linguagem, observa que, segundo Sparshott (*apud* Gil, 2004, p. 72):

É impossível recortar nos movimentos do corpo, unidades discretas comparáveis aos fonemas de língua natural. [...]. A função de expressão dos movimentos do corpo é muito mais rica que a da linguagem articulada que depende, em grande parte, da função de comunicação do sentido verbal.

O que se percebe é a existência de uma opinião que não aceita a dança como linguagem em função dos seus níveis de abstração. Para Sparshott (*apud* Gil, 2004), o fato de a dança não imprimir códigos absolutamente legíveis como os das linguagens escrita e falada, impossibilita denominá-la de linguagem.

Realmente os níveis de abstração de gestos e movimentos conferidos pela dança dificultam uma leitura literal daquilo que é "dito" por quem dança. Qualquer que seja a poética de dança, é difícil ter uma compreensão clara do que, comumente, dançarinos e coreógrafos denominam de "frase de movimentos".

Nas poéticas contemporâneas de dança, então, essa dificuldade amplia-se em razão da não existência de códigos preestabelecidos. Se no balé, por exemplo, em que já existe um repertório de códigos, ainda assim sua leitura não pode ser literal, nas danças contemporâneas que se pretendem descobridoras de vocabulários de movimentos diferenciados, os códigos são descobertos ao longo do processo e os níveis de abstração se tornam ainda mais complexos.

Por outro lado, Gil argumenta que a compreensão da dança como linguagem é possível justamente por meio da abstração, explicando que não se trata da abstração de uma informação qualquer, mas sim de algo que seja dado pelo próprio corpo. Segundo o autor

> *a dança é o próprio corpo que dança e é esse sentido do movimento na dança que lhe confere o status de linguagem. O que realiza o sentido do movimento do corpo é a imanência"*
>
> *(Gil, 2004, p. 78).*

Gil se reporta justamente ao conceito de imanência, que dá sentido à denominação que pretendo dar à poética do espetáculo *Avesso*, isto é, poética da dança imanente. É a partir do plano de imanência de Deleuze que Gil explica a possibilidade de compreender a dança como linguagem. Levando em consideração que, para Deleuze, a imanência é a própria vida e que, de acordo com o que esta análise propõe, o corpo é a própria vida, a imanência é a própria dança.

Segundo Gil (2004), o plano de imanência aplicado à dança é um plano de movimento que engendra dois aspectos:

1. Pensamento e corpo precisam estar em conexão.
2. O movimento do corpo precisa ser infinito.

Tornar o movimento infinito é possível, de acordo com o autor, a partir do agenciamento com outros corpos e para garantir isso é necessário produzir completa osmose entre a consciência e o corpo, desenvolvendo, de modo particular, a consciência interior do corpo. Ao que parece, as ideias de Gil estão em perfeito acordo com o ideal de corpo imanente instaurado a partir deste livro.

O autor lança como sugestão para o aprimoramento da consciência interior do dançarino a técnica de contato-improvisação, à qual me reportei no capítulo anterior. Gil explica que Steve Paxton, coreógrafo americano, que desenvolveu a técnica nos anos 1960/70, propõe chamar de pequena dança os movimentos microscópicos evidenciados nos primeiros instantes das improvisações que partem do contato entre corpos. Essa "pequena dança" é, portanto, a etapa de assimilação e percepção do interior do corpo promovida pelo toque de um outro corpo.

Conforme explicitado, o contato-improvisação é um dos recursos técnicos utilizados em *Avesso*, tanto no nível de processo quanto no de produto. Sua utilização, contudo, não tem como prioridade o aprimoramento da consciência interior, apesar da grande contribuição nesse sentido, mas sim o exercício da consciência como um todo, principalmente do exterior, evidenciando, tomando-se por base outros corpos, as noções de espaço e tempo, além de propiciar a compreensão dos conceitos de corpo que o espetáculo engendra.

É impossível negar, porém, a contribuição que essa técnica propicia à consciência interior, pois, conforme salienta Paxton, são os movimentos microscópicos que orientam e direcionam os movimentos macroscópicos dessa dança. Em *Avesso*, a técnica de contato-improvisação é determinante para estabelecer os primeiros diálogos entre o corpo e o ambiente e, por conseguinte, o corpo e o próprio corpo. Associada a outros recursos, dos quais tratarei, essa técnica é elemento de grande relevância para o despertar do intérprete na descoberta de seu movimento autônomo e, logo, de sua dança imanente.

Essa dança imanente, por sua vez, é um reflexo da consciência interior de que fala Gil (2004). Partindo da consciência interior o corpo dança a si próprio, formando o que o autor chama de "corpo da consciência". Nisso consiste o plano de imanência, pois da imanência da consciência emerge a dança, possibilitando, assim, seu entendimento enquanto linguagem.

O plano de imanência, dessa forma, amplia a qualidade de linguagem conferida à dança para um predicado de metalinguagem, já que é no/ do/ pelo corpo que a imanência se faz dança. Metalinguagem é um recurso linguístico a partir do qual uma linguagem refere-se a si mesma. É a partir desse recurso, do qual lanço mão na poética de *Avesso*, que falarei a partir de agora.

Discurso Metalinguístico Do Corpo

Para Houaiss (2005), discurso é uma "mensagem proferida em público" ou uma "exposição metódica", ou ainda, a "expressão de um modo de pensar, de agir". Qualquer uma das três definições, entretanto, tem como fundamento o princípio da comunicação, isto é, da transmissão de ideias ou pensamentos.

Segundo Japiassú (1996, p. 74):

> *Na acepção tradicional, o discurso não é uma simples sequência de palavras, mas um modo de pensamento que se opõe à intuição. Frequentemente denominado "pensamento discursivo", ele é um pensamento operando num raciocínio, seguindo um percurso, atingindo seu objetivo por uma série de etapas intermediárias.*

O discurso, então, comunica algo com uma lógica organizacional. O discurso tem uma meta, é uma espécie de comunicação objetiva para um determinado fim. Discurso é, portanto, comunicação e comunicação é linguagem.

Desse modo, assim como é possível pensar a comunicação do corpo, é possível pensar o discurso do corpo, a cuja linguagem agrega informações de natureza biológica e cultural, conforme argumentado. O discurso do corpo e, logo, sua linguagem dependem de sua própria construção biopsicossocial. O discurso do corpo é reflexo da própria dramaturgia corporal.

Considerando os fatores externos ao corpo como informações que, por meio de apreensão e transformação, isto é, impregnação cultural, passam a fazer parte do corpo, pode-se inferir que os atos comunicativos do corpo, em especial os não-verbais, agregam informações relativas ao próprio corpo. Eis aí o princípio da metalinguagem corporal.

Compreendendo a metalinguagem como "uma linguagem utilizada para se falar de outra linguagem – a chamada 'linguagem objeto' – ou para analisá-la" (Japiassú, 1996, p. 181), é possível dizer que, no espetáculo *Avesso*, o corpo, visto como linguagem geradora de informações referentes às suas próprias configurações, emite um discurso cujo conteúdo diz respeito a sua qualidade de ser corpo, isto é, um discurso metalinguístico. Segundo Japiassú (1996, p. 181):

> *O discurso teórico ou científico sobre a linguagem seria assim tipicamente um discurso metalinguístico, na medida em que nele a linguagem é usada não para falar das coisas, mas para falar de si própria.*

Sendo a metalinguística, conforme quer Jakobson (2001), a maneira segundo a qual uma linguagem fala de si mesma, em forma de função acentuadora de seu próprio sentido e reveladora de seu próprio instrumento, sugiro, no presente capítulo, pensar o discurso corporal do processo de criação em dança no espetáculo *Avesso* como um discurso metacorporal.

Jakobson (2001, p. 47) diz que: "o recurso à metalinguagem é necessário tanto para a aquisição da linguagem como para seu funcionamento normal". Ao tecer uma analogia com a abordagem metalinguística de *Avesso*, é possível constatar que o recurso à metalinguagem (corpo falando/ dançando sobre si) é uma estratégia de autoconhecimento promovedora da descoberta da linguagem que se quer expressar por meio da dança. Nesse sentido, o espetáculo, ao abranger a ideia de dança como metalinguagem do corpo, traz à tona a utilização dos citados elementos expressivos (movimento e gesto) como unidades de linguagem que se reportam ao próprio corpo.

Em *Avesso*, o discurso do corpo não fala de outra coisa senão dele mesmo. O discurso metacorporal do espetáculo cria, nessa perspectiva, um metacorpo que, concebido a partir do próprio corpo em seu cotidiano, é evidenciado na cena coreográfica.

Reportando-me à proposta de dissecação vigente no espetáculo *Avesso*, verifico o quão abrangente se torna essa noção ao considerar, efetivamente, os aspectos imanentes e dramatúrgicos do corpo na criação do espetáculo. As imanências e dramaturgias que *Avesso* disseca são os elementos expressivos dos próprios intérpretes-criadores. O que se tem no espetáculo é a construção de um repertório gestual que retoca/reforça/ressignifica o repertório dos movimentos do próprio corpo humano vivo.

É este o procedimento metalinguístico do espetáculo. Gesto que intensifica o movimento corporal e/ ou o próprio gesto cotidiano, o metacorpo de *Avesso* se cria a partir da comunicação do corpo consigo mesmo e com o meio, por intermédio da comunicação orgânica e fisiológica não visível a olho nu e da comunicação cultural tornada orgânica pelas práticas comportamentais do indivíduo.

Para Langer, a criação em dança parte do princípio da codificação de um sentimento inventado e tornado gesto (simbólico e virtual). Para a autora, a dança "brota de uma ideia de sentimento, uma matriz de forma simbólica" (Langer, 1999, p. 216). Em *Avesso* a criação parte do princípio da codificação não de um sentimento inventado, mas de uma sensação sentida e experimentada no próprio corpo. O (re)conhecimento do dançarino acerca de sua vida, sua organicidade, suas estruturas anatômicas, da percepção dos seus movimentos internos e de sua natureza fisiológica, promove a construção e o redimensionamento de suas dramaturgias corporais, sustentando as unidades de linguagem tanto na comunicação cotidiana quanto, principalmente, na comunicação dançante do espetáculo.

Além disso, pode-se ainda inferir que o gesto, na sua qualidade virtual, como quer a concepção de Langer para o gesto na dança, é elemento de reforço expressivo do movimento informado pelo próprio corpo. Em suma, em *Avesso* os movimentos reais do corpo são sua autoexpressão por intermédio de gestos virtuais. Cria-se, portanto, uma virtualidade que dá ao corpo utilitário da vida cotidiana, um alto caráter simbólico, tornando-o expressão artística de si mesmo. Assim, o gesto dançado no espetáculo torna expressivo e artístico os movimentos vitais do corpo, transfigurando a própria vida humana.

A Experiência Metalinguística De Avesso

A poética multissensorial do metacorpo na dança

As múltiplas possibilidades de comunicação e, logo, de linguagem a partir de códigos não-verbais, como o gesto e o movimento, também têm características metalinguísticas, pois é por meio da percepção e expressão do corpo que se criam os códigos ou unidades de linguagem.

Esses códigos são expressos e/ou percebidos no/pelo corpo com base nos sentidos, que captam e distribuem informações de ordem comunicacional. Por intermédio dos sentidos, o homem agrega natureza e cultura, percebendo organicamente o ambiente e devolvendo ao ambiente uma outra condição de organicidade.

É como dizem Rector & Trinta (1999, p. 35):

> O ser humano consegue perceber o mundo, recortá-lo segundo um modelo, absorvê-lo e transformá-lo em cultura através de seu próprio corpo e dos meios que este dispõe para efetuar tal função. Estes instrumentos privilegiados são os cinco sentidos: a visão, a audição, o tato, o paladar, o olfato. Esses sentidos estão condicionados por dois outros fatores: espaço e tempo. Os sentidos, aliados a essas duas dimensões, são o instrumental de que o homem dispõe para a apreensão, compreensão e desvelamento intelectual do universo no qual está inserido. É pelo corpo

que, de múltiplas maneiras, o homem participa do mundo e, do mesmo modo, constitui ele próprio um mundo.

A linguagem tem como característica, portanto, uma espécie de multissensorialidade. Uma vez que a comunicação se dá nos diferentes níveis de percepção e expressão humanas, seja no sentidos visual, auditivo, tátil, olfativo ou gustativo, esses sentidos tornam-se veículos de linguagem, sendo aguçados pela necessidade que o corpo tem de comunicar-se.

Estabelecem-se, portanto, diferentes tipos de linguagem não-verbal, de acordo com as percepções e expressões do corpo no ato da comunicação. Muitas pessoas sequer possuem a consciência desse nível de interação, mas basta parar alguns segundos e pensar sobre como o corpo reage a diferentes estímulos no seu dia a dia.

Dessa maneira, cria-se comunicação, por exemplo, por meio do olhar, cujas posições possuem significados variados. Birdwhistell (*apud* Rector &Trinta, 1999, p. 37) designa quatro posições significativas para o olhar enquanto elemento corporal de comunicação. São elas: olhos bem abertos/arregalados; olhos sonolentos; olhos estreitados/semicerrados e olhos firmemente cerrados. A partir dessa classificação, evidencia-se um grande repertório de códigos de comunicação não-verbal por meio dos olhos.

Rector & Trinta (1999, p. 40), ao refletirem de forma generalizada sobre os modos como as pessoas compreendem seus sentidos, comentam: "se a visão é tida como o mais 'racional' dos sentidos, é possível que seja a audição o mais 'sensível'". A audição, nesse sentido, exerce muito mais a função de percepção do que a de expressão no ato da comunicação, captando as diferentes sonoridades do outro, do mundo e de si mesmo.

O tato, por sua vez, é a forma mais primitiva de comunicação, já que "o contato físico é um elemento básico de nossa existência social" (Rector &Trinta, 1999, p. 43). É por meio do tato que se estabelece a proximidade entre os corpos, permitindo uma forma de comunicação que se dá por intermédio das sensações de calor e frio, por exemplo, e das manifestações de afeto (abraço, beijo, aperto de mão, entre outros) ou desafeto (empurrão, chute, tapa etc.).

Já os sentidos da gustação e do olfato criam níveis de comunicação mais abstratos, estabelecendo códigos culturais de natureza gustativa e química, respectivamente. Por meio do paladar, o indivíduo conhece os diferentes gostos e sabores do meio em que vive, enquanto a linguagem olfativa provoca reações e comportamentos diversos por intermédio dos sinais químicos que geram informações de ordem imaterial, uma vez que os cheiros não são palpáveis.

Pensar em situações de comunicação no nível da percepção e expressão multissensorial poderia render uma boa pesquisa. Como o intuito desta análise não é o aprofundamento nesse campo de estudo, permito-me apenas localizar as reflexões expostas como exemplos de comunicação não-verbal, evidenciando o potencial comunicativo do corpo e, por conseguinte, do movimento, ainda que sem verbalização, isto é, sem o uso do aparelho fonador.

Esses exemplos destacam, portanto, cinco tipos de comunicação: visual, auditiva, tátil, gustativa e olfativa. Pensar os componentes orgânicos e estruturais desses sentidos, como veículo de comunicação sinestésica entre o meio e o indivíduo, é uma maneira de entender o corpo como linguagem.

No processo do espetáculo *Avesso*, as experiências multissensoriais da vida dos intérpretes-criadores são levadas em consideração para a investigação e construção de códigos para a dança. Movimentos e gestos emergem da percepção cinestésica desses artistas, os quais localizam em suas mídias corpóreas seus elementos dramatúrgicos que nada mais são do que suas imanências referidas.

Na dissecação do espetáculo, a multissensorialidade, segundo mencionada no capítulo dois, configura-se como estética do processo e do produto coreográfico. O corpo assumido como conteúdo é o mesmo corpo que se caracteriza como forma, e isto se dá por meio do despertar para a autopercepção.

Durante a criação de *Avesso*, tudo gira em torno desse reconhecimento de si, uma vez que uma de minhas motivações artísticas, compartilhada com a CMD, é justamente refletir acerca de questões relativas ao ser humano. Uma entre as experiências criativas do espetáculo pode ser evidenciada como exemplo. Trata-se do laboratório denominado *Banquete Multissensorial*.

Nesse experimento, os intérpretes-criadores foram submetidos a exercícios de atenção aos sentidos do tato, olfato e gustação, proporcionando o contato com diferentes sabores, cheiros, texturas e temperaturas. Do doce ao amargo, do liso ao enrugado, do quente ao frio e do perfumado ao mal cheiroso, os sujeitos dessa pesquisa tiveram aguçados os três sentidos que, *a priori*, não são utilizados como recurso criativo para a dança.

O sentido da audição participou ativamente da experimentação. Diante da eliminação da visão, conseguida tomando-se por base o uso de vendas, o ato de escutar foi utilizado como recurso promovedor de uma possível previsão das sensações de cheiro, gosto e toque. Na medida em que as sensações eram percebidas, as respostas sensoriais dos intérpretes eram registradas em vídeo e fotografias, a fim de realizar, posteriormente, uma análise reflexiva sobre o laboratório e incorporar as informações apreendidas à pesquisa coreográfica. Um exemplo de como foi processado o laboratório, pode ser evidenciado nas imagens a seguir.

Na primeira delas, verifica-se a diversidade de estímulos oferecidos aos intérpretes-criadores de *Avesso*. À esquerda e acima, o olfato detecta o odor de álcool. À esquerda e abaixo, a gustação é aguçada pelo sabor de um biscoito. À direita e acima, o tato é sensibilizado pelo uso de um creme hidratante e, finalmente, à direita e abaixo, a gustação é tocada pelo sabor de um creme dental.

No segundo bloco de imagens, é dada ênfase às reações propiciadas pela apreensão de sensações corporais captadas pelos órgãos dos sentidos, inicialmente pelo tato e, a seguir, pelo olfato.

Figura 71 – Banquete Multissensorial I

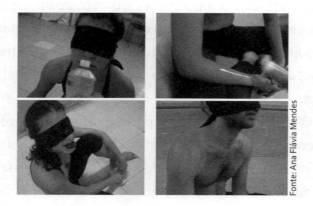

Diferentes estímulos lançados com o intuito de sensibilizar diferentes órgãos dos sentidos.

Figura 72 – Banquete Multissensorial II

Figura 73 – Banquete Multissensorial III

Estímulos lançados e sensações percebidas.

Para os intérpretes-criadores do espetáculo, não somente o *Banquete Multissensorial*, mas vários laboratórios contribuíram para a descoberta do vocabulário gestual, como se observa no depoimento a seguir:

> *Foram colocados para nós, através dos laboratórios, muitos estímulos. Não só estímulos visuais ou auditivos, mas cheiros, gostos, coisas que fizeram a gente mergulhar em certas percepções que a gente não tinha mergulhado antes. Isso tudo a gente explorou e colocou pra fora mesmo, essa coisa interna. E não só o interno pra fora, mas também o que tava fora passou a ser percebido de um outro jeito (Nelly Brito)[49].*

---

[49] Depoimento concedido no dia 07 de outubro de 2007.

O resultado evidenciado nessa etapa do processo propiciou o desenvolvimento de uma forma muito peculiar de comunicação que partiu de um contato íntimo dos envolvidos com seus corpos imanentes, instituindo uma partitura corporal dramatúrgica de códigos não-verbais oriundos de múltiplas sensações. Essas sensações, captadas pelas vias sensoriais, foram redimensionadas e ressignificadas em unidades de linguagem, isto é, movimentos e gestos participantes da poética cênica de *Avesso*.

Relações entre corpo sujeito e corpo objeto no discurso metacorporal em Avesso

De acordo com o que vem sendo argumentado nessa pesquisa, observa-se que os processos de criação e encenação do espetáculo *Avesso* caracterizam-se, primordialmente, como estratégias metalinguísticas. Os procedimentos de dissecação utilizados nesses processos resultam em uma linguagem cênica expressa pelo corpo que fala dele mesmo.

De um modo geral, nas vertentes de dança que centram suas pesquisas no próprio corpo e, por conseguinte, em *Avesso*, que lida com estratégias metodológicas de criação pautadas em autopercepção, antes de dançar o corpo percebe, mas percebe a si próprio e não um mundo exterior a ele. Ou ainda, o corpo percebe a exterioridade do mundo internalizada nele mesmo.

A função primeira do corpo no processo de construção da metalinguagem em dança é, assim, a de sujeito da ação de perceber. É possível considerar, então, que o corpo, sujeito dessa ação, seja o seu próprio objeto? Essa questão poderia ter, *a priori*, uma resposta afirmativa, no entanto, no caso do espetáculo *Avesso*, verifico a existência de uma experiência em que o corpo é sujeito e objeto, não em diferentes situações, mas simultaneamente.

Para melhor compreender o raciocínio das relações entre sujeito e objeto na metalinguagem dessa proposição criativa, proponho iniciar uma reflexão retomando as discussões sobre as noções de corpo sujeito e objeto, sugeridas por Merleau-Ponty (1999) e apontada nesta tese, na perspectiva de compreender os mencionados processos do espetáculo como estratégias de construção de discurso metacorporal.

Para Merleau-Ponty, o corpo vive e atua no espaço, sendo, portanto, sujeito no mundo e não objeto do mundo. Segundo o autor, tudo parte de uma estreita relação entre corpo e espaço, sendo o corpo não um objeto que simplesmente recebe informações, mas um sujeito que as absorve, transforma e transmite, atuando efetivamente no meio em que está inserido. Esse raciocínio configura o que Merleau-Ponty denomina de corpo próprio, isto é, o corpo engajado como sujeito da percepção no mundo. Diz o autor:

> Percebemos o mundo com nosso corpo. Mas, retomando assim o contato com o corpo e com o mundo, é também a nós mesmos que iremos reencontrar, já que, se percebemos com nosso corpo, o corpo é um eu natural e como que o sujeito da percepção (Merleau-Ponty, 1994, p. 278).

Conforme explica Merleau-Ponty (1994), o corpo é sujeito no mundo. Esse mundo, por sua vez, caracteriza-se como seu objeto de percepção, já que o objeto é "aquilo que se apreende pela percepção" (Japiassú, 1996, p. 199). O fato é que a ideia do corpo próprio funda-se na oposição entre as noções de sujeito e objeto, estabelecendo que o corpo percebe e o mundo é percebido, ou seja, o corpo é sujeito e o mundo, objeto.

Não tenho a intenção de lançar uma teoria que se contraponha às concepções fenomenológicas de Merleau-Ponty (1994), até porque a fenomenologia da percepção é um dos pensamentos fundadores da noção de corpo imanente que essa pesquisa apresenta. Por outro lado, se a aplicabilidade do corpo próprio se faz incontestável ao pensar a relação corpo e ambiente, para o caso de *Avesso*, ela pode ser perigosa por causar ao conceito de corpo imanente uma impressão precipitada e enganosa.

Como pode a ideia de oposição, presente na síntese do corpo próprio, ser adequada a essas funções do corpo em *Avesso*, já que se trata de um único sujeito, isto é, de um mesmo corpo? Essa experiência criativa se dá, originalmente, pela ligação entre o corpo e ele mesmo e, somente em uma segunda instância, pela relação do corpo no meio. Sendo assim, a existência de uma condição de subordinação do corpo a ele mesmo não poderia ser considerada uma posição reducionista e colaboradora do risco de favorecer tendência à dicotomia?

Ao observar tal condição dual, penso que talvez seja admissível desconsiderar a noção de objeto inicialmente emprestada ao corpo, uma vez que esse objeto (corpo percebido) também se conforma como o próprio sujeito da percepção (corpo que percebe). A relação que se estabelece é de percepção do corpo, mas não é um outro que o percebe e sim ele mesmo. Tudo é, por fim, um mesmo corpo e, portanto, um só sujeito. Onde está, desse modo, a oposição entre sujeito e objeto vigente na síntese do corpo próprio?

Partindo desse princípio, a oposição se torna falaciosa e, logo, a síntese do corpo próprio ganha novos contornos. É como se corpo e espaço tivessem o mesmo grau de importância, de modo que o segundo não fosse subordinado ao primeiro e vice-versa.

Em seus estudos sobre as relações entre corpo, arte e tecnologia, Bruno (1999) explica que aparatos tecnológicos utilizados pelo corpo na condição de objetos, ao serem acoplados ao indivíduo, passam a configurar estruturas corporais que, na verdade, se tornam parte do corpo sujeito, atuando e percebendo, então, como sujeito.

De acordo com a autora

O corpo objeto acoplado e interfaceado com a tecnologia, pode perceber, sentir e tocar prescindindo em parte do corpo sujeito que se encontra, pois, parcialmente destituído do lugar de condição de toda experiência (Bruno, 1999, p. 108).

Sujeito e objeto se integram em uma só forma de corpo. O corpo, que seria sujeito supremo dessa relação, perde esse *status*, filiando-se ao objeto e partilhando com ele da função de perceber, inicialmente relativa apenas ao sujeito.

Tomando esse olhar emprestado para o presente objeto de pesquisa, observo que o que se tem não é uma relação antagônica entre sujeito e objeto, mas uma espécie de parceria, tal qual a parceria entre corpo e tecnologia defendida por Bruno.

No espetáculo criado não considero o corpo imanente como um segundo corpo, objeto do primeiro que, por sua vez, é o sujeito da ação. Esse segundo corpo é, na verdade, parte do próprio sujeito. Trata-se de um único corpo em que as características de sujeito e objeto existem em caráter de simultaneidade, não havendo, assim, sobreposição de um em detrimento do outro.

Assim, tomo a liberdade de utilizar esse livro, instrumento de reflexão estética, para questionar essas relações do corpo no sentido de levantar a possibilidade de um entendimento diferenciado acerca das noções de sujeito e objeto, a fim de pensar de que maneira é caracterizada a metalinguagem existente na proposição criativa de dança do espetáculo *Avesso*.

É possível dizer que o corpo, na sua função de sujeito, refere-se a si mesmo na condição de objeto de percepção. Contudo, esse corpo, visto como linguagem geradora de informações referentes às suas próprias configurações, emite um discurso cujo conteúdo diz respeito a sua qualidade de ser corpo, isto é, um discurso metalinguístico. É o corpo, sujeito da percepção, que discursa, por meio da linguagem cênica da dança, sobre aquilo que percebe, ou melhor, que autopercebe. Mais uma vez é possível observar que o corpo e, logo, as imanências, são forma e conteúdo da dança.

A noção de objeto, portanto, deixa de existir, uma vez que não há subordinação alguma de qualquer um dos lados, ou ainda, não há sequer dois lados. Essa inseparabilidade é que abre espaço para as imanências no processo criativo, instaurando, assim, uma poética de dança em que se presencia um metacorpo, isto é, uma linguagem/discurso coreográfico metacorporal.

Esse discurso é facilitado pelas estratégias metodológicas de criação coreográfica, as quais, ao atravessarem o corpo do intérprete e, por conseguinte, interferirem no seu processo de autopercepção, exercem plena influência na manifestação criativa da pesquisa de movimentos para a coreografia.

Além disso, a encenação de *Avesso* como um todo, enquanto linguagem cênica, é um reflexo do princípio de metalinguagem que subsidia a criação coreográfica. Não somente a dança reflete o corpo, mas os demais elementos cênicos também. As múltiplas linguagens artísticas da cena fazem referência ao corpo enquanto linguagem, seja na criação musical, no cenário ou no figurino. Todos os elementos cênicos do espetáculo são reflexos da dissecação do corpo imanente fundamentados pelo princípio da metalinguagem.

As referidas estratégias, porém, serão mais detalhadas no próximo capítulo, no qual discutirei a aplicabilidade e funcionalidade delas como intervenções influentes na autopercepção do intérprete-criador e, consequentemente, na configuração do processo de criação em questão, incluindo, neste, a concepção dos elementos que, além da coreografia, participam da encenação.

4 O CORPO VISIVO E O CORPO VISÍVEL: A CONVERSÃO SEMIÓTICA NO PROCESSO DE DISSECAÇÃO EM *AVESSO*

A dança é o resultado de uma sucessão de imagens mentais, isto é, uma combinação de elementos que, suscitados pela imaginação do criador, ganham vida por meio de uma organização de gestos visíveis. É com base nesse entendimento de dança que pretendo, no presente capítulo, implantar as noções de corpo visivo e corpo visível, compreendendo a composição coreográfica como um processo de transfiguração de imagens visivas em imagens visíveis.

Proponho aqui, com base nas vivências do processo artístico que norteia essa pesquisa, refletir acerca das diferenças existentes entre as referidas noções, entendendo que esse processo, por sua vez, tanto suscita imagens do corpo na imaginação visiva dos intérpretes, quanto promove a visualização literal do corpo, abordado como referencial para o processo de criação.

Para discutir e fundamentar as noções de visivo e visível, minha argumentação encontra-se pautada na compreensão do conceito de visibilidade que, proposto por Calvino (1990, p. 110), consiste na qualidade de "pensar por imagens". A visibilidade, portanto, é uma capacidade inerente à imaginação humana, e por ser própria da imaginação, possui a condição de gerar imagens.

Para subsidiar estas reflexões trago à tona os procedimentos metodológicos de criação do espetáculo *Avesso*, isto é, a utilização de exercícios de sensibilização corporal que propiciaram o aprimoramento da consciência e a percepção sutil do corpo, além do uso de tecnologias médicas que geraram a visualização de camadas submersas da fisicalidade humana.

Por meio das vivências processuais do espetáculo, é possível entender estas estratégias metodológicas como possibilidades de criação de corpos visivos, acessíveis pela imaginação visiva e, por sua vez, desencadeadoras da metalinguagem corporal que é a dança imanente, conforme detalharei a partir de agora.

A Visibilidade Do Corpo Imanente

Segundo Calvino (1990, p. 99) é possível

distinguir dois tipos de processos imaginativos: o que parte da palavra para chegar à imagem visiva e o que parte da imagem visiva para chegar à expressão verbal.

Essa proposição coloca os processos imaginativos em duas instâncias passíveis de serem emprestadas ao entendimento dos processos de criação em dança.

Nessa perspectiva, tanto uma quanto a outra seriam anteriores à expressão de uma obra artística, contudo, na primeira, a criação das imagens mentais configuradoras de uma determinada obra, seria resultante da experiência (literalmente) visual de algo, enquanto que na segunda, essas imagens seriam criadas primeiramente a partir da imaginação do artista, independente da visualização prévia de qualquer coisa.

No caso do processo de criação de *Avesso*, essa visibilidade possui grande especificidade, tendo em vista a natureza do referencial coreográfico, isto é, o corpo, e, particularmente, uma certa ênfase dada às estruturas corporais que não podem ser enxergadas a olho nu.

Trata-se de uma dança caracterizada pela utilização de movimentos não-codificados, porém originados no e pelo próprio corpo humano. Uma dança que se fundamenta nas estruturas que fazem parte do cotidiano sensível, mas que não participam do cotidiano visível do homem, já que sua visualização, pelo menos com vida, só pode acontecer a partir do uso de determinados implementos tecnológicos.

É sobre esse aspecto do corpo imanente que volto meu olhar reflexivo neste capítulo, enfatizando as formas de visualização do corpo no ato da dissecação artística, sendo elas imaginativas ou propriamente ditas, tanto no processo quanto no produto coreográfico.

Se a visualização literal dessas estruturas corpóreas somente pode acontecer por intermédio de uma tecnologia específica, que acaba funcionando como um espelho interior, a visibilidade, ao contrário, é possível na medida em que o homem se permita imaginá-las. Nesta pesquisa, associo ambas as formas de lidar com o movimento na composição em dança, isto é, uma visível e uma visiva. Essa abordagem configura-se como premissa metodológica para o procedimento de dissecação artística do corpo na dança.

Explicarei com maiores detalhes as relações entre as opções metodológicas do espetáculo, considerando essas opções como a própria operacionalização ou o modo de fazer/criar dança na construção de uma poética cênica. O que vale refletir, por enquanto, é sobre o fato de, em *Avesso*, a visibilidade ser a etapa de formação das imagens vislumbradas pelos intérpretes-criadores, na perspectiva de respaldar teoricamente o conceito de corpo visivo.

Para compreender esse processamento, vale lembrar a maneira como Calvino (1999, p. 110) descreve o que podem ser entendidas como as etapas de formação visual da imaginação literária. São elas:

> *A observação direta do mundo real, a transfiguração fantasmática e onírica, o mundo figurativo transmitido pela cultura em seus vários níveis, e um processo de abstração, condensação e interiorização da experiência sensível, de importância decisiva tanto na visualização quanto na verbalização do pensamento.*

Essas etapas, contudo, não necessariamente precisam seguir essa sequência de acontecimentos. O desencadeamento desses acontecimentos depende do próprio processo criativo da obra literária, objeto de investigação do autor.

Estabelecendo analogias com as argumentações de Calvino, pressuponho que, no processo de *Avesso*, o momento de maior evidência da visibilidade seja o que o autor denomina de formação fantasmática e onírica de imagens. No caso desse espetáculo, trata-se de imagens que se remetam ao corpo. Essas imagens se configuram por meio da realização de atividades sensibilizadoras dos sistemas corporais, considerando ainda, nessa sensibilização, a organicidade que ganham os aspectos não-biológicos localizados nos níveis fisiológicos e anatômicos do indivíduo, o que é possível pensar com base nas teorias que estudam o corpo, utilizadas nesta tese. Essa experiência cria o que chamo de corpo visivo.

O corpo visivo, desse modo, é o conjunto de imagens desencadeadas pela imaginação dos intérpretes-criadores. Falar sobre o desencadeamento dessas imagens, portanto, é falar sobre a construção poética do espetáculo, sobre o desvelar do corpo imanente e, por conseguinte, sobre a dissecação artística do corpo, proposta lançada a partir desse livro/ experiência criativa em dança.

Do Visivo Ao Visível: A Forma Formante E A Forma Formada Nas Transfigurações Do Corpo

A experiência criativa aqui estudada tem, como um de seus propósitos, provocar no intérprete-criador a atenção para o interior de seu corpo. Isso compreende a escuta das sonoridades, a observação de diferentes sensações de temperatura e textura e até mesmo a percepção de movimentos involuntários do corpo. Em suma, o que se quer é propiciar a captação de informações relativas à interioridade física do indivíduo. A partir da percepção dessas interioridades pela experiência sensível, espera-se que o intérprete se permita vislumbrar imagens visivas que, mesmo impregnadas de informações ou outras possíveis formas de representação visual anteriormente vividas, venham a ser transfiguradas e abstraídas em movimentos corporais visíveis, ou seja, expressões gestuais do pensamento.

Essa produção de imagens visivas caracteriza-se ainda por possuir a propriedade de ressignificar o corpo, pois no momento em que o intérprete as vislumbra, a função das estruturas corporais ocultas deixa de ser primordialmente fisiológica ou estrutural, passando a ser, assim, estética. A dominante funcional dá vez à dominante estética, acontecendo então o que Loureiro (2002) denomina de "conversão semiótica".

Esse autor estuda a conversão semiótica na cultura amazônica, explicando, por meio de determinados fatos dessa cultura, que há uma mudança de qualidade simbólica onde os elementos se reorganizam. Loureiro (2002, p. 124-125) explica que a conversão semiótica é:

> O movimento de passagem pelo qual as funções se ordenam e se experimentam em uma outra situação cultural. A conversão semiótica significa o quiasmo de mudança de qualidade simbólica numa relação cultural no momento de sua transfiguração. Ela pode ser observada, por exemplo, na criação artística.

A fundamentação teórica do autor para tal conceituação situa-se, sobretudo, na noção de dominante, de Roman Jakobson e nas argumentações de Jan Mukarovsky (1993) acerca das diferentes funções que a arte pode representar. Jakobson (apud Loureiro, 2007, p. 33) diz que: "a dominante se define como o elemento focal de uma arte: ela governa, determina e transforma os outros elementos". Mukarovsky (1993), por sua vez, segundo as observações de Loureiro, compreende que a estética é uma ciência que tem por meta estudar a função estética, que seria a dominante das obras de arte.

São explicadas, no contexto ressaltado por Loureiro (2007), quatro funções para as artes que são: a função prática, que se refere à dimensão utilitária das coisas; a função teórica, que relaciona essas ideias a conceitos; a função mágico-religiosa, em que os objetos possuem, prioritariamente, um caráter simbólico; e a função estética, na qual a matéria artística detém o poder de despertar a necessidade humana de contemplação.

Em sua obra *A Conversão Semiótica na Arte e na Cultura*, diz Loureiro (2007, p. 35):

> *Entendo como conversão semiótica o movimento de passagem de objetos ou fatos culturais de uma situação cultural à outra, pelo qual as funções se reordenam e se exprimem nessa nova situação cultural, sob a regência de outra dominante.*

O que existe na conversão semiótica, então, é uma espécie de rearranjo de funções e, consequentemente, mudança de dominante. Um objeto do cotidiano, como por exemplo, um utensílio de cozinha, se utilizado como matéria em uma obra de arte, tem sua função prática/utilitária ressignificada em função estética, logo, sua dominante passa a ser a função estética/artística.

Na dança, a ressignificação das imagens visivas de que fala Calvino (1990) pode ser compreendida pela conversão semiótica do movimento ou do gesto. É como diz Loureiro (2007, p. 52):

> O gesto não pode ficar fora da possibilidade de sua utilização como forma simbólica do sentimento, perdendo a dominância material e prática, e passando a ser regido pela expressão do sentimento [...] em que a função estética governa e caracteriza ou constitui a dança. Na coreografia, o gesto padrão e utilitário é convertido semioticamente em gesto artístico.

É justamente nesse sentido que compreendo as transfigurações do corpo no processo criativo de *Avesso* e, por conseguinte, na proposição da dança imanente. Em minha dissertação de mestrado propus observar a conversão semiótica do gesto cotidiano inerente às grandes cidades, em gesto de dança na coreografia do espetáculo *Metrópole*, também dirigido por mim para a CMD. Nessa pesquisa, argumentei:

> O gesto cotidiano comum, matéria-prima do espetáculo, transfigura-se em gesto cênico, ressignificado conforme as concepções artísticas (Mendes, 2004, p. 98).

O que pretendo na atual pesquisa é emprestar esse olhar da ressignificação, sobre a concepção da metalinguagem corporal que compõe a dança imanente do espetáculo *Avesso*. Se em *Metrópole* houve conversão semiótica do gesto prático do cotidiano em gesto artístico de dança, o que verifico agora, em *Avesso*, é uma conversão semiótica do movimento corporal da vida prática do indivíduo biopsicossocial, em movimento corporal de cena artística.

Os padrões de movimentos anátomofuncionais e, como não pode deixar de ser, socioculturais, são transfigurados em padrões estéticos de movimento por meio do gestual coreográfico do espetáculo. Neste momento, permito-me abrir espaço para uma breve reflexão comparativa entre os dois espetáculos, não como forma de oposição, mas de complementaridade.

Entendo que o primeiro trabalho funciona como um prenúncio da existência do segundo, pois o corpo como referencial coreográfico pode ser observado em ambos os espetáculos. Por outro lado, eu poderia dizer que, enquanto em *Metrópole* prevalecem as questões culturais do indivíduo, em *Avesso* prevalecem as questões biológicas.

Penso, no entanto, que essas questões não sejam motivo para prováveis antagonismos entre as duas coreografias, pois o pensamento que ambas apresentam sobre o conceito de corpo coincide. Levando em consideração a tendência a focalizar o corpo como centro da obra, ambos os espetáculos configuram-se como metalinguagem do corpo. Há, portanto, uma semelhança e um amadurecimento, uma vez que *Avesso* reforça o desencadeamento da dança imanente, inaugurado com *Metrópole*.

Não obstante, *Avesso* pode e deve ser entendido como radicalização muito maior dos padrões de movimento para a dança. Enquanto *Metrópole* apresenta-se bastante estruturado por estratégias de composição respaldadas por técnicas de dança formais preexistentes, *Avesso* reflete o amadurecimento da compreensão de valores e conceitos de pós-modernidade em dança, abrindo espaço muito maior para o desenvolvimento do intérprete enquanto criador e da imanência como princípio criativo para a dança.

A experiência da conversão semiótica em *Avesso* é muito mais radical que em *Metrópole*. Trata-se de uma transfiguração que mergulha no nível das sensações corporais, dependendo muito mais de todos os canais de percepção. Tato, audição, paladar e olfato são muito mais aguçados, ao contrário de *Metrópole*, em que essas fontes perceptivas não foram tão tocadas quanto foi o olhar. Em *Avesso*, a conversão semiótica somente é possível por causa do exercício da sensibilidade sutil associada, de modo muito mais provocador, à capacidade imaginativa dos dançarinos.

Retomo, assim, a referência ao conceito de visibilidade que, em *Avesso*, é o próprio corpo visivo imaginado pelo intérprete-criador. Acredito que a ressignificação das funções corporais na visibilidade dos intérpretes seja um movimento de conversão semiótica, tendo em vista a mudança de qualidade fisiológica em qualidade estética e, por conseguinte, sua utilidade artística para um processo de composição em dança. O corpo visivo, portanto, é produto de uma das conversões semióticas do corpo imanente, resultante de uma primeira fase da dissecação artística na dança.

A partir das etapas apontadas por Calvino (1990) como participantes da formação visual da imaginação, porém, é possível ir ainda mais longe nesta análise. Observando as etapas de visualização e verbalização do pensamento, explicadas pelo autor, e considerando que, na dança, essa verbalização seria a própria expressão gestual, pode-se dizer que, no processo criativo em questão, há diversas conversões semióticas, as quais giram em torno da transfiguração gestual da imagem elaborada no nível da imaginação do intérprete para a imagem por ele produzida de maneira gestual tomando-se por base sua pesquisa de movimentos.

Isso, no entanto, não configura uma mudança de dominante, já que continua possuindo valoração estética, mas de qualquer maneira, promove uma outra qualidade simbólica para a imagem visiva do intérprete-criador, a qual passa a ser a representação gestual e, portanto, visível dessa imagem. O corpo visivo transfigura-se em visível na forma de um metacorpo que dança.

Sendo essas etapas de conversão semiótica do visivo ao visível, organizadoras do processo de criação da coreografia, é válido salientar outras argumentações teóricas que compõem a obra em questão, já que o mais importante aqui é a verificação do processo de transfiguração das percepções corporais em gestos corporais visíveis.

Nessa perspectiva, portanto, é válido mencionar a noção de movimento tradutório, proposta por Salles (1998). Tomando como princípio para sua proposta a crítica genética, isto é, uma abordagem teórica sobre processos criativos a qual procura interpretá-los na gênese de seus documentos e resíduos processuais; a autora explica que o movimento tradutório é uma forma de tradução intersemiótica em que ocorrem diversas conversões durante o percurso criador. Ele é um movimento de transformação "de uma linguagem para outra: percepção visual se transforma em palavras; palavras surgem como diagramas, para depois voltarem a ser palavras, por exemplo" (Salles, 1998, p. 115).

Nesses movimentos é possível situar as conversões semióticas citadas. Em síntese: o intérprete é instigado a formular imagens mentais daquilo que é a sua própria constituição anatômica e fisiológica não visível a olho nu, por intermédio de exercícios pautados em métodos de trabalho para a consciência corporal. Por meio das percepções sensíveis dessas estruturas, ele procura captar sonoridades, cores, formas, texturas, sabores, cheiros e outras sensações que favoreçam essa formulação de imagens mentais, utilizando essas imagens visivas que formulou, por fim, para expressar seus gestos de dança. Trata-se, assim, de uma sucessão de movimentos tradutórios onde o núcleo investigativo e criativo é o corpo ou do que Loureiro (2007, p. 55) chama de "processo de conversão semiótica em cadeia".

Sendo o corpo, portanto, núcleo investigativo e criativo do processo, ele é o próprio referencial temático do trabalho em questão, constituindo-se como forma e conteúdo, questão à qual já me referi em outros momentos neste livro. O corpo reflete a si mesmo na dança, configurando uma metalinguagem que apresenta claramente a inseparabilidade entre as duas instâncias componentes da obra artística.

Sobre essa inseparabilidade de forma e conteúdo, Pareyson (1997) argumenta que a própria formação de uma matéria artística traz em si informações que refletem o seu conteúdo, de modo que esse último diz respeito à própria forma apresentada pela obra.

Na arte, expressividade e produtividade coincidem. Há arte quando o exprimir apresenta-se como um fazer e o fazer é, ao mesmo tempo, um exprimir, quando a formação de um conteúdo tem lugar como formação de uma matéria e a formação de uma matéria tem o sentido da formação de um conteúdo. A arte nasce no ponto em que não há outro modo de exprimir um conteúdo que o de formar uma matéria, e a formação de uma matéria só é arte quando ela própria é a expressão de um conteúdo

(Pareyson, 1997, p. 62).

É dessa maneira que pretendo compreender a relação entre forma e conteúdo na poética coreográfica aqui desenvolvida, atribuindo à forma em si mesma o assunto abordado pelo conteúdo da dança. Essa forma-conteúdo da dança é, então, a forma da obra já configurada.

Em se tratando de um melhor entendimento do que vem a ser a forma na obra de arte, porém, é válido ressaltar as reflexões de Pareyson sobre as noções de forma formante e forma formada, diferenças às quais me reportei no capítulo dois. O autor explica que a forma formada é a própria forma da obra, isto é, seu formato configurado, enquanto que a forma formante é a maneira como a forma dá formato a essa obra. Ela é o próprio fazer como modo de operacionalização da obra artística, ou ainda, como formar, já que o processo de formação de uma obra de arte "consiste em transformar em forma formada a forma formante" (Pareyson, p. 77).

De fato, no processo criativo de *Avesso* é possível atribuir a denominação de forma formante sugerida por Pareyson, pois sendo o corpo motivo para a dança, é ele próprio quem há de dar forma a essa dança, passando a ser assim uma forma formada. Uma vez que o produto cênico pretende ter o corpo como forma-conteúdo, é esse próprio corpo que deverá permear o fazer da obra. Nesse processo de criação, o corpo não apenas é (na obra), ele é sendo (também no processo), além de o ser enquanto conteúdo.

Refletindo acerca do intento deste trabalho, é relevante conjeturar que a forma formada pode ser, portanto, a transfiguração (conversão semiótica, movimento tradutório) da forma formante. Levando-se em consideração esse raciocínio, suscito ainda uma outra possibilidade de argumentação: a visibilidade dançada das imagens visivas produzidas pela imaginação dos intérpretes é a forma formada das estruturas do corpo que, por sua vez, dão vida a outras imagens visivas e, também, à forma formante da coreografia, isto é, ao movimento. Cria-se um ciclo em que o corpo imanente é forma formante do corpo visivo, que é forma formante do metacorpo, que é forma formante do corpo imanente (agora transfigurado), e assim sucessivamente.

Diante de tais reflexões, observa-se, por fim, que a dança acontece em um percurso de transfigurações entre a realidade e a imaginação. É nesse entrelugar que eu vislumbro acontecer a dança imanente, sensibilizando os intérpretes para as suas próprias consciências corporais e, com isso, propiciando-lhes condições para o exercício da criatividade imaginativa e artística. Com isso vivencio, na direção artística deste trabalho, a criação de padrões de movimento não-codificados pelas técnicas de dança, vendo acontecer, portanto, a invenção e reinvenção visiva e visível do próprio corpo que dança.

O Corpo Visivo Criado A Partir Dos Recursos Metodológicos Do Espetáculo

Os princípios pedagógicos difundidos por Angel Vianna como estratégias no processo de Avesso

Angel Vianna, bailarina e coreógrafa brasileira residente no Rio de Janeiro desenvolveu, ao longo de sua carreira, um intenso trabalho de pesquisa para a preparação corporal de atores. Nessa perspectiva, criou juntamente com seu marido, o também coreógrafo e bailarino Klauss Vianna, uma linha pedagógica à qual denominou de conscientização do movimento.

Antes de mais nada, porém, é necessário explicar que conscientização do movimento e conscientização corporal, item acerca do qual tratarei mais à frente, não são a mesma coisa que consciência corporal. A primeira e a segunda configuram um modo de exercitar a terceira. São métodos de aplicação da consciência sobre o corpo, isto é, maneiras de voltar a atenção sobre o movimento a fim de compreender o corpo e vice-versa.

Faz-se também importante esclarecer que a concepção de consciência corporal vigente nesta pesquisa não entende o corpo como objeto subordinado à consciência, mas admite a interdependência de ambos na construção do indivíduo. Lembrando que a oposição entre as noções de sujeito e objeto torna-se falaciosa a partir da instituição do metacorpo na dança, saliento que o que a presente investigação quer é, portanto, afinar os dois sujeitos (corpo e consciência), possibilitando a existência de uma consciência do corpo e de um corpo da consciência, congregados na imanência/intérprete-criador.

Fisher (*apud* Freitas, 1999, p. 74) afirma que "a consciência do corpo é definida como a maneira pela qual a atenção sobre o corpo é distribuída". Nesse sentido, o corpo da consciência pode ser definido como a maneira pela qual essa consciência emerge no movimento corporal, estabelecendo assim a já mencionada interdependência. O que aqui se pretende é justamente o exercício dessa atenção sobre o corpo para que dela o intérprete-criador descubra que movimentos dançar.

Pensar em consciência corporal, portanto, requer pensar sobre como ela se processa e, por esse motivo, levar em consideração as noções de esquema corporal e imagem corporal. "A imagem corporal é uma construção que se assenta nos sentidos, especialmente os visuais, mas também os táteis e sinestésicos" (Schilder *apud* Freitas, 1999, p. 22).

Schilder (1980, p. 11) explica o seguinte:

Entende-se por imagem do corpo humano a figuração de nosso corpo formada em nossa mente, ou seja, o modo pelo qual o corpo se apresenta para nós. Há sensações que nos são dadas. Vemos partes da superfície do corpo. Temos impressões táteis, térmicas e de dor. Há sensações que vêm dos músculos e seus invólucros, indicando sua deformação; sensações provenientes da inervação dos músculos e sensações provenientes das vísceras. Além disso, existe a experiência imediata de uma unidade do corpo. Essa unidade é percebida, porém, é mais do que uma percepção. Nós a chamamos de esquema de nosso corpo, esquema corporal [...]. O esquema do corpo é a imagem tridimensional que todos têm de si mesmos. Podemos chamá-la de imagem corporal.

Partindo da concepção de Schilder, verifica-se a indistinção entre os termos imagem corporal e esquema corporal, optando o autor pelo segundo como denominador próprio à ideia que temos de nós mesmos, de nossa estrutura física. Além disso, o raciocínio do autor em relação ao conceito acompanha todo o raciocínio de corpo que esta análise apresenta, considerando as suas transformações e seu caráter de instabilidade, pois ele considera que "a imagem corporal, antes de ser algo pronto e definitivo, altera-se constantemente e permanece estável apenas o suficiente para voltar a modificar-se" (Freitas, 1999, p. 22).

Entendo, portanto, que a consciência corporal é como algo maior a que se chega por intermédio de uma compreensão da imagem do corpo. A consciência corporal é um reflexo da imagem corporal. As técnicas corporais cujo enfoque está no aprimoramento da consciência do corpo têm, justamente, a qualidade de possibilitar ao indivíduo o contato mais próximo com sua imagem corporal. Isso se dá por meio do exercício da autopercepção, em que são observadas as construções e alterações da imagem que se tem de si mesmo.

Como técnicas de consciência corporal, o espetáculo em estudo não propõe ter em seu processo este ou aquele método reproduzido, mas utiliza princípios de métodos já existentes para o desenvolvimento de seus próprios procedimentos. Um desses métodos é a conscientização do movimento.

A conscientização do movimento é uma proposta metodológica que tem como intuito promover, ao seu praticante, o aprimoramento da consciência corporal. A proposta de Angel Vianna, portanto, é instigar o comportamento consciente do indivíduo sobre si mesmo, propiciando o seu autoconhecimento.

O modo de atuar da conscientização do movimento deve possibilitar ao corpo a capacidade de reflexão, para que possa refletir não as regras estipuladas para serem obedecidas, mas a compreensão de suas relações e de como elas se processam na dinâmica da vida [...]. A prática de conscientização do movimento visa despertar o corpo na instância de quem sabe que tem e sente um corpo"

(Teixeira, 2003, p. 71-72).

O trabalho de conscientização do movimento proposto por Angel Vianna muito se assemelha às perspectivas de *Avesso*, isto é, o desenvolvimento de uma linguagem em dança subjetiva e pessoal a qual já mencionada no segundo capítulo, denomino de movimento autônomo.

Aliás, não há como negar a influência da prática e do pensamento de Angel Vianna sobre a CMD, grupo formado pelos sujeitos desta pesquisa. O contato com as ideias da mestra se deu a partir de aulas ministradas pelo professor Alexandre Franco, bailarino e coreógrafo formado pela Faculdade Angel Vianna, que leciona nessa instituição.

Desde 2003, Franco vem mantendo encontros periódicos com os fazedores do espetáculo *Avesso*, o que certamente implica não apenas na construção poética do grupo, mas também na filosofia de trabalho de todos, inclusive e, especialmente, na minha maneira particular de conceber coreografias.

De acordo com Ramos (2007, p. 20):

> *Angel considera indispensável que o ator/ bailarino seja orientado a criar seu próprio movimento, sua forma pessoal de se mover. Para ela, essa descoberta é individual e não deve se basear em nada preestabelecido como verdadeiro ou certo.*

É exatamente essa a ideia que fomento nos intérpretes-criadores de *Avesso*, valorizando o potencial criativo individual de cada dançarino e instigando-os a descobrir o movimento que o corpo quer executar. Essa é a noção de movimento autônomo e, logo, uma meta que direciona princípios e procedimentos para dissecar o corpo no fazer do espetáculo.

O desvelar do movimento autônomo, porém, encontra-se na dependência do autoconhecimento do intérprete-criador. Quanto maior o nível de percepção e consciência corporal, maiores as chances de desenvolver uma linguagem e, para *Avesso*, uma metalinguagem, de movimentos autônomos.

A conscientização do movimento "é um trabalho que, partindo de inquietações, busca um conhecimento consciente do corpo, por meio do aumento da capacidade de percepção" (Ramos, 2007, p. 29). É essa inquietação que move o processo criativo de *Avesso*. O intuito maior, a partir do espetáculo, é tornar o intérprete-criador consciente do corpo por meio de uma associação de métodos e, consequentemente, desenvolver, de forma criativa e autônoma, o movimento a ser dançado.

Teixeira (2003, p. 75) ressalta, com base na proposta de conscientização do movimento, quatro formas de consciência que retratam sua presença em um indivíduo. Para a autora, cuja fundamentação teórica sustenta-se em Damásio (*apud* Teixeira, 2003, p. 75), para quem a consciência é "seletiva, contínua e pessoal", podem ser consideradas quatro maneiras de consciência. São elas:

1. Consciência interior – "enfatiza a noção de movimento constante que os sistemas do corpo produzem, estando o corpo inerte ou não: circulação, pulsação, respiração, vibração".
2. Consciência seletiva – "fixa a atenção em um ponto do corpo para aumentar as possibilidades de conexões, fluidez e aprimoramento".
3. Consciência contínua – "percepção e sensação corporal vão tornando evidentes as partes do corpo mapeadas no cérebro".
4. Consciência pessoal – "sinaliza-se a privacidade do indivíduo, cada um com seu corpo, sem se projetar no outro, resultando em conteúdos subjetivos, próprios da mente".

Essas consciências são ativadas no processo criativo de *Avesso*, pois o que se pretende é desenvolver uma linguagem de movimentos autônomos cujos princípios básicos são o autoconhecimento e a autopercepção, conforme repetido várias vezes neste livro. O metacorpo vai se criando a partir do corpo visivo, instigando as consciências interior, seletiva, contínua e pessoal do corpo imanente.

Essas consciências se fazem evidentes em todas as etapas do processo criativo de *Avesso*, desde a interior que é, *a priori*, a mais óbvia, por ser o elemento fundador do espetáculo, até a pessoal, que engloba outros aspectos subjetivos dos intérpretes-criadores, abrindo espaço para a implementação do movimento autônomo a que tanto me refiro.

Voltar a atenção para as estruturas anatômicas internas é, contudo, a prioridade dessa experiência coreográfica. Por essa razão, dedicarei uma sessão deste capítulo às opções promovedoras da consciência dessas estruturas, isto é, da consciência interior que se faz exercida no processo de dissecação do corpo por intermédio do método *Body-mind Centering*®. Por enquanto, deterei meus esforços sobre os métodos de consciência corporal cujas propostas partem dos princípios difundidos por Angel Vianna.

Imbassaí (2003) sugere uma maneira muito eficaz para trabalhar os princípios metodológicos da conscientização do movimento e, consequentemente, a geração do que chamo de imagens visivas do corpo. Trata-se da chamada conscientização corporal, que pode ser entendida como um desdobramento da proposta pedagógica de Angel Vianna.

De acordo com os parâmetros da autora, essa vertente de trabalho corporal tem como objetivo "controlar os níveis de estresse e promover a integração corpomental, por meio da sensibilização: reativação de órgãos sensórios" (Imbassaí, 2003, p. 51). Seu princípio, segundo a autora, é justamente voltar a atenção para as sensações, dinâmica, postura, tonicidade e equilíbrio do corpo.

A conscientização corporal não é psicologia, doutrina religiosa ou fisioterapia. Trata-se de um trabalho de autorregularização do tônus muscular e de organização postural, com técnicas de relaxamento, micromovimentos (consciência mio-ósteo-articular = músculos, ossos, articulações), criatividade, dança livre.

De acordo com Imbassaí (2003, p. 52), uma aula de conscientização corporal é composta de quatro etapas que, "abordadas sob o princípio de simultaneidade do trinômio mover/sentir/pensar", consistem em:

1. Espreguiçamento: momento de desprendimento das tensões acumuladas por meio de alongamentos fisiológicos.
2. Relaxamento consciente: experiência em que o indivíduo entrega-se a um estado de passividade sem perder a atenção sobre os acontecimentos vigentes em seu corpo.
3. Micromovimentos: etapa cujo objetivo é fazer com que haja conscientização por meio das sensações corpóreas percebidas a partir dos comandos direcionadores da atividade.
4. Uso do espaço: momento de dança livre em que possa ser experimentada uma espécie de improvisação a partir de estímulos diversos que estejam, preferencialmente, relacionados com as sensações provocadas pelas etapas anteriores.

Na proposta coreográfica em estudo, a percepção a qual me refiro não possui prioritariamente uma finalidade preventiva ou terapêutica, funções primeiras da conscientização corporal, mas sim um sentido de estímulo à pesquisa e criação de vocabulário de movimentos. Essa percepção, portanto, caracteriza-se como uma experiência de autopercepção semelhante ao entendimento que Lowen (1984) propõe.

Segundo o autor:

> *A autopercepção contém o potencial para a expressão criativa. É um estado de ser que permite a fusão de opostos dentro do "self" e entre o "self " e o mundo externo. Todo ato criativo é um reflexo da autopercepção que, em si mesma, é a expressão da força criativa dentro da personalidade. Toda pessoa criativa é dotada de autopercepção na área de seu talento criativo. Toda pessoa autoconsciente possui um potencial criativo em todas as áreas de sua consciência. [...]. Quanto mais autoconsciente for a pessoa, mais criativa será e vice-versa*
>
> *(Lowen, 1984, p. 218).*

Lowen (1984) relaciona diretamente a autopercepção com o potencial criativo do indivíduo. Para ele, o conhecimento que alguém possui de si é contributivo para sua vida por instigar, por meio da consciência, a criatividade. Por essa razão, creio ser possível, por intermédio da sensibilização proposta, tanto pela conscientização corporal quanto pela conscientização do movimento, despertar e desenvolver a criatividade daqueles que vivenciam experiências da natureza dessa prática. No caso específico da dança, a opção de aplicação de exercícios pode, portanto, contribuir no modo como os intérpretes e coreógrafos implementam suas maneiras de dançar.

É fato que as tendências da dança cujo referencial é o próprio corpo, conforme acontece com a CMD, se encontram em profundo diálogo com as práticas de autopercepção e consciência, razão pela qual utilizo a referida estratégia no processo criativo de *Avesso*.

Conforme argumentado diversas vezes, esse processo adota como premissa a noção de intérprete não como repetidor de algo que eu, enquanto coreógrafa, venha a desenvolver, mas sim como criador de sua própria movimentação. Por essa razão, o uso dos princípios de consciência aqui abordados, seja a partir dos métodos de conscientização do movimento ou de conscientização corporal, gera um material relevante para a criação da coreografia. Relevante e altamente condizente com a poética de dança que se quer encenar.

As etapas descritas por Imbassaí (2003) são experimentadas em diversos laboratórios da CMD, mesmo naqueles que não dizem respeito ao espetáculo *Avesso*. A partir dos princípios vigentes nessas etapas, são desenvolvidos diferentes exercícios de autopercepção com finalidade criativa. À autopercepção e à conscientização é atribuída, portanto, a qualidade de meio para atingir um fim, que é artístico.

O que se pode verificar em especial nos laboratórios de *Avesso*, porém, é um verdadeiro aprimoramento da consciência do corpo e, por consequência, uma expansão significativa da capacidade de exteriorização das sensações corporais.

As impressões dos intérpretes-criadores corroboram esse pensamento. Dizem eles:

O Avesso *mudou completamente a companhia. A coisa da consciência corporal é absurdamente diferente depois do* Avesso. *O corpo está muito mais consciente. Eu tenho certeza que o nosso amadurecimento enquanto pessoa contou pra isso, mas se não houvesse laboratórios e pesquisa teórica e prática, nós não seríamos como somos hoje. Esse estudo coletivo, esse diálogo contribui muito pra isso* (Nelly Brito)[50].

No Avesso *fica bem claro pra mim a questão do meu tremor. Desde a agonia que me dá de não conseguir fazer direito as coisas algumas vezes por causa dele, até a forma como eu me utilizo disso pra descobrir o movimento [...]. É a própria história da minha vida, que eu trago muito, desde os primeiros exercícios do processo. Ao mexer com isso de percepção, consciência corporal e dança, eu percebo que ali, na minha história de tremor, é onde eu sempre chego, de alguma forma. Eu uso isso e isso acaba tendo um enfoque muito grande na dança* (Ercy Souza)[51].

Por meio da autopercepção, os intérpretes são estimulados a experimentar diferentes estados corporais e, a partir disso, diferentes movimentos para a cena da dança. Esses estados de corpo, vivenciados pelos intérpretes-criadores, informam a criação da coreografia tanto no sentido da forma quanto no da expressividade dos movimentos.

---

[50] Depoimento concedido no dia 14 de novembro de 2007.

[51] *Ibidem.*

Princípios de Body-mind Centering® na criação do corpo visivo

O *Body-mind Centering®* (BMC®) é um método de trabalho corporal inserido no campo da educação somática[52]. Segundo Cohen (2005, p. 1), "é uma viagem experimental ao território do corpo vivo e em constante transformação" (tradução minha). A partir dessa jornada, o indivíduo torna-se apto a compreender como se dá a expressão do pensamento por meio do movimento corporal.

A fundamentação dessa terapia está nas bases anatômicas e fisiológicas e nas emoções originadas de diferentes pontos do corpo. O BMC® investiga a comunicação entre o corpo e a mente por meio de sistemas corporais, observando como essa comunicação afeta o equilíbrio orgânico, seja na respiração ou nas percepções de um modo geral. Além disso, o BMC® analisa os padrões neurológicos e a integração deles com o movimento, aprimorando a autoconsciência do indivíduo.

As aplicações do BMC® são diversas, abrangendo finalidades educacionais, artísticas (dança, teatro, artes visuais e música, dentre outras) e terapêuticas (ocupacional, massagem, psicoterapia etc.). Carcacker (2007, p. 7) explica que a beleza do BMC® consiste justamente nas suas possibilidades para o indivíduo. De acordo com a autora, "por causa da

---

[52] A educação somática é uma área pedagógica de abordagem teórico-prática interessada nas relações entre a motricidade humana, a consciência e o aprendizado e que valoriza como estratégia o aprendizado pela vivência e a compreensão da percepção. *Cf.* Bolsanello, Débora. *Educação Somática:* o corpo enquanto experiência. Disponível em: <http://www.rc.unesp.br/ib/efisica/motriz/11n2/11n2_08DBB.pdf>. Acesso em: 04 jan. 2008.

maneira como o BMC® atinge níveis muito diferentes do indivíduo, o criativo, o terapêutico e o espiritual parecem particularmente conectados" (tradução minha).

Como integrante do campo da somática, vale ressaltar o papel que esse método tem na reeducação do movimento. É importante salientar, contudo, que:

> A maioria das disciplinas somáticas não são práticas de dança, no entanto, [...] princípios e métodos encontrados nas disciplinas somáticas podem, certamente, ser aplicados em treinamento de dança e processos criativos (Carcacker, 2007, p. 3) (tradução minha).

A educação somática tem profunda relação com os objetivos desta pesquisa, sendo uma prática absolutamente adequada à proposta metodológica de criação utilizada em *Avesso*. Por essa razão, é justo destacar a relevância desta experiência criativa que, além de sua contribuição estética, colabora com o campo somático de abordagens corporais.

Assim como nas proposições da CMD:

> Nas disciplinas somáticas [...], o aprender é centrado no aluno e dirigido para o aluno. O aprendizado somático estimula o senso sinestésico, contando com as sensações físicas como princípio de experiência e expressão. Os alunos aprendem a organizar a atenção em torno de suas sensações físicas em movimento, contando, primeiramente, com a percepção visual das formas externas e, em seguida, transferindo a ênfase para o seu próprio corpo. Esse procedimento, situa o corpo como lugar e origem da informação e aprendizado,

validando a experiência subjetiva do conhecimento e criando, desse
modo, um novo paradigma para a educação do movimento
(Carcacker, 2007, p. 3) (tradução minha).

Tomei conhecimento da existência do BMC® no primeiro semestre do curso de doutorado em artes cênicas, mais especificamente por intermédio de aulas práticas ministradas pela Profa. Dra. Leda Muhana Iannitelli, na disciplina Seminários Avançados II. Logo nos primeiros contatos, observei que se tratava de algo não apenas interessante, mas absolutamente coerente com o que eu propunha no projeto de pesquisa.

As sensações corporais percebidas nessas aulas, logo, me remeteram à ideia de dissecação artística do corpo que, até então, eu pensava em desenvolver apenas com uso das tecnologias médicas e dos métodos de consciência corporal inspirados no trabalho de Angel Vianna. Não tive dúvida, o BMC®, definitivamente, precisava ser integrado à minha proposta, pois ele possibilitava um nível de percepção corporal muito mais interior, penetrando nas camadas mais submersas da fisicalidade humana.

Para trabalhar com este método, é necessário realizar um curso de formação e, assim, obter uma certificação tornando-se apto a aplicar as técnicas. A formação visa:

Aprofundar a compreensão da relação entre corpo e mente.
Essa compreensão é desenvolvida por meio do toque, do movimento,
de estudos cognitivos de anatomia e fisiologia, além do diálogo verbal"
(Carcacker, 2007, p. 3) (tradução minha).

Como não tive a oportunidade de obter essa formação[53], minhas pretensões de utilização do método limitaram-se à compreensão de seus princípios e ao desenvolvimento de minhas próprias propostas de exercícios, fundamentados, é claro, na ideia de aprimorar nos intérpretes-criadores da CMD, a percepção dos órgãos e sistemas do corpo. Essa estratégia garantiu fidelidade aos objetivos do processo e, ao mesmo tempo, flexibilidade no que diz respeito aos níveis de comprometimento com o método.

Carcacker (s/d, p. 4) afirma que o mínimo contato com o BMC® faz com que o indivíduo descubra "quais sistemas corporais são como alicerces e quais estão escondidos nas sombras, presentes, porém, não sendo expressos" (tradução minha). A tomada de consciência desses sistemas e, a partir daí, a sua melhor expressão, é um exemplo de que o método amplia consideravelmente os níveis de consciência do corpo.

Na experiência de *Avesso*, a eficácia do método, inclusive, ultrapassou os objetivos criativos, promovendo aos

---

[53] Cursos de formação em BMC® são disponibilizados, sobretudo, na Europa e Estados Unidos. No Brasil, é possível certificar-se em São Paulo, por intermédio de módulos mensais, o que não foi viável para mim até então, tendo em vista o fato de minha pesquisa ser desenvolvida em Belém do Pará. Apesar disso, tive a oportunidade de vivenciar uma semana intensiva de experiências com o método em maio de 2006 na capital paulista, com Mark Taylor, seguidor de Bonnie Bainbridge Cohen (criadora do método) e Adriana Pees (profissional responsável pelas certificações no método em São Paulo). Nessa ocasião, os ministrantes enfatizaram a sensibilização da pele e dos ossos, mergulhando, ainda, na percepção de vísceras e do sistema nervoso. Alguns dos exercícios aos quais me submeti nessa vivência serviram de inspiração para o desenvolvimento de minha proposta metodológica na criação do espetáculo *Avesso*.

intérpretes-criadores uma autopercepção muito aguçada, surpreendendo até mesmo profissionais da área médica, conforme é possível observar no depoimento a seguir.

> *Uma coisa que eu devo muito ao Avesso, pelo menos é isso que eu acho, é que eu descobri que tinha areia nos rins por causa da atenção pro meu corpo. Se eu não tivesse essa consciência corporal toda, que foi proporcionada pelo processo do espetáculo, eu não iria perceber essa areia nos rins, só se eu tivesse pedra. O médico falou que é muito difícil sentir dor quando ainda se está no estágio de areia. É muito difícil mesmo. Estava muito no começo, tanto é que eu tratei em uma semana. O médico só constatou que era areia por causa do exame de urina porque na ultrassonografia não dava pra ver. Eu tenho certeza de que eu devo isso ao Avesso (Christian Perrotta)[54].*

A mais significativa contribuição do BMC®, porém, foi direcionada para o campo criativo do espetáculo, favorecendo a implementação de vocabulário de movimentos para a dança, pois, como afirma Carcacker (2007, p. 4).

> *O BMC® ajuda os dançarinos a se tornarem mais amplamente sabedores e incorporadores de todos os seus tecidos, sistemas e padrões motores. A partir da expansão de nosso alcance de escolhas quando iniciamos o movimento, podemos encontrar mais equilíbrio*

---

[54] Integrante do elenco da CMD em depoimento concedido no dia 14 de novembro de 2007.

e liberdade por meio da utilização dos corpos de modo mais eficiente e com mais sutileza e especificidade de expressão (tradução minha).

Se o objetivo prioritário dessa pesquisa é dissecar para desenvolver uma linguagem metacorporal, devo admitir a eficiência do BMC® neste processo criativo. Associado aos princípios das conscientizações do movimento e do corpo e, ainda, às tecnologias médicas das quais tratarei a seguir, os princípios do BMC® são recursos extremamente úteis para a criação do corpo visivo, cujas imagens exteriorizam-se por meio das imanências do intérprete-criador, transformando-se, por fim, no que chamo de poética da dança imanente.

A visibilidade por meio das tecnologias médicas

Dentre os recursos metodológicos elencados para a criação de *Avesso* lanço mão de tecnologias médicas, que nada mais são do que fontes de observação do corpo humano próprias da medicina. Entendendo a tecnologia como um conjunto de procedimentos técnicos, é possível dizer que as tecnologias médicas usadas para a construção do espetáculo compreendem o manancial de técnicas de estudo do corpo formalmente utilizadas no campo das ciências da saúde. No processo criativo aqui refletido, essas técnicas são selecionadas e têm sua aplicabilidade adequada ao campo artístico da dança.

Como opções técnicas de estudo do corpo constituintes dessas tecnologias médicas, utilizo atlas de anatomia, vídeos didáticos sobre o funcionamento corporal, práticas em laboratórios de anatomia[55] e, com maior ênfase, a observação de diagnósticos de exames médicos por imagem. Este último recurso é diferencial para a pesquisa de *Avesso*, tendo em vista o fato de funcionar como uma espécie de espelho do interior do corpo.

A estratégia de uso das tecnologias médicas tem como objetivo possibilitar a ampliação do conhecimento dos intérpretes-criadores do espetáculo sobre as estruturas orgânicas e seu funcionamento. Isso significa que o processo criativo propõe aprofundar no dançarino o conhecimento do corpo por meio de estudos de anatomia e fisiologia humanas para que, associando a isso, os exercícios inspirados nos métodos de consciência corporal aos quais me referi nas sessões precedentes, seja criado um vocabulário metacorporal de movimentos imanentes.

Conforme explicado, das tecnologias médicas relacionadas na pesquisa coreográfica aqui analisada, é dada maior proeminência aos exames médicos com diagnósticos por imagem. Enquanto os atlas e vídeos possibilitam a visualização de imagens fictícias produzidas por artistas/desenhistas ou por computação gráfica, os exames médicos configuram imagens verdadeiras do interior do corpo. Essas imagens, porém, mediadas e propiciadas por máquinas, ainda que verdadeiramente próprias do corpo humano, apresentam-se

---

[55] Essas práticas consistem em estudos tendo como base cadáveres, monitorados por professores e universitários da área de saúde. Durante o processo criativo de *Avesso* isso foi possível de forma geral e panorâmica mediante as feiras de anatomia periodicamente promovidas pelo Centro de Ciências da Saúde da Universidade da Amazônia (UNAMA).

de modo estranho e quase irreconhecível para o olhar humano do senso comum, que não possui a aptidão necessária para fazer a leitura exata de formas, texturas e, logo, de diagnósticos, como fazem os especialistas no assunto.

Por esse motivo, levando em consideração o quesito veracidade da matéria biológica, é possível questionar se o estudo prático da anatomia em cadáveres, que também é utilizado como recurso nesta pesquisa, ainda que de uma maneira panorâmica, não seria mais eficaz. Entendo, entretanto, que a visualização do interior do corpo propiciada pelos diagnósticos médicos por imagem, vale-se do corpo humano vivo, ao contrário da estratégia desenvolvida nos laboratórios de anatomia. Isso se configura em uma diferença significativa, já que o intuito maior aqui é pensar sobre o corpo em movimento, isto é, sobre a vida. Essa possibilidade de enxergar o corpo por dentro em movimento, até então, apenas as técnicas de diagnose por imagem podem propiciar.

Por outro lado, existe um fator com o qual se precisa contar, mesmo com o uso dos recursos visuais gerados pelos exames médicos: a impossibilidade de compreensão literal do interior do corpo. Trata-se de uma questão relevante no fazer do espetáculo *Avesso*. Para os dançarinos, observar o cérebro por meio de uma tomografia computadorizada é uma atitude absolutamente imprecisa do ponto de vista prático da medicina. No entanto, a precisão que se faz necessária para diagnosticar um problema de saúde, seja ele funcional ou morfológico, não é prioritária para o processo artístico, pois o que se pretende aqui é, simplesmente, fomentar a criatividade de quem dança.

A título de esclarecimento, então, ressalto que todas as vezes que me utilizar do termo tecnologias médicas, faço referência ao agrupamento das técnicas médicas de estudo do corpo selecionadas para a criação de *Avesso* e, sobretudo, aos exames médicos diagnosticados por imagem, já que este é, dentre os recursos médicos, o mais acessado pelo espetáculo, em processo e produto.

Como forma de contemplar o objetivo estético da dança teórica e prática que engendra esta pesquisa, inicialmente pensei em usar exames médicos realizados com os próprios intérpretes-criadores da CMD. Por uma série de questões legais e éticas da medicina, essa ideia não foi levada a termo, cabendo a mim, enquanto pesquisadora, redefinir as táticas de ação. Assim, optei por aceitar a oferta de alguns médicos consultados, que se dispuseram a doar imagens em vídeo de exames de alta resolução de pacientes não identificados. Além disso, fiz uso da internet, encontrando um vasto material disponibilizado em *sites* de pesquisa médica, e de exames com imagens estáticas dos próprios dançarinos que lançaram mão de seus arquivos pessoais.

Uma vez que a não utilização dos sujeitos da pesquisa nos referidos exames não implicaria problemas de ordem conceitual ou organizacional para o espetáculo e para a pesquisa, optei por investir no emprego do material coletado como indutor para os laboratórios de experimentação coreográfica, sempre associando a observação dessas imagens aos exercícios de improvisação inspirados nos métodos de consciência corporal[56] aplicados ao elenco.

---

[56] A menção ao termo métodos de consciência corporal, sempre faz referência aos métodos empregados no processo criativo do espetáculo, que são: conscientização do movimento, conscientização corporal e *Body-mind Centering*®.

Mesmo ciente de que a realização de exames médicos nos próprios intérpretes-criadores e seu uso como recurso criativo dariam ao espetáculo um outro perfil, ao longo do processo considerei que o grupo vinha atingindo um resultado estético satisfatório, de modo que a opção por não mais recorrer a comitês de ética em pesquisa médica para o desenvolvimento do projeto, tornou-se definitiva.

Para desenvolver esta pesquisa artística, escolhi três formatos de exames médicos por imagem, priorizando informações de forma, cor e textura propiciadas pelas imagens, além do movimento interior do corpo. São eles: tomografia computadorizada do sistema nervoso central, endoscopia e ecocardiograma, cujas imagens estáticas podem ser aqui observadas.

Figura 74 – Tomografia computadorizada do sistema nervoso central

Fonte: Vídeo-cenografia do espetáculo *Avesso*

Figura 75 – Endoscopia

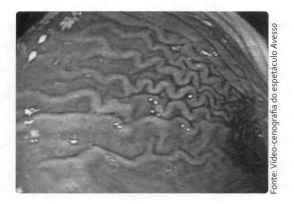

Fonte: Vídeo-cenografia do espetáculo Avesso

Figura 76 – Ecocardiograma

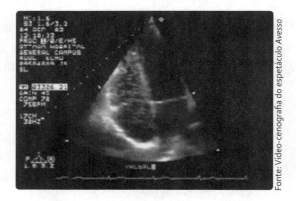

Fonte: Vídeo-cenografia do espetáculo Avesso

O uso desses exames no estímulo à descoberta do movimento tem relação com as poéticas contemporâneas de dança que se valem das novas tecnologias como recurso criativo e cênico.

Segundo Santana (2002), novas tecnologias, no sentido dessas poéticas, são as tecnologias da era digital. Suas relações com o homem têm origem nas pesquisas espaciais da

Nasa, a partir do uso de simuladores e, também, nos estudos de biomecânica e ergonomia e na produção cinematográfica.

Na dança, Miranda (2000) explica que Löie Füller seria uma espécie de precursora do gênero dança com novas tecnologias, a partir de seus experimentos para vídeo com variações de cores, mas essa observação não leva em consideração a noção de novas tecnologias como algo relativo à era digital. Santana (2002, p. 29), por sua vez, tecendo abordagem em torno do universo tecnológico da era digital, explica que "a primeira pesquisa conhecida no uso do computador como assistente coreográfico data de 1964 – realizada por Jeanne Beaman e Paul Le Vasser".

Santana argumenta ainda que, após esse marco, foram desenvolvidos vários programas auxiliares para a composição e notação coreográfica, tais como o *Benesh Editor*, o *Laban Writer* e o *Life Forms*, utilizados para que o coreógrafo crie a coreografia, inicialmente, no computador e, em seguida, transporte-a para a cena. Este último foi desenvolvido para utilização do coreógrafo norte-americano Merce Cunningham, em quem a autora focaliza suas investigações para pensar a dança e as novas tecnologias.

Ao longo dos anos, outros programas e elementos computacionais vêm sendo desenvolvidos para a dança. Um desses recursos de destaque chama-se *Improvisation Tecnologies*, do coreógrafo e intérprete-criador William Forsythe. Esse programa é um recurso auxiliar na compreensão dos princípios que regem a técnica de improvisação desenvolvida por ele. De um modo geral, tecnologias, como essa, têm como objetivo, além da criação, a possibilidade de pesquisa, análise, registro e ensino em dança.

Paralelo ao desenvolvimento desses programas, porém, surgem outras poéticas cênicas em que o corpo se faz dança por meio de recursos digitais. Assim acontece com o videodança, por exemplo, que acaba se configurando como mais uma categoria nesse ambiente coreográfico e tecnológico. O palco para a dança deixa de ter sua formatação tradicional e a cena coreográfica pode acontecer na tela do computador, na projeção de um dvd, dentre outros lugares, *a priori*, improváveis. O corpo é ressignificado, ganhando inclusive, por meio da sua digitalização, possibilidades de onipresença.

Desse modo, pensar em dança e novas tecnologias requer compreender essa forma de dança como poética que centra a pesquisa coreográfica não apenas em máquinas, mas nas interfaces entre homens e máquinas, focalizando, para tanto, a interatividade como palavra-chave nessa relação. Nesse sentido, pode-se evidenciar a existência das novas tecnologias tanto como ferramentas para a criação, isto é, como procedimentos benéficos para um resultado artístico que não depende delas, quanto como matéria artística em que elas próprias se fazem presentes no resultado artístico. As novas tecnologias, então, podem ser entendidas como recurso cenográfico, metodológico ou podem exercer ambas as funções, como acontece no espetáculo *Avesso*.

Assumo a tecnologia médica dos exames diagnosticados por imagem, utilizados no espetáculo, como recurso tecnológico da era digital e, logo, como nova tecnologia, conforme define Santana (2002). Partindo desse princípio, essa nova tecnologia em *Avesso* tem como papel principal, servir metodologicamente à pesquisa coreográfica, mas também exerce a função cenográfica, uma vez que é levada à própria encenação.

Sobre esse segundo caso, tratarei mais detalhadamente quando fizer referência aos elementos cênicos do espetáculo que vão além da coreografia. Por enquanto, interessa-me refletir sobre a primeira função das tecnologias médicas utilizadas no processo criativo, que colaboram enquanto método de investigação do corpo, de estímulo à improvisação e, por conseguinte, à própria criação do corpo visivo, transfigurado em visível na cena da dança.

Para tanto, recupero aqui uma das vivências da CMD, relativas ao processo do espetáculo, em que os três exames escolhidos para informar a construção do espetáculo foram utilizados em um mesmo laboratório de improvisação.

Nessa ocasião, os intérpretes-criadores foram, inicialmente, submetidos à visualização exaustiva das imagens em dvd desses exames. Nessa visualização, foi solicitada a observação minuciosa de quatro aspectos estruturais das imagens: cor, forma, textura e velocidade dos movimentos. Cada dançarino observou detalhadamente, desenvolvendo analogias com objetos e/ou situações comuns ao cotidiano.

Em seguida, foi realizado um laboratório de improvisação motivado por uma espécie de viagem pelo interior do corpo, mais ou menos como no roteiro do filme de ficção científica *Viagem fantástica*[57]. Foram utilizados como

---

[57] Este filme trata de uma tentativa de cura para um paciente com tumor cerebral. Para isso, cientistas são diminuídos de tamanho, dentro de uma espécie de submarino, e injetados na circulação do paciente, percorrendo vários órgãos do interior do corpo na perspectiva de chegar ao sistema nervoso central. O filme foi assistido coletivamente pelos integrantes da CMD.

estímulo: mudanças de temperatura no ambiente, propiciadas pelo uso e não uso de aparelhos de ar condicionado na sala de ensaios do grupo; mudanças de textura, mediante a utilização de tecidos, telhas e outros objetos propiciadores de variações na superfície da sala; líquidos frios e quentes colocados em contato com a pele dos dançarinos, além do uso de diferentes estímulos sonoros, sempre buscando relação com as imagens dos exames médicos apresentados no início daquela experiência.

O resultado apresentou, entre os intérpretes-criadores, uma enorme diversidade de imagens visivas do corpo que desencadearam a descoberta de movimentos relevantes para a pesquisa coreográfica, contribuindo, assim, para a formatação multissensorial da dança imanente.

Maiores detalhamentos sobre o processo criativo do espetáculo, tanto no âmbito da utilização das tecnologias médicas, quanto no do método de conscientização do movimento por Angel Vianna e no BMC®, serão dados a partir de agora. Antes, porém, vale destacar o caráter de inseparabilidade das estratégias metodológicas de investigação do corpo em *Avesso*, o que é reflexo da interação das experiências no desencadeamento da pesquisa. É o agrupamento dessas opções metodológicas que propicia a criação de corpos visivos e suas conversões semióticas, por meio da cena de dança, em corpos visíveis.

Por Uma Estruturação Metodológica De Criação Da Dança Imanente

Retomo as reflexões lançadas nos capítulos anteriores para reportar-me ao plano de imanência aplicado à dança, de que fala Gil (2004) e que subsidia a instituição do conceito de corpo imanente, próprio desta pesquisa. Conforme abordado, percebo que tanto os métodos de consciência corporal que partem dos princípios defendidos por Angel Vianna, quanto o BMC® e as próprias tecnologias médicas, propiciam a consciência interior do corpo para o espetáculo *Avesso*. Essa consciência, apontada por Gil (2004), no plano de imanência, como elemento necessário à compreensão da dança como linguagem, é evidenciada na proposta metodológica do espetáculo aqui estudado.

Ao passo que Gil sugere o contato-improvisação[58] como técnica adequada para a aplicação do plano de imanência à dança, pode-se também assumir os recursos metodológicos aqui explicados, como apropriados ao emprego desse plano na dança. Isso se explica pela eficácia desses recursos no que tange à consciência interior do corpo, comprovada nos experimentos desta pesquisa. A partir do processo de *Avesso* e, logo, das estratégias metodológicas de que lança mão a CMD na implementação da

---

[58] Técnica esta que, por sinal, também é utilizada em *Avesso*, conforme explicado no capítulo dois.

sua poética da dança imanente, os recursos aqui elencados podem ser compreendidos também como modos de operacionalização do plano de imanência desenvolvido conceitualmente por Deleuze.

Essa constatação surge no sentido de valorizar os procedimentos desenvolvidos para a criação de *Avesso*, como recursos passíveis de estruturação metodológica, a qual se materializa pelo processo criativo, sendo descoberta e desenvolvida durante o próprio processo. Conforme verificado na sessão anterior, em concordância com os conceitos contemporâneos de estética, o processo de *Avesso* é caracterizado pela formação de uma matéria cuja forma não é preexistente, mas se faz formada conforme se descobrem os procedimentos que regem sua prática criativa.

Essas descobertas gerenciam a criação do espetáculo que se forma enquanto obra e poética cênica de dança cujos princípios regentes são os princípios da pós-modernidade, dentre os quais merecem destaque a multiplicidade e a liberdade criativa, aos quais me referi no capítulo dois.

Cria-se, assim, uma espécie de estrutura de procedimento(s) criativo(s) que se justifica(m) e encontra(m) subsídio justamente nos princípios da pós-modernidade coreográfica. Os capítulos dois, três e quatro deste livro apresentam, cada um, um princípio a partir do qual se cria o procedimento criativo maior e, logo, os subprocedimentos que possibilitam a criação da dança imanente. Para cada um desses princípios há um raciocínio teórico fundante, que pode ser sintetizado pelas seguintes nomenclaturas: **corpo imanente, metacorpo** e **corpo visivo.**

No capítulo dois, trago a imanência como primeiro princípio criativo de *Avesso* e, por conseguinte, da dança imanente. No capítulo três, evidencia-se a metalinguagem como princípio e no presente capítulo, o princípio da visibilidade. É como se os princípios da pós-modernidade coreográfica fossem os propiciadores da criação dos três princípios criativos da dança imanente, conforme resumido no diagrama abaixo.

Figura 77 – Diagrama dos princípios da dança imanente

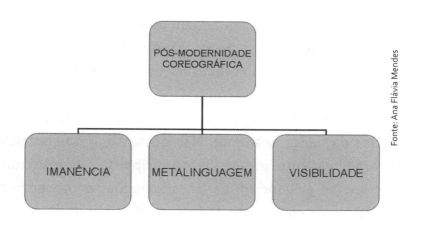

A pós-modernidade coreográfica como possibilidade para a imanência, a metalinguagem e a visibilidade.

O processamento desses princípios dá-se pelo procedimento da dissecação, à qual me reporto no capítulo um e cuja síntese conceitual se manifesta na noção de **corpo dissecado**. O corpo dissecado é, portanto, resultado do procedimento de dissecação, para o qual são utilizados os subprocedimentos metodológicos, isto é, exercícios de aprimoramento da consciência corporal pautados nos métodos de conscientização do movimento, conscientização corporal, *Body-mind Centering*® e no uso das tecnologias médicas, além da própria técnica de contato-improvisação e, é claro, das técnicas corporais[59] experimentadas pelos dançarinos no decurso de suas vidas.

Nesse procedimento, a sensibilidade e a percepção são aguçadas nos intérpretes-criadores. As imanências dos artistas emergem, gerando, primeiramente, imagens visivas. Essas imagens se transfiguram em movimentos repletos de subjetividades, aos quais chamo de movimentos autônomos, que apontam para um vocabulário de linguagem particular fundamentada no próprio corpo.

Esse é o procedimento da dissecação, que instaura a poética da dança imanente. Não obstante, é no conceito de corpo imanente, personagem principal do processo criativo, que se evidenciam as transfigurações e conversões semióticas de corpo, que nada mais são do que o próprio ato da dissecação artística. Cria-se, assim, um ciclo que centra no corpo imanente as suas transfigurações em corpo visivo e metacorpo, devolvendo no plano visível da dança, um corpo imanente transfigurado, como demonstra a imagem a seguir.

---

[59] No sentido que imprime Marcel Mauss em sua noção de técnica corporal, já evidenciada no capítulo dois.

Figura 78 – Diagrama do procedimento de dissecação

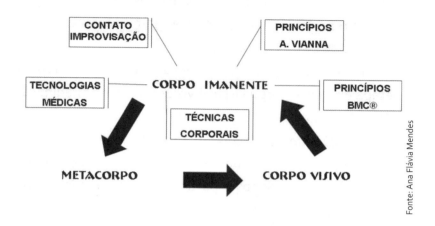

As transfigurações do corpo imanente no processo criativo da dança.

Nesse percurso de transformações e conversões semióticas, o processo criativo de *Avesso* apresenta como resultado estético uma grande diversidade de informações relativas ao vocabulário de movimentos criados para a dança. Evidencia-se, desse modo, uma trajetória de construção cênica em que as imagens visivas, caracterizadas por abstrações de natureza individual, implicam em qualidades de movimento, formas e características expressivas ricas em subjetividades, como querem os conceitos de movimento autônomo e corpo imanente.

Para analisar o resultado estético das experiências laboratoriais do processo criativo do espetáculo em questão, proponho observar as três etapas de transfiguração/conversão semiótica do corpo imanente. Essas etapas são as seguintes:

1. Proposição de exercício de sensibilização/percepção/improvisação para os intérpretes-criadores, aplicado a partir de um repertório criado pelo coreógrafo/diretor nos laboratórios de pesquisa coreográfica.
2. Geração de imagens visivas pelos intérpretes-criadores, etapa em que o corpo visivo é vislumbrado na imaginação dos dançarinos.
3. Observação do resultado estético da experiência, que compreende as qualidades de movimento predominantes, as formas evidenciadas a partir dessas qualidades e, por fim, as características expressivas do corpo.

Na terceira etapa, isto é, na observação do resultado estético da experiência criativa, foram estabelecidos três itens de análise partindo da perspectiva da instauração de um vocabulário de movimentos próprio da CMD, em que os elementos individuais são tornados grupais por meio de apreciações, trocas de ideias e informações ou, simplesmente, diálogos. Essas individualidades, à medida em que se interpenetram, ganham maior sentido de grupo, instalando uma espécie de subjetividade coletiva na coreografia.

O primeiro dos três itens de análise selecionados para essa pesquisa diz respeito às qualidades de movimento. As qualidades de movimento referem-se à categoria expressividade da Análise de Movimento Laban (Labananálise). Segundo Fernandes (2002), a Labananálise ou LMA (*Laban Movement Analysis*) é um sistema de análise de movimentos desenvolvido pelo Instituto Laban/Bartenieff de Estudos do

Movimento, localizado em Nova Iorque, compreendendo tanto as categorias preestabelecidas por Laban em suas pesquisas de movimento quanto os fundamentos corporais criados por Bartenieff. A autora explica que a Labananálise:

> Funciona como um meio sígnico multiplicador, em que os intérpretes releem a partitura (de movimentos) para recriar vários de seus elementos, porém, mantendo sua característica principal a cada momento [...]. O método funciona como uma estrutura para improvisação em sala de aula, auxiliando o aluno a descobrir seus potenciais de movimento e desenvolvê-los de forma organizada, codificados em um sistema (Fernandes, 2002, p. 31).

As categorias de análise de movimento que a Labananálise propõe englobam Corpo, Expressividade, Forma e Espaço, uma separação de natureza metodológica para melhor observar e descrever o movimento analisado. Interessa-me aqui falar sobre a categoria Expressividade, da qual brotam as chamadas qualidades de movimento. As qualidades do movimento podem ser classificadas por quatro fatores que são: fluxo, espaço, peso e tempo.

Fernandes (2002) argumenta que o fator fluxo diz respeito à tensão muscular utilizada para deixar o movimento fluir livremente (fluxo livre) ou para controlá-lo (fluxo controlado). O fator espaço classifica-se em direto e indireto, conforme a atuação e foco do indivíduo no ambiente durante o ato de mover-se. O fator peso faz referência à força empregada pelo corpo no movimento, podendo ser leve ou forte e, por fim, o fator tempo indica a velocidade com que se executa um movimento, seja ela lenta ou rápida. Claro que as variações entre esses opostos (livre X controlado, direto X indireto, leve X forte, lento X rápido) implica pensar nas possíveis características intermediárias de qualidades de movimento, entretanto, os parâmetros de análise da expressividade dessas qualidades e suas variantes intermediárias são sempre relacionados aos quatro fatores que Laban propõe investigar.

Laban também classifica os movimentos a partir de algo que chama de ações básicas. Essas ações caracterizam-se pelos modos de atuação do corpo no espaço. O coreógrafo / pesquisador classifica, portanto, oito ações básicas do movimento. São elas: pontuar, chicotear, socar, flutuar, torcer, deslizar, sacudir e empurrar.

A professora e pesquisadora norte-americana Valerie Hunt propõe trabalhar as qualidades de movimento e as ações básicas indicadas por Laban de forma sintetizada, a partir do que, em seus estudos de cinesiologia, denomina de Padrões de Excitação Neuromuscular. Hunt utiliza os princípios básicos que norteiam e diferenciam o funcionamento neuromuscular e identifica quatro qualidades distintas de movimento: sustentada, ondulatória, explosiva e condensada.

De acordo com Iannitelli (s/d), o movimento sustentado utiliza o mínimo de contração dos músculos agonistas[60], ou

---

[60] Músculo agonista é o principal responsável pela execução de um movimento, contrapondo-se ao músculo antagonista, que se opõe ao trabalho para reduzir o potencial do agonista. (*Cf.* Dicionário da atividade física e saúde. Disponível em: <http://www.cdof.com.br/dicionario.htm>. Acesso em: 04 jan. 2008).

parte deles, para o deslocamento e movimentação no espaço. Sua característica expressiva assemelha-se ao ato de flutuar. A qualidade de movimento ondulatória ou movimento ondulatório é decorrente da alternância de contrações entre grupos musculares opostos ou alternância entre contrações de um mesmo grupo muscular, resultando em movimentos de ondas, conforme sua própria denominação.

Os movimentos explosivos são resultantes da máxima contração de músculos agonistas seguida de relaxamento, acontecendo com variações de amplitude, de modo súbito e até mesmo brusco, como sugere sua denominação. Os movimentos condensados, por sua vez, utilizam contrações simultâneas de grupos musculares agonistas e antagonistas, exigindo um grande desprendimento de energia e gerando qualidades fortes e densas na movimentação.

Sem pretender realizar um estudo cinesiológico da coreografia de *Avesso*, julgo interessante utilizar as nomenclaturas instituídas por Hunt no processo criativo do espetáculo no sentido de realizar minha análise de acordo com a natureza expressiva dos movimentos qualificados pela pesquisadora, refletindo, principalmente, acerca de suas características formais. Tal opção justifica-se pela possibilidade de desenvolvimento de uma análise simplificada do resultado estético dos procedimentos de pesquisa de movimento, sem precisar adentrar nas minúcias da Labananálise. Nessa análise, porém, não deixo de considerar as possíveis variações de tempo e espaço explicadas pelo sistema da Labananálise. Em minha proposta, portanto, considero as qualidades de movimento – sustentada, ondulatória, explosiva e condensada e suas variantes de sentido (direto/indireto/estágios intermediários) e velocidade (lento/ rápido/estágios intermediários) – para observar os resultados dos laboratórios de sensibilização/percepção/improvisação.

O segundo item de análise do resultado estético da experiência da dança imanente refere-se às formas evidenciadas na improvisação. Classifico as formas nessa observação em quatro possibilidades que são: retas, sinuosas, quebradas e mistas. Essa ideia origina-se das teorias do *design*, campo de estudo que se destina a desenvolver projetos de produtos para o consumo humano. Dentre os produtos concebidos pelos *designers* estão as joias e os móveis, além de outros objetos de utilidade e decoração.

Souza (2006) propõe uma pesquisa interdisciplinar envolvendo o *design* e a dança e, para tanto, projetando uma coleção de móveis inspirada nas linhas de movimento predominantes na coreografia do espetáculo *Avesso*. A intérprete-criadora da CMD, bacharel em *design* e pesquisadora nessa área, em sua monografia de pós-graduação em *design* de móveis, explica a importância das linhas no projeto de um mobiliário como elemento básico de maior relevância, tendo em vista seu elevado poder atrativo sobre os consumidores.

A linha é um elemento fluido que define a forma, é um conjunto de pontos distribuídos de forma sequencial. Alguns tipos de linha são: horizontal, vertical, diagonal, sinuosa, espiral, quebrada e mista. Dependendo do tipo, o estilo do produto refletirá qualidades diversas, tais como: estaticidade, dinamismo, mais dinamismo, linha feminina, sugestão de infinito, fragmentação e caos

(Souza, 2006, p. 23-24).

A autora estuda essas linhas e suas respectivas qualidades sugeridas na dança de *Avesso* para desenvolver seu projeto de mobiliário, garantindo ao produto, além de seu já esperado valor comercial, um significativo valor artístico. Interessa-me empregar as características das linhas usadas na pesquisa de Souza como lente para a análise das formas predominantes na pesquisa de movimentos do espetáculo. Para isso, seleciono as quatro formas às quais me referi, compreendendo que as chamadas linhas horizontal, vertical e diagonal, caracterizam-se pela forma reta, assim como as linhas sinuosas acarretam forma sinuosa para o movimento, podendo ainda essa forma estender-se à linha espiralada. As linhas quebradas conferem ao movimento forma predominantemente quebrada e as mistas associam todas as formas já explicadas.

O terceiro e último item de análise aqui evidenciado congrega as características expressivas do movimento, levando em consideração aquilo que o corpo pode significar a partir de suas formas e qualidades de movimento predominantes. As características expressivas variam muito de uma experiência laboratorial para a outra, podendo, muitas vezes serem confundidas entre si. Outra constatação que essa pesquisa aponta é o fato de que uma única pessoa pode congregar diversas características expressivas na exteriorização do corpo visivo, corroborando a ideia do corpo rizomático e do próprio conceito de corpo sem órgãos, já discutidos no capítulo dois.

A noção de características expressivas fundamenta-se no conceito de expressão, oriundo das teorias do teatro, que a entendem como a totalidade dos recursos utilizados pelo ator na encenação. Pavis (1999) explica que a expressão realiza-se pela expressividade corporal e gestual do ator e pela significação que se observa por meio desses recursos interpretativos. No caso desta pesquisa, a expressão relaciona-se com essa ideia teatral da expressividade do ator[61], referindo-se, sobretudo, ao modo como o intérprete-criador, por intermédio de sua movimentação, faz com que o movimento remeta a um determinado tipo de comportamento humano e, logo, a um determinado estado corporal, uma maneira de proceder.

Nessa perspectiva, as qualidades de movimento e formas evidenciadas determinam os comportamentos do intérprete-criador no momento da pesquisa de movimento e, até mesmo, no próprio instante da execução coreográfica. Minha pretensão nessa análise é, portanto, relacionar essas características expressivas aos movimentos que emergem na experiência da dança imanente.

Para o desenvolvimento dessa pesquisa, criei um quadro facilitador da observação das etapas de transfiguração do corpo imanente em corpo visivo e, de modo posterior, em metacorpo. Nesse quadro, inicialmente relaciono o tipo de exercício de improvisação aplicado em laboratório, junto aos intérpretes-criadores. Em seguida, partindo dos diálogos reflexivos realizados ao final de cada aula/ensaio e dos próprios diários de bordo do espetáculo,

---

[61] A ideia teatral da expressividade do ator é trabalhada no espetáculo pelos laboratórios de pesquisa de movimento dirigidos por mim e auxiliados pelo intérprete-criador Márcio Moreira. Esse intérprete, que também é ator, exerce na CMD a função de diretor teatral, à qual cabe preparar os dançarinos para a cena por meio do exercício dessa chamada expressividade teatral. Em espetáculos anteriores desse grupo, Márcio Moreira atuou de forma mais enfática. Em *Avesso*, pela própria condição conceitual e temática do corpo, sua função é mais de assistente de direção. Sua contribuição, porém, é determinante para a coreografia tendo em vista seus processos de significação das cenas do espetáculo.

cito as impressões que esses intérpretes tiveram na aplicação da atividade prática, isto é, as imagens por eles produzidas, criadoras do que chamo de corpo visivo. Por fim, relaciono no quadro o resultado estético da experiência, enfatizando os três itens de análise aos quais me reportei (qualidades de movimento, formas e características expressivas).

No quadro de análise, foram contempladas as impressões individuais dos intérpretes-criadores. Revendo os diários de bordo e escutando os diálogos reflexivos registrados, selecionei essas impressões, procurando conferir à minha observação o máximo de diversidade. Trata-se, portanto, de informações individuais, porém, tornadas coletivas pelo próprio processo, em que as opiniões e os modos de pensar as experiências são elementos de impregnação de toda a equipe participante do espetáculo que, dessa maneira, cria um corpo visivo maior, formado por imagens corporais coletivas/coletivizadas.

O resultado da análise mostra, de um modo geral, como as qualidades de movimento, a forma e as características expressivas influenciam-se mutuamente na classificação do movimento. A partir dessa fase do estudo, verifiquei que a expressividade agressiva, normalmente é resultante da qualidade de movimento explosiva e gera formas predominantemente retas. Do mesmo modo, foi possível observar que os movimentos ondulatórios, em geral, são decorrentes de experiências laboratoriais que se reportam a formas sinuosas e assim por diante.

Esses elementos de análise encontram-se detalhados no quadro desenvolvido para a verificação das transfigurações do corpo imanente, conforme apresentado a seguir.

Tabela 1 – Análise das transfigurações do corpo imanente

Atividade proposta (exercício de improvisação aplicado em laboratório)	Imagem visiva gerada pelo intérprete-criador	RESULTADO ESTÉTICO		
		Qualidade(s) de movimento predominante(s)	Forma(s) predominante(s)	Característica(s) expressiva(s) predominante(s)
Sensibilização das vísceras	*Briga do pulmão fanqueiro (funk) contra o fígado roqueiro*	*Movimentos explosivos com velocidade rápida*	*Retas*	*Agressividade*
Contato-improvisação cumulativo	*Eu-gosma*	*Movimentos ondulatórios lentos com miniexplosões súbitas*	*Sinuosas*	*Desprendimento*
Sensibilização das articulações	*Pedaços de madeira que se ligam por pregos de má qualidade*	*Movimentos ondulatórios de velocidade mediana com pausas curtas*	*Quebradas e sinuosas*	*Contentamento*
Percepção dos fluidos corporais	*Líquido transitório (estados da água – sólido, líquido e gasoso)*	*Movimentos sustentados, ondulatórios, explosivos e condensados com velocidades variadas*	*Mistas*	*Agressividade, desprendimento, contentamento e atentamento*
Relações com imagens estáticas do interior do corpo (estômago, ânus, coração e cérebro)	*Passeios por espaços com texturas variadas*	*Movimentos sustentados com miniexplosões*	*Sinuosas e retas*	*Atentamento*
Relações com o peso do corpo (etapas repetidas ciclicamente: percepção, mudança de posição e pausa)	*Boneco João Bobo*	*Movimentos sustentados e ondulatórios alternados com pausas*	*Sinuosas*	*Relaxamento e contentamento*

Atividade proposta (exercício de improvisação aplicado em laboratório)	Imagem visiva gerada pelo intérprete-criador	RESULTADO ESTÉTICO		
		Qualidade(s) de movimento predominante(s)	Forma(s) predominante(s)	Característica(s) expressiva(s) predominante(s)
Relações com imagens dinâmicas de uma endoscopia	*Superfície com dobras e ranhuras*	*Movimentos ondulatórios com alternância de velocidades*	*Sinuosas*	*Instabilidade*
Relações com imagens dinâmicas de um ecocardiograma	*Eu-bomba*	*Movimentos explosivos súbitos com pequenas pausas*	*Retas e quebradas*	*Instabilidade e agressividade*
Sensibilização das camadas musculares	*Esponja*	*Movimentos condensados com velocidade lenta, intercalados com miniexplosões e movimentos sustentados*	*Mistas*	*Instabilidade*
Relações com imagens dinâmicas de uma tomografia do cérebro	*Teia*	*Movimentos sustentados (velocidade lenta) alternados com movimentos explosivos súbitos (velocidade rápida)*	*Mistas*	*Atentamento e instabilidade*
Relações com a respiração	*Balão enchendo e esvaziando*	*Movimentos sustentados com miniexplosões*	*Mistas*	*Atentamento, instabilidade e desprendimento*
Sensibilização dos esqueletos axial e apendicular enfatizando a distinção entre cabeça, tronco e membros	*Eu-gigante/ Eu-anão*	*Movimentos sustentados, condensados e explosivos com alternância de velocidades*	*Retas e quebradas*	*Instabilidade e agressividade*
Sensibilização da pele	*Cascata*	*Movimentos sustentados com explosões súbitas*	*Sinuosas e retas*	*Desprendimento e instabilidade*

O que mais salta aos olhos nessa análise, porém, não está contido de maneira detalhada nesse quadro. Acredito que o maior valor da experiência, além de seus resultados estéticos formais, que são a grande ênfase dada na tabela apresentada, sejam as manifestações escritas e as falas dos próprios intérpretes-criadores a respeito das experiências.

Esse material auxilia não somente minha observação como também a composição do espetáculo, validando a implementação dessa poética de dança a qual chamo de dança imanente. Essa constatação é a própria verificação da existência de adequação entre as teorias selecionadas para subsidiar essa análise, e a prática coreográfica que orienta a pesquisa e é por ela orientada. Em síntese, os resultados dos exercícios laboratoriais, no que tange à instigação dos intérpretes para a criação de imagens visivas do corpo, confirmam-se nos depoimentos desses intérpretes, legitimando a visibilidade como princípio elementar na construção da dança imanente.

Isso pode ser observado nos relatos e documentos a seguir. Os intérpretes-criadores comentam a respeito de como se sentem e de como se veem no instante dos laboratórios de conscientização do corpo e das experimentações de movimento.

Eu me vejo como uma gosma que às vezes entra nas pessoas e causa movimentos, ou a gosma passando entre as pessoas e elas se afastando. Mas as pessoas também vêm pra cima da gosma
(Ana Paula Siqueira)[62].

---

[62] Integrante do elenco da CMD em depoimento concedido no dia 14 de novembro de 2007.

Eu posso ser uma mola ou outra coisa qualquer. Eu pensei uma vez nuns pedaços de madeira velha pregadas por uns pregos velhos, meio frouxos. Uma hora eu sou um saco de batata... Eu sou vários objetos. Os objetos podem ter várias propriedades assim de peso e tal...

(Bruna Cruz)[63].

Eu vejo as imagens, procuro os próprios órgãos, e vejo texturas, formas e líquidos, como isso se move, como o meu corpo estaria dentro disso. Como és tu dançando nessa textura? Eu penso nisso, mas a sensação que eu tenho é que me faz dançar, não as imagens (Feliciano Marques)[64].

Percebe-se que a criação de imagens é o cerne das experiências. É como se as imagens visivas fossem o ponto de partida para a execução de qualquer movimento e, sem elas, não fosse possível chegar à exteriorização de nenhuma sensação. A dissecação somente acontece se, antes do movimento, for criado o corpo visivo, que está na dependência da captação de sensações. Como se vê, o metacorpo não existe sem o corpo visivo e, consequentemente, a dança imanente não é possível sem a dissecação.

Essa assertiva confirma-se também por intermédio de outras formas de reflexão dos intérpretes-criadores, como, por exemplo, a produção literária, em prosa e poesia, e a produção de cartas falando a si mesmos sobre as experiências vivenciadas na criação do espetáculo *Avesso*, conforme demonstrado a seguir.

---

[63] *Ibidem.*

[64] *Ibidem.*

O que toca o corpo?
Fechar os olhos,
Fechar o peito,
Fechar-se dentro,
O que cabe à pele?
Nem se percebe,
Só importa o que se vê,
O invisível fica calado,
Estranho é o quarto dentro do eu,
Fechar os olhos,
Calar o peito,
Os sentidos só são sentidos,
São só sentidos,
Nada além,
Mas o que toca a alma
É o que não teme...
A rotina,
A comida,
O papel
E,
Naquela hora,
Sentir o espelho
É ver-se por dentro,
Tocar o universo que o eu sempre
Escondeu,
Chuviscos no tempo...
E o que me toca não é meu,
Abrigo o estranho,

O gigante é negro
Nas cores da pele,
Do tudo,
Do breu,
Mentiras falam o que querem,
Verdades impressas na pele,
Afluentes sem mares,
Sombras sem pares
Onde a
Chuva tocou[65],

Tac-tac-tac-tac-tac. O ruído cai feito cascata antiga, primeiramente em minha cabeça, depois se espalha por toda a extensão de minha estrutura: braços, ventre, pernas; lembrei de meu irmão pendurado em minhas costas; eu devia ter uns dez anos e havia uma cascata no canto da piscina; a água caía com força, primeiramente em minha cabeça, depois se espalhava por toda a extensão do líquido. Este todo tremia, eu tremia, e inaugurava em mim uma espécie de liberdade (Daiane Gasparetto)[66].

---

[65] Poema sem título, de autoria da intérprete-criadora Nelly Brito, resultante dos laboratórios de improvisação para pesquisa coreográfica de *Avesso*.

[66] Trecho de texto em prosa produzido pela intérprete-criadora Daiane Gasparetto, resultante dos laboratórios de improvisação para pesquisa coreográfica de *Avesso*.

Caro-osso,

Venho perguntar por qual motivo, ao mesmo tempo em que és tão importante para minha sustentação e os meus movimentos, tenho que admitir que, às vezes, quero te arrancar e te jogar pra fora? Sinto-me bem por ter-te, mas digo e questiono tudo isso porque ao mesmo tempo és extremamente desconfortável, justa e simplesmente na parte em que és mais importante e vital não só para mim, mas para todos: a coluna vertebral

(Wanderlon Cruz) [67].

As experiências vividas no processo criativo do espetáculo trazem à tona questões históricas da própria vida dos intérpretes, confirmando mais uma proposta conceitual aqui vigente, que é a ideia da imanência. Por meio dos depoimentos dos sujeitos da pesquisa, expressos em diferentes formatos, é possível verificar que o procedimento de dissecação pode até mesmo ser doloroso, por fazer emergir questões pessoais e subjetivas relativas à vida de quem dança. Por isso é que, quem dança a dança imanente, dança a si mesmo.

Dessa maneira, é impossível deixar de considerar o quanto essa poética, que é um reflexo da prática coreográfica da CMD, encontra maturação no processo do espetáculo *Avesso*. Seu resultado, entretanto, não é apenas estético. Não se trata simplesmente de mais uma obra cênica inserida na vertente

---

[67] Trecho da carta que o intérprete-criador escreveu aos ossos, como resultado dos laboratórios de improvisação e pesquisa coreográfica para o *Avesso*.

das poéticas contemporâneas de dança que se propõem a criar movimentos a partir dos padrões corporais do dançarino, mas de uma obra cujas ponderações teóricas abrem espaço para o lançamento de uma proposição metodológica de criação, configurando os fazeres artístico e pedagógico do coreógrafo.

Enquanto resultante de uma intensa e extensa experimentação eminentemente coletiva, a dança imanente é, ao mesmo tempo, singular e plural. Ela reflete, no conjunto dos intérpretes-criadores, a minha própria particularidade enquanto coreógrafa/diretora-artística que descobre como e o que fazer, revelando a mim mesma o meu papel na coletividade do grupo e a minha contribuição na construção dessa assinatura artística múltipla.

Assim, além de pensar as conversões semióticas do corpo imanente no processo do espetáculo e refletir sobre os subprocedimentos para a materialização do ato de dissecar na criação da dança imanente, proponho definir as etapas do procedimento de dissecação em *Avesso* a partir de minha atuação enquanto coreógrafa no processo criativo.

Para Laban "coreografia significa, literalmente, a escrita da dança. No início da fundamentação de seu método, era nesse sentido que ele aplicava esse conceito. Depois Laban serviu-se desse termo tanto para tratar da notação como da criação coreográfica" (Rengel, 2000, p. 35). O que se evidencia, portanto, é que a coreografia é um produto do trabalho de seu feitor, o coreógrafo. A ideia de coreógrafo nas danças de caráter formal é justamente a de que cabe a ele conceber e desenvolver a escrita da dança. O que a maioria das poéticas contemporâneas de dança propõe, entretanto, é que o coreógrafo não seja o único responsável por essa escrita, ficando essa função, portanto, distribuída entre os dançarinos. O coreógrafo, conforme já observado em outros momentos da presente análise, passa a exercer muito mais uma função de diretor, no sentido daquele que mostra a direção, o caminho, organizando, assim, as frases escritas pelos dançarinos.

É com base nesse raciocínio que sugiro, a partir da minha experiência pessoal na CMD, trabalhar com três maneiras de pensar a noção de coreógrafo de acordo com suas funções. São elas: coreógrafo-pesquisador, coreógrafo-instigador e coreógrafo-editor.

Na primeira, cabe ao coreógrafo investigar e descobrir os métodos para aprimorar a consciência do corpo nos intérpretes-criadores. O coreógrafo-pesquisador analisa, seleciona e estuda os métodos de consciência corporal, procurando desenvolver suas próprias propostas de atividades a serem aplicadas no grupo com que trabalha. Na perspectiva da dança imanente, maturada a partir de *Avesso*, cabe a mim, enquanto coreógrafa-pesquisadora, selecionar técnicas de estudo e observação do corpo próprias da área da saúde, além de selecionar e estudar os métodos de consciência corporal aos quais faço referência nesta tese.

Na ação do coreógrafo-instigador, evidencia-se a aplicação de exercícios baseados nos métodos estudados, criados e desenvolvidos enquanto se exerce a função de coreógrafo-pesquisador. No caso da dança imanente de *Avesso*, trabalho, paralelamente, a criação e a aplicação de um repertório de exercícios de improvisação com ênfase no aprimoramento da consciência corporal.

Evidencia-se nessa função do coreógrafo a etapa de transfiguração do corpo imanente em corpo visivo.

Enquanto coreógrafa-editora, disponho-me a apreciar a transfiguração do corpo visivo em metacorpo, isto é, observar a exteriorização das imagens visivas em movimentos visíveis e, por conseguinte, a geração de vocabulário de movimentos na dança imanente. Após a aplicação dos exercícios de improvisação, analiso e estruturo esses vocabulários, tanto individualmente, com cada intérprete-criador, quanto no conjunto da CMD. Ressalto, portanto, enquanto funções do coreógrafo-editor, além da já referida apreciação, a seleção de materiais, a coletivização das experiências e a edição das células coreográficas.

A seleção e a edição das células coreográficas podem se dar tanto por meio de uma estrutura convencional, organizada a partir de sequências de movimentos, quanto por intermédio de sequências de sensações experimentadas pelos intérpretes-criadores, observadas, analisadas, refletidas e coletivizadas. Cabe ao coreógrafo-editor, portanto, direcionar seu elenco na configuração da coreografia, podendo esse direcionamento ser estruturado por um roteiro de movimentos ou de sensações.

Destaco, na função do coreógrafo-editor, a coletivização das experiências, pois acredito que nesse aspecto esteja presente uma particularidade significativa no fazer da CMD. O que existe nesse procedimento é um princípio de troca e experimentação do corpo do outro e, por fim, de apreensão e transformação das informações de um corpo por parte de um outro corpo, como argumenta uma intérprete-criadora do grupo:

Se eu estou perto do Ercy, o que ele faz, mesmo que seja um simples movimento, já me estimula a fazer algo de outro jeito. Eu percebo que todos se influenciam mutuamente e eu me vejo contribuindo nisso

(Luiza Monteiro)[68].

Exemplos práticos dessa coletivização são as maneiras como distribuo as atividades para os dançarinos ao trabalhar como coreógrafa-editora. Uma dessas maneiras é a seleção de uma célula coreográfica de cada intérprete-criador, a qual deve ser compartilhada com o grupo todo ou com parte do grupo, que se apropria do movimento do outro sem deixar de levar em consideração suas individualidades.

Algumas cenas de *Avesso* são construídas a partir dessa estratégia, baseadas também na divisão da música e no encaixe das células coreográficas em cada trecho musical. Nesse processo, muitas vezes o movimento autônomo de um dançarino, ao chegar no corpo do outro, se transforma, se modifica e, até mesmo, se perde. Quem cria perde a noção do que criou e do que, por meio do aprendizado, transformou, como explica a dançarina Nelly Brito:

O Avesso é tão coletivo que eu não sei mais em que momento eu fui só eu ou eu fui o grupo. Eu acho que eu contribuo a todo momento porque o tempo inteiro eu estou à disposição, então eu sempre sou o coletivo[69].

---

[68] Depoimento concedido em 14 de novembro de 2007.

[69] *Ibdem.*

A coletivização é parte do conjunto de atividades que o procedimento da dissecação propõe para o coreógrafo, sendo, portanto, o conjunto de funções por mim acumuladas na criação do espetáculo *Avesso*. O dançarino Ercy Souza exemplifica, por meio de sua fala reflexiva, como procedem as relações entre intérpretes-criadores e coreógrafa, destacando esta minha função e, com isso, contribuindo para a instauração das categorias aqui propostas. Diz o dançarino:

> *É interessante perceber que a relação dessa nossa arte é muito parecida com a de um quadro. É que nem aquelas coisas do museu, cheia de cores, riscos e pontos e que a gente acaba não entendendo. O que seria pra gente isso aqui? Esse nosso quadro é pintado por várias pessoas, vocês vão observando esse quadro sendo pintado com som, com forma, ao mesmo tempo em que vocês estão assistindo, pelo menos essa é a imagem que eu posso passar do meu entendimento. E tem também essa história de estar dentro da Flávia e da gente absorver. Foi ela quem comprou as tintas, os pincéis, a tela e distribuiu pra gente. Foi dela que a gente sugou esse amor que a gente tem pelo que faz[70].*

Meu papel de coreógrafa, portanto, não pretende ter unicamente minha assinatura. Procuro, por meio de minha função, abrir espaço para as descobertas do intérprete acerca de si mesmo e para as trocas entre minhas proposições e essas

---

[70] Depoimento concedido no dia 07 de outubro de 2007.

descobertas. Acontece que, ao passo que um intérprete se descobre e revela um determinado movimento, é como se eu também estivesse sendo descoberta e revelada para o público espectador, para o dançarino e, por que não dizer, para mim mesma. A dança imanente, assim, é não somente de quem dança, mas também de quem instiga o dançarino para essa dança.

O Corpo Visível: Os Elementos Cênicos Do Espetáculo Avesso Como Reflexos Da Dissecação Do Corpo Para A Dança Imanente

O resultado estético visualizado na poética da dança imanente encontra-se materializado na coreografia e no roteiro de *Avesso*, além de estar presente os demais elementos cênicos componentes do espetáculo e colaboradores de suas diversas interpretações. Proponho argumentar sobre esses elementos, também na perspectiva de tornar visíveis para o leitor, recursos como o uso do espaço, a sequência das cenas, o cenário, a iluminação, o figurino e a trilha sonora, originalmente criada para esse trabalho.

Para falar da transfiguração do visivo em visível no âmbito dos elementos cênicos do espetáculo *Avesso*, proponho validar meu olhar pela noção de análise do espetáculo, apresentada por Pavis (2003), uma vez que ela compreende uma observação de caráter amplo, englobando todos os aspectos de uma encenação. De acordo com os pressupostos do autor, a análise do espetáculo tem como referência aquilo que o próprio espetáculo diz ao espectador. Ela é tida como ferramenta auxiliar para a compreensão do público acerca daquilo a que assiste.

É claro que, no caso específico de minha análise, não posso simplesmente assumir um olhar de espectadora, como sugere Pavis aos seus leitores. Uma vez que me encontro inserida no espetáculo como responsável pela sua concepção, torno-me, também, fonte de informação sobre o *Avesso*. Trata-se, assim, de uma análise adequada ao que, em etnopesquisa, se chama observação participante, como expliquei na introdução deste livro. Entretanto, isso não é impedimento para considerar meu formato de análise como algo que se constrói a partir das ideias de Pavis, para quem analisar é, além de olhar as condições de recepção de um espetáculo, observar atentamente todos os componentes da cena.

Minha análise de espetáculo, portanto, conta com a ajuda do *Questionário Pavis*, que utilizo parcialmente e por meio do qual amplio minhas reflexões, lanço minhas impressões sobre os elementos cênicos criados por outros artistas a partir da conversão semiótica do corpo visivo em metacorpo e, logo, construo o texto para esse livro. Como recurso de análise, utilizo também o que chamo de diálogos reflexivos com os espectadores e participantes do espetáculo, a exemplo do que fiz na sessão anterior deste capítulo e, por fim, as entrevistas de estrutura aberta e flexível que realizei com os criadores do cenário, figurino, iluminação e trilha sonora do espetáculo.

A história de vida de um corpo dissecada no roteiro coreográfico do espetáculo

Conforme explicado, a coreografia do espetáculo *Avesso* é resultante da dissecação do corpo dos próprios intérpretes-criadores do elenco do espetáculo. Os movimentos utilizados na cena são, assim, reflexo da percepção de sensações, formas e movimentos dos corpos que encenam o espetáculo.

Ao longo da trajetória deste trabalho, a CMD realizou encenações seguidas de reflexões coletivas entre os integrantes do grupo e os espectadores, o que colaborou para a análise do processo criativo do espetáculo como um todo, mas principalmente para pensar sobre a construção da coreografia. Um dos espectadores, após assistir ao *Avesso*, argumenta sobre o aspecto diferencial da dança imanente, isto é, o fato de a mesma não se sustentar em padrões de dança já existentes. Diz o espectador:

> *Num balé, o bailarino sai dando uns rodopios e você sabe que aquilo é dança porque são gestos que fazem parte da dança, estão codificados como sendo dança. Pode fazer bem, pode fazer não tão bem, mas aquilo está classificado como dança [...]. Eu acho que esse espetáculo, quer dizer, o valor experimental desse trabalho é que ele surpreende a cada momento, usando coisas que normalmente não se gosta de usar na dança, como o silêncio, por exemplo, usando a respiração, um movimento do próprio corpo, o suor, enfim... É uma forma de você extrair o movimento como dança do movimento que não é dança (João de Jesus Paes Loureiro)[71].*

---

[71] Poeta paraense, professor de estética e história da arte e teórico proponente do conceito de conversão semiótica, abordado nesta pesquisa. Sua fala aqui é na qualidade de espectador, em depoimento concedido no dia 07 de outubro de 2007.

Essa transformação do movimento corporal que não é dança em movimento de dança é a conversão semiótica do visivo em visível. A coreografia do *Avesso* é a visualização dos corpos visivos que os intérpretes-criadores engendram ao longo do processo criativo, por meio das estratégias metodológicas aqui apresentadas e discutidas.

O sentido que esses movimentos pretendem expressar pela coreografia pode ser o mais diferente possível, a depender do olhar do observador. A intenção do roteiro do espetáculo, porém, é revelar acontecimentos em vigor no corpo humano, relacionando-os às experiências desse corpo no mundo e suas mudanças culturais refletidas no âmbito orgânico ao longo do curso da vida.

Pavis (1999) explica que o termo roteiro é usado no teatro, geralmente, quando se refere a espetáculos que não são baseados em textos literários já existentes, sendo abertos à improvisação e compostos de ações cênicas, mais do que palavras ditas. Levando em consideração essa noção de roteiro, é possível admitir que *Avesso*, ao criar sua sequência de acontecimentos por meio da coreografia, constrói seu roteiro baseado não em uma história literária, mas na história de vida dos próprios corpos dançantes.

O roteiro desse espetáculo foi criado por mim, em parceria com os intérpretes-criadores Nelly Brito, Ercy Souza e Márcio Moreira. Apesar dos acontecimentos permitirem leituras não-lineares, a concepção coreográfica apresenta uma certa linearidade, relacionando o início, meio e fim do espetáculo à condição de vida de um ser humano, que nasce, cresce, reproduz-se e morre.

Esse roteiro, no entanto, pode possuir ainda outras interpretações, conforme queira o espectador. Levar em consideração a história da humanidade no planeta, em seu início, meio e fim, é uma delas. Se equiparado à evolução do homem na Terra, o roteiro de *Avesso* pode ser tido como uma maneira de significação do surgimento da vida, da evolução das espécies, passando por mutações e seleções naturais, até o surgimento da espécie humana, apontando novas mutações e seleções para a transformação dessa espécie.

Mas esse olhar macro pode ter significação micro, na medida em que o observador se proponha a olhar o espetáculo pelo prisma microscópico. É como se os acontecimentos da cena pudessem ser entendidos como as histórias de vida de cada célula habitante do organismo humano. São essas células que se agrupam e formam tecidos e órgãos do corpo. No ciclo da vida, essas células nascem, transformam-se, reproduzem-se e morrem a cada dia dentro do corpo.

As cenas do espetáculo acontecem na seguinte sequência:

1. Prólogo: entrada dos espectadores em que todos transitam por um determinado percurso até chegarem aos seus lugares na plateia. Os integrantes do elenco do espetáculo ficam estrategicamente posicionados, interagindo com o cenário e, aos poucos, tomam seus lugares para a execução da coreografia.

2. A formação do corpo/sinais vitais (batidas do coração): início de tudo. São os primeiros sinais vitais, a formação do corpo a partir de células que se juntam e se multiplicam, como na constituição de um embrião humano.

3. Monólogos do sistema nervoso central: cena de transição com deslocamentos. A descoberta da morfologia do corpo a partir do processo de formação das células do sistema nervoso.

4. Trânsito neuronal: comunicação entre os neurônios. Informações chegam e saem (aferentes e eferentes).

5. Socos de estroterona (estrógeno e progesterona, hormônios masculino e feminino) e outras viagens endócrinas: passagem de informações entre os hormônios e os órgãos.

6. Movimentos peristálticos ou cadeia do DNA: ondas de movimentos involuntários dos órgãos digestivos ou a dança do DNA.

7. Absorção gastrointestinal: passagem de nutrientes e absorção deles pelos órgãos do sistema digestivo.

8. Trocas gasosas (respirações): funcionamento harmônico dos pulmões. A respiração como acesso para entrada de antígenos no corpo.

9. Organismos de contaminação: agentes externos que chegam pelas vias respiratórias e comprometem o bom funcionamento do corpo, contaminando células.

10. Formação de uma célula cancerosa: desenvolvimento e expansão da célula infectada do organismo.

11. Metástase: transmissão da contaminação de uma única célula para demais células.

12. Anticorpos: reação do organismo aos seus agentes degradantes. "Autoquimioterapia" do corpo.

13. Recomeço do corpo: o corpo se reconstrói, em um ciclo ininterrupto, para se formar novamente.

Essa sequência, contudo, não permite unicamente a interpretação que seus criadores propuseram imprimir por meio do roteiro. Na encenação, são permitidas múltiplas leituras sobre o *Avesso* e essas leituras são verificadas, inclusive, dentro da própria CMD.

No grupo, não há uma única forma de ver o espetáculo e compreender a coreografia, ainda que o ponto em comum entre as diversas opiniões seja a ideia de dissecação, ou seja, a compreensão do corpo como motivo para a criação. Assim, as interpretações dos resultados estéticos são complementares entre si, apesar de diferentes. Uma pretensa síntese dessas interpretações é propiciada pelas reflexões dos dançarinos, que dizem:

Eu acho que o Avesso *é o nascimento de uma célula, a união de cada partícula do corpo. Daí uma partícula maior se forma e começa a pulsar de várias formas, porque não é só aquela parte ou aquele órgão que está pulsando, mas sim o corpo inteiro. A cada crescimento desse corpo, ele vai conhecendo as suas funções. Durante o espetáculo e o processo eu me vejo descobrindo o que cada parte do meu corpo faz e de que maneira eu posso utilizar. E parece que essa evolução chega a um tamanho que, para que isso continue acontecendo, eu preciso morrer pra começar outras coisas (Danielly Vasconcellos)*[72].

---

[72] Integrante do elenco da CMD em depoimento concedido no dia 14 de novembro de 2007.

Eu sempre fiz analogias com sentimentos. Assim, uma diferença é que antes eu imaginava um ser sendo criado. Então iam acontecendo etapas até que chegava um momento em que ele realmente nascia, entendeu? É como se fosse uma morte da vida do útero pra vida daqui de fora. Hoje eu vejo como se fossem os seres humanos acontecendo. Tudo ao mesmo tempo no organismo, só que é... sabe quando a gente está no computador e seleciona só aquela parte pra aumentar? Pois é..eu vejo o organismo inteiro, só que eu vou a determinados pontos, acesso e vejo melhor [...]. A respiração, o corpo estranho, um antígeno entrando... Eu vejo um corpo e é como se eu pegasse uma lupa e fosse lá. Não é uma cadeia crescente, ela já existe e eu vou lá. E tem a coisa dos diferentes sentimentos, mas eu imagino a correlação com o ambiente e como as pessoas na sociedade, de acordo com as relações, elas sentem diferentes emoções (Nelly Brito)[73].

Eu comecei a transportar a coisa micro do corpo de um ser só, numa coisa macro de um universo inteiro. Sabe, uma coisa meio Gênese da Bíblia, aquela massa... Não foi exatamente o Gênese que eu quis dizer, mas é sobre o surgimento do mundo. É como se os corpos todos fossem aquela massa energética que vai se juntando e como se aquilo explodisse no momento em que acontece a nossa primeira batida do coração. E aquele coração iria soar como aquele único vestígio de vida, talvez o planeta Terra tenha surgido ali... Não sei, mas é uma coisa assim como os sete dias em que Deus criou o mundo. É super fiat lux! Depois tem umas falas humanas como se fossem o surgimento dos seres vivos

---

[73] Depoimento concedido no dia 14 de novembro de 2007.

e depois a evolução disso até a chegada da espécie humana sobre o planeta Terra. É um transporte macro pra esse micro que é o corpo

(Christian Perrotta)[74].

Eu acho que não é uma coisa que vai nascendo. As coisas vão
se mostrando e... A gente pega certa região e reproduz. Só que é uma
coisa muito grande e muito rica e, então, parece que a gente nunca
vai conseguir terminar, dar conta de tudo

(Ana Paula Siqueira)[75].

Como se percebe, assim como são intermináveis as
possibilidades de descoberta do movimento para a dança a
partir do corpo, também são infindas as interpretações sobre
o espetáculo. Isso é evidenciado não somente na fala de quem
dança, mas também na de quem assiste às cenas, conforme
comenta o seguinte espectador:

Bom, eu acho que é a terceira ou quarta vez que eu assisto ao
Avesso e eu continuo achando que eu preciso assistir outras vezes para
ver outras coisas [...]. Mas, sendo terceira ou quarta vez é muito legal
perceber algumas coisas quando as pessoas comentam. Olha, eu nunca
vi as projeções, por exemplo. Eu sei que elas estão lá, mas eu não consigo
olhar pra elas. O que interessa mesmo está no corpo dos dançarinos.
E eu procuro distribuir realmente meu olhar. Cada dia que eu vejo eu
penso "ah, hoje eu vou assistir com tal pessoa", aí eu sigo o percurso do

---

[74] *Ibidem.*

[75] *Ibidem.*

espetáculo a partir de uma pessoa, de um dançarino. Cada vez que eu assisto, eu descubro emoções diferentes e fico muito feliz por isso, porque eu percebo que eu nunca vou ter uma concepção fechada do espetáculo. A cada apresentação eu posso criar uma história, pois o corpo é infinito (Hudson Andrade)[76].

Seguindo essa linha, surgem os demais elementos do espetáculo, nos quais se evidencia o mesmo caráter de abertura, característico do roteiro, além de uma crescente complexidade no que tange às leituras e interpretações sobre o *Avesso* como um todo e, consequentemente, sobre a poética da dança imanente.

O cenário mesclado que dialoga com a complexidade do corpo em funcionamento

Nesta pesquisa, os termos cenário e cenografia são utilizados indistintamente, pois ambos possuem o mesmo sentido. Eles não mais designam aquilo que as origens francesa (*décor*) e grega (*skênographia*) imprimem, isto é, as ideias de pintura e ornamentação.

"O cenário, como o concebemos hoje, deve ser útil, eficaz, funcional. É mais uma ferramenta do que uma imagem, um instrumento e não um ornamento" (Bablet *apud* Pavis, 1999, p. 43). A cenografia, por sua vez, é vista hoje como a arte de organizar o espaço teatral. Pavis (1999, p. 45) afirma:

---

[76] Ator, diretor teatral e dramaturgo, na qualidade de espectador, em depoimento concedido no dia 07 de outubro de 2007.

Hoje, a palavra impõe-se cada vez mais em lugar de decora-
ção, para ultrapassar a noção de ornamentação e de embalagem
que ainda se prende, muitas vezes, à concepção obsoleta de teatro
como decoração. A cenografia marca bem seu desejo de ser uma
escritura no espaço tridimensional [...], e não mais uma arte
pictórica da tela pintada, como o teatro se contentou em ser até
o naturalismo.

O elemento cenário, no espetáculo *Avesso*, possui função instrumental de significação do que a coreografia apresenta, além de ser uma forma de escritura tridimensional do espaço de atuação dos intérpretes, como é compreendido o conceito de cenografia atualmente. Esse elemento, portanto, possui características referentes a ambas as denominações (cenário e cenografia) observadas por Pavis em seu *Dicionário de Teatro*, razão pela qual utilizo ambas as nomenclaturas para refletir sobre o objeto de investigação desta análise.

A encenação de *Avesso* acontece no teatro Experimental Waldemar Henrique, em Belém do Pará. Esse espaço, normalmente, é destinado a espetáculos de cunho experimental, como o próprio nome do teatro já diz, isto é, trabalhos que se pretendem fora do eixo dos teatros tradicionais de palco italiano em Belém do Pará. O teatro Experimental Waldemar Henrique, por sua arquitetura, permite aos artistas provarem diversas possibilidades de configuração de cena.

Avesso propõe a utilização do palco em formato retangular, dispondo os espectadores em arquibancadas, nos dois lados maiores da cena, ficando os dois lados menores ocupados por parte do cenário.

Antes de ocupar as arquibancadas, porém, os espectadores, ao entrarem no teatro, são convidados a caminhar por um percurso que compreende parte dos bastidores do espetáculo, ambientado por tecidos com os quais os intérpretes-criadores e também os espectadores interagem ao longo do trajeto. Após esse caminho, os espectadores chegam até o retângulo ao qual me referi e buscam acomodar-se em seus lugares para assistir ao restante do espetáculo.

Tarik Alves, produtor técnico da CMD, iluminador e cenógrafo do espetáculo *Avesso*, explica:

> *Nossa maneira de utilizar o espaço na chegada do público tem como intenção fazer o espectador atiçar os sentidos ao passar pelo cenário, para poder, ao assistir o espetáculo, ter a possibilidade de perceber mais ainda os conceitos apresentados na coreografia. O claro e o escuro, a fumaça, a dificuldade de subir, os obstáculos no meio do caminho, que fazem com que o espectador tenha que modificar seu modo de andar, dentre vários outros aspectos, tudo é criado para que o espectador possa chegar ao espetáculo ambientado com o mesmo.*[77]

Entrar no teatro nessas condições é como entrar no próprio corpo, descobrindo seus espaços e suas surpresas. O espectador é chamado a ingressar no ambiente micro do

---

[77] Depoimento registrado em entrevista realizada em 01° de dezembro de 2007.

organismo humano por meio dessa estratégia cênica que se torna viável pelas possibilidades oferecidas pelo espaço do teatro Experimental Waldemar Henrique, onde o cenário trata de ocupar e ressignificar, dando-lhe caráter de corpo, como mostram as seguintes imagens.

Figura 79 – Plano de uso do espaço para o *Avesso*

O percurso do espectador como sugestão de uso do espaço para a coreografia e para a concepção do cenário.

Figura 80 – Geral do espaço cênico do espetáculo

O retângulo da encenação e a proximidade com o espectador.

Como se percebe, a relação entre o público e o espaço da encenação é muito próxima. O espectador entra no espetáculo e compõe o espaço cênico tornando-se parte do contexto do cenário e, em seguida, acomoda-se muito próximo dos intérpretes-criadores. O corpo de *Avesso* cria-se pela junção de várias células dançantes que são, além dos intérpretes-criadores, os próprios espectadores.

Além disso, corroborando a ideia de ferramenta para a atuação e escritura tridimensional do espaço, vale lembrar como o cenário é determinante na coreografia do espetáculo. Os intérpretes-criadores não somente dançam no espaço preenchido pela cenografia, mas em alguns momentos a cenografia e coreografia se confundem, tendo em vista o envolvimento dos dançarinos com o espaço. O cenógrafo e intérprete-criador Wanderlon Cruz comenta:

> *No início do espetáculo tudo acontece com o cenário tendo uma influência mais direta na improvisação e execução dos*

movimentos. Nesse momento o público acaba tendo que explorar esse universo para contemplar a encenação, pois os bailarinos ficam entrelaçados e incorporados de fato ao cenário[78].

Um exemplo dessa interação entre o dançarino e o cenário pode ser observado na imagem a seguir.

Figura 81 – Cenografia I

O corpo do dançarino incorporado ao cenário do espetáculo.

---

[78] *Ibidem.*

O cenário do espetáculo *Avesso* é predominantemente composto pelo branco, sobretudo no piso e nas laterais do espaço cênico. A estratégia de utilização dessa cor tem como pretensão permitir o uso de projeções de imagens digitais com melhor qualidade. O cenário do espetáculo, desse modo, é formado por duas criações distintas, porém, complementares entre si. É o que chamo de cenário mesclado.

A primeira dessas criações é constituída por panadas, linóleo e estruturas montadas com tecidos. Criado pelos cenógrafos Tarik Alves e Wanderlon Cruz, em parceria com alguns intérpretes-criadores e com o diretor executivo da CMD, esse material tem como referência partes diversas do interior do corpo, como os órgãos do sistema digestivo, circulatório, respiratório e outros, além das formas que possuem as células ósseas do esqueleto humano, mostradas na imagem a seguir.

Figura 82 – Imagem microscópica de células ósseas

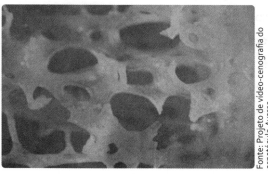

Fonte: Projeto de vídeo-cenografia do espetáculo *Avesso*

A informação morfológica que será transfigurada em cenário.

Figura 83 – Cenografia II

As referências orgânicas das imagens microscópicas do corpo na concepção do cenário do espetáculo.

Para compor esse material, desenvolvi, pessoalmente, a segunda criação referente ao cenário do espetáculo. Trata-se do que chamo de vídeo-cenografia digital, isto é, um conjunto de imagens digitais, editadas para serem utilizadas no cenário por meio de projeções propiciadas por *data shows*. As imagens dessa vídeo-cenografia são trechos de alguns exames médicos utilizados no processo criativo da coreografia, trechos de um vídeo-documentário sobre o corpo produzido com animações de computação gráfica e imagens do processo criativo do espetáculo com ênfase na ampliação de determinadas partes do corpo, sugerindo semelhanças com o interior da fisicalidade humana. Ao longo do espetáculo esses materiais são mesclados e fundidos, transformando a unicidade do branco em um colorido múltiplo intenso, colaborador, inclusive, do sistema de iluminação criado para *Avesso*.

Figura 84 – Vídeo-cenografia digital I

Projeções de imagens internas do corpo criadas por computação gráfica.

Figura 85 – Vídeo-cenografia digital II

Imagens de exames médicos fundidas ao branco do cenário e à pele dos intérpretes-criadores.

Figura 86 – Vídeo-cenografia digital III

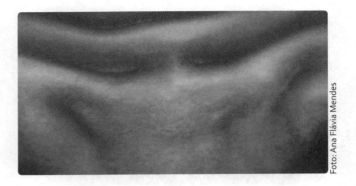

Parte externa do corpo ampliada pelo recurso da fotografia, tratada em programa de computador e utilizada na vídeo-cenografia do espetáculo.

A cenografia acompanha a coreografia. Enquanto a coreografia evolui dialogando com a complexidade do corpo em natureza e cultura, o cenário, da mesma forma, evolui, tornando-se cada vez mais complexo, seja pela transformação de cores, seja pela transformação de formas. Os cenógrafos de *Avesso* concordam com essa assertiva e demonstram como procuraram desenvolver o projeto de cenário em harmonia com a composição coreográfica.

A coreografia do espetáculo influencia muito na criação do cenário, tanto que a concepção inicial foi totalmente transformada. Percebi que não poderia ser muito "real" na materialização de minhas ideias e que eu precisava abstraí-las, assim como a coreografia faz [...]. Acho que há muita harmonia na relação entre

o cenário e a dança, o que se dá na abstração
que conseguimos dar aos dois aspectos
(Tarik Alves)[79].

De um modo geral, observo que o cenário movimenta-se entre as simples tentativas de neutralidade, como no corpo em repouso, e as complexas formas e colorações da fisicalidade humana. O sentido do cenário é dado pelo próprio sentido criado para o roteiro. A ideia de formação do corpo e desenrolar de vida desse corpo é o que, assim como dá sentido ao movimento dançado, significa as transformações do cenário.

O colorido do interior do corpo colorindo a encenação

A iluminação do espetáculo *Avesso* foi concebida por Sônia Lopes, profissional atuante no campo em Belém do Pará. A partir de conversas com a direção, cenógrafos e elenco do espetáculo, Sônia desenvolveu um sistema de iluminação que, assim como os demais componentes da encenação, teve a propriedade de revelar a organicidade interior do corpo humano, procurando dialogar com a estratégia de projeção de imagens da vídeo-cenografia digital.

Ao longo do processo, o diálogo entre a iluminadora e o cenógrafo Tarik Alves foi sendo ampliado, de modo que o segundo passou a contribuir sobremaneira com a primeira, encontrando diversas soluções técnicas apropriadas para

---

[79] *Ibidem.*

desenrolar a concepção e promover a colaboração entre os elementos luz e vídeo-cenografia.

Um fato relevante a ser mencionado é a semelhança entre minha maneira de pensar o interior do corpo e o modo como Sônia Lopes acredita ser esse interior. Sempre imaginei a anatomia interior do corpo vivo de forma muito colorida, com variações de vermelhos, azuis, lilases e outros tons, porém, tudo muito intenso. Partindo de minha imaginação enquanto proponente de *Avesso*, a iluminadora sugeriu opções para seu trabalho, associando minhas solicitações às suas próprias fantasias sobre o reverso da anatomia humana, fantasias essas bastante similares às minhas. Como reflexo desse diálogo entre direção e iluminação, a concepção de luz vigente, no espetáculo, apresenta grande riqueza de cores. Essa informação pode ser constatada nas imagens em destaque.

Figura 87 – Sistema de iluminação I

Foto: Mauro Moreira

O colorido da luz dialogando com o colorido das projeções.

Figura 88 – Sistema de iluminação II

As tonalidades do corpo dissecadas nas variações de cor da iluminação do espetáculo.

Outra estratégia presenciada na iluminação é o uso de retroprojetores como propiciadores de efeitos que se remetem a microestruturas do corpo. Exemplo disso são as similaridades das imagens geradas pela iluminação com células sanguíneas e células nervosas, conforme ilustrado nas imagens a seguir.

Figura 89 – Sistema de iluminação III

Efeito de uma projeção que se remete às células sanguíneas.

Figura 90 – Sistema de iluminação IV

Teste de projeção buscando referências nas células nervosas.

Algumas fontes foram bastante contributivas para a concepção da luz no espetáculo. São elas: o filme de ficção científica *Viagem Fantástica*, já mencionado, e os vídeos-documentários que apresentam imagens do interior do corpo produzidas por computação gráfica, além, é claro, dos próprios exames médicos diagnosticados por imagem.

De um modo geral, o que se pode dizer do sistema de iluminação em *Avesso*, é que ele é, também, um reflexo da dissecação do corpo. Assim como o cenário, o que a luz quer, no espetáculo, é ratificar o procedimento criativo norteador desta análise, instigando o espectador a criar seu próprio corpo visivo a partir do todo da composição cênica.

As texturas do corpo dissecadas no figurino do espetáculo

O figurino do espetáculo, apesar de concebido inicialmente pelo diretor executivo do grupo, Gláucio Sapucahy, foi desenvolvido de forma coletiva. Os tecidos, materiais e modelos, para colocar em prática a ideia do diretor, foram decididos coletivamente. O estímulo criativo foi originado nas texturas e cores dos órgãos humanos visualizadas em imagens microscópicas de células.

Essas imagens foram observadas pela equipe envolvida na produção do figurino em duas fontes informativas. Uma delas foi o vídeo-documentário, também utilizado como recurso na elaboração da coreografia, do cenário e da iluminação e, a segunda, um conjunto de fotografias produzidas por microscopia celular, úteis ainda à produção do cenário. Um exemplo de imagem que informa a concepção do figurino em *Avesso* pode ser evidenciado a seguir.

Figura 91 – Imagem microscópica de fibras musculares

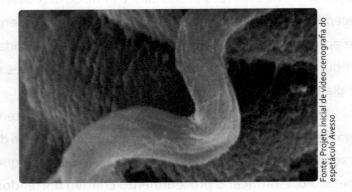

O tecido muscular como recurso criativo para o figurino do espetáculo.

Figura 92 – Figurino do espetáculo I

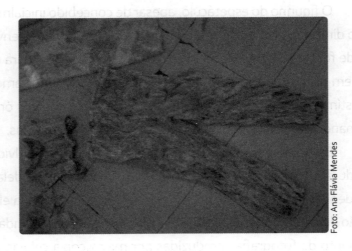

A textura dos tecidos humanos trabalhadas nos tecidos do figurino.

Para a CMD, o figurino segue a ideia de mergulho no interior do corpo. O elenco inicia o espetáculo com uma composição de peças na tonalidade da pele e, ao longo da encenação, somam-se a essa composição, peças de roupa confeccionadas com os tecidos estampados em diferentes cores e texturas, como nas imagens que as inspiraram. À medida que o espetáculo se desenrola, o elenco vai tendo o corpo transformado, para além do efeito coreográfico, também pela ação do figurino. A ideia de vestir traduz, na verdade, o desvestir, o desvelar das camadas subcutâneas.

Figura 93 – Figurino do espetáculo II

Foto: Mauro Moreira

A pele dos intérpretes-criadores transfigurada pelo figurino.

Contrariando a opinião dos fazedores do espetáculo, pode-se destacar aqui a colocação de um espectador que, após assistir a encenação comentou:

> O espetáculo vai crescendo também com a questão da roupa. Como se o corpo fosse crescendo e ganhando certas armaduras, couraças mais elaboradas, alguma coisa assim (espectador não identificado 2)[80].

Essa fala do espectador revela a abrangência de interpretações a que fiz referência, ao reportar-me ao roteiro. Enquanto para o elenco o figurino é sinônimo de uma dissecação no nível físico do corpo, para esse observador o figurino é um elemento que remonta ao comportamento humano frente à sociedade, o que posso compreender como uma dissecação no nível comportamental do indivíduo.

De uma forma ou de outra, em *Avesso*, o figurino complementa a noção de corpo que a coreografia pretende imprimir pela pesquisa dos movimentos. O figurino, portanto, corrobora aquilo que os movimentos do espetáculo dizem ao espectador, fornecendo subsídios para a apreciação e interpretação das cenas. É como afirma Gláucio Sapucahy:

> O figurino surgiu pouco depois dos movimentos e, portanto, deve adequar-se a eles, valorizando, significando, facilitando a plástica dos movimentos [...]. Na minha visão, o figurino torna-se

---

[80] Depoimento concedido por espectador não identificado em 07 de outubro de 2007.

parte do corpo dos dançarinos e, às vezes, representações abstra-
tas de tecidos de órgãos do corpo humano, realçando, também,
nuances que o projeto de iluminação concebe ao espetáculo.[81]

Os sons do corpo transfigurados em música na trilha sonora *de* Avesso

A música de *Avesso* origina-se dos pensamentos que o músico José Mário Mendes, compositor da trilha sonora original do espetáculo, tem acerca das diversas sonoridades do corpo, sejam elas interiores ou exteriores, porém, todas exteriorizáveis em melodias e ritmos. A interioridade, entretanto, é o motivo maior para a criação desse elemento cênico, ficando a cargo da imaginação do músico, a materialização sonora do corpo ima-nente. Se a mim, enquanto coreógrafa, coube instigar a criação de corpos visivos para desvelar as imanências dos intérpretes-cria-dores, para José Mário Mendes, o corpo tornou-se visível por meio da criação de sons. O compositor explica:

Inicialmente utilizei em minha composição sons e elementos
do próprio corpo, como o compasso regido por nosso coração e os
ruídos orgânicos que acontecem dentro de nós, como por exemplo,
o estômago "roncando".[82]

---

[81] Depoimento do diretor executivo da CMD em entrevista concedida no dia 10 de abril de 2007.

[82] Depoimento do compositor da trilha sonora original do espetáculo *Avesso* em entrevista concedida no dia 19 de dezembro de 2007.

Para criar essa trilha, o autor participou, na qualidade de observador, de alguns dos laboratórios de pesquisa de movimentos vivenciados pelo elenco. Nesses laboratórios, o músico manteve-se atento não somente à plasticidade dos movimentos autônomos surgidos durante o processo, mas sobretudo, às imagens sonoras às quais aqueles movimentos se remetiam. Foram observadas, ainda, as próprias sonoridades emitidas pelos dançarinos no momento dos laboratórios, experiência a partir da qual José Mário compôs melodias e outros tipos de interferência sonora para as cenas do espetáculo.

À medida que esses laboratórios informavam a criação musical, o músico compunha sons e os combinava. Esses sons eram utilizados em outros laboratórios, gerando assim novos movimentos e novos sons. Trilha e coreografia foram criadas a partir de uma noção de interdependência entre ambas. No processo criativo de *Avesso*, a trilha e a coreografia funcionam como as relações corpo e ambiente, natureza e cultura, apresentadas nessa argumentação teórica. Diz o compositor sobre sua metodologia de criação musical para o espetáculo:

> *Desenvolvi minha função de compositor através da participação nos ensaios, em que observava cada movimento realizado pelos intérpretes. A partir desses movimentos e o que eles significavam para mim, fui realizando as composições [...]. Com os movimentos criados foi realizada a trilha, e tendo a trilha composta, esses movimentos foram evoluindo cada vez mais, existindo então uma obra em conjunto [...]. Procurei criar, primeiramente, uma linha lógica com os sons e efeitos orgânicos (como se fossem a letra da música) e em cima desses sons,*

criar a parte harmônica da trilha (melodias e acompanhamentos), utilizando recursos como sintetizadores e computador[83].

Na trilha sonora estão presentes músicas instrumentais, interferências sonoras que não possuem necessariamente uma linha melódica e silêncios que são preenchidos pela sonoridade corpórea dos intérpretes-criadores em cena. Nesse sentido, há momentos em que pode ser evidenciada a predominância de recursos eletrônicos, como sintetizadores, e outros em que se destacam, ainda que de modo muito sutil, referências da música paraense, como as guitarradas e o carimbó. Na imagem a seguir, o compositor experimenta a interação entre o computador e a guitarra, instrumento musical participante da concepção musical de *Avesso*.

Figura 94 – O músico José Mário Mendes compondo para *Avesso*

Recursos eletrônicos utilizados na concepção musical do corpo.

---

[83] *Ibidem.*

A crença coletiva de que o corpo, mesmo em repouso, nunca está parado, assim como observado na coreografia, é verificada também na trilha sonora. Por esse motivo, os momentos de silêncio são quase inexistentes. Quando não há música propriamente dita, a ambientação sonora é criada pela respiração, pela pulsação e pelas relações do elenco com o espaço cênico.

Ao longo do processo, é possível detectar, também, a presença do som como recurso criativo para o corpo visivo e sua consequente visualização no movimento dançado, conforme explica a dançarina Daiane Gasparetto:

> *Eu sinto durante os exercícios como se o que há de interno gerasse sonoridades, e a movimentação vem a partir das sonoridades. É o som que eu vou usar na hora que eu vou exteriorizar.*[84]

Além de colaborar com a materialização do metacorpo na coreografia, percebo que os sons, tanto aqueles que emergem da fisicalidade dos intérpretes-criadores quanto o que é produzido musicalmente por José Mário, acompanham o princípio da liberdade criativa vigente na pós-modernidade coreográfica. Um dos espectadores de *Avesso*, ao assistir a encenação, observou e comentou:

---

[84] Depoimento concedido no dia 14 de novembro de 2007.

*O espetáculo tem uma música que, pra mim, é extremamente
interessante porque, em alguns momentos, parece que as notas
musicais fogem. Você tem sonoridades que fogem
de um certo padrão melódico (espectador
não identificado 3)*[85].

Assim como o padrão de movimento foge às regras formais das linguagens de dança preconcebidas, os padrões musicais da trilha de *Avesso* fogem do conforto melódico das concepções formais de música. Isso reflete a integração entre os elementos cênicos, contribuindo para o valor da coletividade que a CMD preza e, com isso, para a amplitude de possibilidades estéticas na leitura do espectador.

O espírito coletivo da CMD acompanha a criação de todos os elementos cênicos do espetáculo *Avesso*, impregnando, como não poderia deixar de ser, a composição da trilha sonora e reforçando, portanto, a ideia central do espetáculo que é falar ao público da história do corpo que está em cena. Essa história, por sinal, pode ser confundida com a história do próprio corpo que a presencia.

Na análise de *Avesso*, ressalto que o que sustenta o espetáculo como um todo é o conceito de metalinguagem que a dança quer imprimir. A trilha sonora e os demais elementos cênicos passam pela ideia de que o corpo quer falar ao

---

[85] Depoimento concedido por espectador não identificado em 07 de outubro de 2007.

espectador, assim como na coreografia o corpo fala sobre ele mesmo. É claro que, no caso do cenário, da iluminação, do figurino e da trilha sonora, não é o corpo que fala de si e, logo, não é possível considerar que se trate de metalinguagem, mas o corpo enquanto complexo biopsicossocial é a noção da qual todos os elementos cênicos partem. O conceito de metalinguagem, vigente na coreografia, norteia a concepção de todos os elementos cênicos em *Avesso*.

5 Considerações finais: para onde vai a dança imanente?

Esta pesquisa traz, além do produto teórico, um produto estético, sobre o qual houve um intenso mergulho reflexivo no sentido de produzir conhecimento, conceitos e, principalmente, declarar um determinado tipo de fazer artístico como poética contemporânea de dança cujos princípios estão alicerçados nas características da arte pós-moderna e nos conceitos contemporâneos de corpo.

Atribuo à CMD, na qual me insiro, a responsabilidade pela assinatura coletiva daquilo que, a partir desta pesquisa, chamo de "poética da dança imanente", em que o corpo que dança dialoga consigo mesmo para criar sua dança.

Para chegar à conceituação desta forma de dança, foi necessário cumprir etapas de caráter teórico e prático, as quais estão devidamente relacionadas ao longo dos quatro capítulos deste livro, compreendendo, cada uma delas, um conjunto de princípios norteadores para o procedimento metodológico de criação do espetáculo *Avesso*.

No capítulo um, o conceito de corpo dissecado surge como resultado da motivação dada pela história das artes plásticas, apresentadas como estratégias de dissecação do corpo.

Diante dos resultados desta pesquisa observo que a dissecação em arte é um procedimento metodológico de criação que pode ser compreendido como conversão semiótica.

Reitero que, para dançar a dança imanente, o dançarino precisa dissecar a si mesmo, desvelar sua organicidade, sua história de vida, englobando em sua compreensão de corpo, configurações biológicas e culturais e a ideia de instabilidade, como esclarecem as noções de corpo de passagem (Sant'ana, 2001); corpomídia (Katz & Greiner, 2002); corpo aberto (Santana, 2002); corpo sem órgãos (Artaud *apud* Lins, 1999); rizoma (Deleuze & Guattari, 1995) e corpo sujeito (Merleau-Ponty, 1994), todas contributivas para a análise aqui realizada. Partindo desse princípio, a dissecação artística é tida, assim, como a chave que abre a porta de entrada das inconstâncias dos corpos que criam a dança imanente.

No capítulo dois é lançado o conceito de corpo imanente, o qual somente pode ser pensado em função dos princípios da pós-modernidade coreográfica e das noções contemporâneas de corpo, rememoradas. Tais noções, oriundas de áreas do conhecimento distintas, têm, nas poéticas contemporâneas de dança e, logo, na dança imanente, maneiras de ser absolutamente interdisciplinares.

Já o conceito de metacorpo, apresentado no capítulo três, mostra-se como abordagem cênica de corpo próprio das poéticas contemporâneas de dança. Esse conceito propicia a compreensão de que o corpo, na sua dimensão orgânica e cultural, pode ser o informante da obra coreográfica, ratificando a dança imanente como metalinguagem.

O capítulo quatro, por sua vez, localiza no conceito de corpo visivo a presença de uma autoimagem do corpo imanente na perspectiva criativa. Ele se torna visível à medida que é dissecado de modo artístico, isto é, em que é convertido semioticamente. Pode-se ressaltar como aspecto conclusivo, então, que o corpo imanente, na sua expressão visiva, é dissecado pela imagem, enquanto o corpo imanente, na sua expressão metacorporal, é dissecado como linguagem.

Dissecar acaba sendo um resultado do objetivo geral traçado para essa análise. Se, inicialmente, a pesquisa propunha conceber e encenar o espetáculo *Avesso*, tal meta não poderia ter sido atingida sem o desenvolvimento dos procedimentos metodológicos para sua criação coreográfica.

É nessa perspectiva que surge, portanto, o ato da dissecação, que consiste em desenvolver uma linguagem de movimento pautada no corpo do dançarino, processando-se por meio de uma iniciativa do coreógrafo de fomentar no intérprete a criação de imagens visivas de si mesmo. É dessa visibilidade que emergem os movimentos para a cena coreográfica e de onde são obtidos os objetivos específicos propostos para essa investigação, os quais findam por lançar as categorias de coreógrafo-pesquisador, coreógrafo-instigador e coreógrafo-editor, conforme a atuação deste no processo criativo.

Os recursos metodológicos utilizados, para a atuação do coreógrafo na dissecação artística do corpo em *Avesso*, foram determinantes para alcançar os objetivos desta pesquisa. Entendo, no entanto, que poderiam ter sido utilizados outros recursos, mas certamente eles seriam menos apropriados. Acredito ter feito uma opção coerente, escolhendo as proposições pedagógicas de Angel Vianna, a especificidade do *Body-mind Centering®* e os avanços das tecnologias médicas na construção de minha própria metodologia criativa, tendo em vista a evidente ampliação do vocabulário gestual dos intérpretes-criadores com os quais trabalhei.

Por essa razão, confirmo aqui a hipótese apresentada na introdução deste livro, que aposta em alternativas metodológicas não ligadas a técnicas de dança preconcebidas, mas sim a uma combinação de métodos de aprimoramento da consciência do corpo, com ênfase para o uso de tecnologias médicas cuja finalidade primeira é diagnosticar doenças, a fim de desenvolver uma dança livre de aspectos técnico-formais. No processo de *Avesso* foi criada, por meio da dança imanente, uma linguagem particular de movimentos para a dança, resultante da transfiguração do próprio corpo que dança.

Vale ressaltar, assim, que o desenvolvimento desta pesquisa encontra subsídio teórico, e até mesmo prático, na associação entre a conversão semiótica e os princípios da pós-modernidade coreográfica. É claro que todo o manancial teórico da pesquisa, abrangendo diversas áreas do conhecimento, é determinante para o seu desenrolar, entretanto, é a partir da compreensão dos dois referenciais citados, em especial, que a dança imanente se constrói e que, portanto, são lançados os conceitos de corpo vigentes nos quatro capítulos deste livro, confirmando sua hipótese.

Existem nesse processo, porém, outros aspectos que, *a priori*, não têm finalidade estética, mas que acabam contribuindo para a poética da dança imanente. De acordo com as impressões dos dançarinos do espetáculo, um desses aspectos é o uso de estudos teóricos na compreensão da prática que a coreografia produz. Estabelece-se, então, mais um aspecto valorizado pelo grupo no seu fazer artístico, isto é, a importância de uma fundamentação teórica acerca daquilo que se pretende dançar.

Essa fundamentação não somente esclarece os acontecimentos vividos pelos artistas no processo criativo, mas também faz com que esses artistas ganhem outros subsídios para a missão de convencer o público da ideia que querem imprimir. A intérprete-criadora Bruna Cruz esclarece essa constatação por meio de sua reflexão, dizendo:

As pessoas às vezes dizem que a dança não é expressão, mas eu acho que é. E eu também achava que algumas outras coisas em arte também não se expressavam, mas agora eu acho que sim, eu procuro. Além da consciência corporal e do aumento do vocabulário, eu acho que os debates teóricos deixam a gente melhor, mais interados sobre o que estamos fazendo e, principalmente, ajudam a ter ainda mais consciência. Por mais que as pessoas nos assistam e não entendam nada, elas começam a ver, na nossa consciência corporal, a expressão da dança[86].

---

[86] Depoimento concedido em 14 de novembro de 2007.

Por outro lado, para além dessas descobertas em torno do corpo imanente, que é algo tão particular e subjetivo, de onde partem as informações para a composição dessa dança, existe ainda uma outra estratégia sempre presente nos processos criativos da CMD e, por conseguinte, presente em *Avesso*. Essa estratégia, que também promove um diferencial no tratamento estético concedido ao gesto na dança, é a coletivização das imanências, que pode ser compreendida como exemplo claro das relações corpo e ambiente.

De fato, o grupo funciona a partir de um forte espírito corporativo, valendo-se da referida coletivização para fins criativos. Coletivizar as descobertas pode ser uma atitude compreendida também como procedimento gerador de elementos para a construção do vocabulário coreográfico e da composição cênica, como explica o intérprete-criador Christian Perrotta ao referir-se a uma das cenas do espetáculo:

> *Seria muito estranho ver esse espetáculo sem essa coisa cheia e coletiva, muito estranho se uma única coisa no espetáculo não tivesse consequências em todo ele. É como se o corpo tivesse uma coisa isolada que não precisa de mais nada. É como se existisse um órgão dentro de uma bolha. Não existe isso, e essa cena mostra que não existe, sabe? Qualquer coisa que entre em qualquer parte do corpo, traz consequências nos arredores[87].*

De acordo com os intérpretes, o corpo funciona de modo coletivo, criando conexões e estratégias de comunicação entre

---

[87] *Ibidem.*

suas diferentes partes e conferindo ao todo uma harmonia que parte da diversidade. É dessa forma que a coreografia e os demais elementos cênicos de *Avesso* são construídos.

De minha parte, procuro apenas contribuir para a criação dessa arte estimulando o dançarino para a descoberta de si mesmo. Não entrego nada pronto, mas mostro os caminhos, tentando fazer com que eles os sigam. Muitas vezes acontece de, durante o percurso, os dançarinos surpreenderem-me com brechas que eu não imaginava existir e, então, trato de entrar por essas brechas e descobrir o que há do outro lado para poder convidar os demais participantes. O processo de troca é constante e ele faz toda a diferença no produto estético que o espectador contempla.

E assim como acontece no *Avesso*, acontece nas relações interpessoais na CMD. A coletivização não fica restrita apenas ao âmbito criativo da dança. Ela vai além, fazendo com que os reflexos da dança imanente ultrapassem o campo estético e atinjam outros domínios, como os terrenos das decisões burocráticas e organizacionais, em destaque na fala de Gláucio Sapucahy. O diretor executivo do grupo reflete sobre sua função e o estímulo que dá à coletivização fora do terreno artístico.

> *Minha função é, de modo geral, organizacional. Procuro traduzir para a prática os pensamentos de outros artistas sobre cenário, luz, e tudo o mais que se refere à produção do espetáculo, mas essa função também vai além das questões técnicas, chegando até a administração do emocional dos bailarinos e procurando alimentar o espírito coletivo, valorizando as*

opiniões de cada um, seja no sentido da criação artística, seja no sentido das relações pessoais[88].

Em face dessas últimas constatações, ressalto aqui um dos interesses de desdobramento desta pesquisa, que é realizar um estudo mais detalhado e minucioso de todas essas características existentes na proposta metodológica de dança aqui lançada. Para tanto, penso que seria importante considerar questões como a já salientada coletivização também no âmbito das relações para além da criação artística. Ultrapassando os valores estéticos, é possível desenvolver o estudo detalhado sobre o conjunto da obra da CMD, verificando a aplicabilidade dos princípios do grupo em outras realidades.

Apresento, assim, como possibilidade de desdobramento, o estudo dessa proposta metodológica nos campos da pedagogia, da psicologia, da sociologia e tantas outras áreas de conhecimento, pois percebo nessa prática artística um papel social, uma intenção ética e, até mesmo, uma utopia de bem feitoria para a formação do indivíduo. Não se trata apenas de uma metodologia de criação artística, mas de uma estratégia interdisciplinar de educação e descoberta de soluções para a vida por meio da dança.

Acredito existir na prática deste grupo um diferencial que não é apenas estético. O que vivencio com essas pessoas é um engajamento cuja explicação não pode ser dada

---

[88] Depoimento registrado em entrevista realizada no dia 10 de abril de 2007.

apenas por este estudo, cujas pretensões investigativas são, elementar e prioritariamente, artísticas.

É por isso que reconheço, como aspecto de continuidade dessa pesquisa, a real possibilidade de difusão desta poética da dança imanente como uma maneira de fazer com predicados de prática artístico-pedagógica, assim como idealiza Isabel Marques (2001) em sua dança centrada no contexto. Sinto que tudo isso que a CMD vem construindo não é para uso próprio, mas sim para o aproveitamento de outros, com fins de investir em formação cidadã.

Ao que parece, todos nós, envolvidos no *Avesso* e nas demais produções do grupo, nos propusemos a ser cobaias de nós mesmos, para experimentar e descobrir coisas que possam ser úteis para outros artistas, estudantes, pesquisadores ou quem quer que tenha interesse.

Tenho clareza de que os intérpretes-criadores da companhia, em função de suas outras atividades profissionais e dos próprios rumos da vida, talvez não dancem para sempre, mas acredito que, para sempre, eles possam fazer outros dançarem. E, de fato, penso que isso já esteja acontecendo de alguma forma por meio de projetos paralelos, em que outros jovens vêm se juntar a essa filosofia de trabalho, composição em dança e experimentação de vida com "tempero" artístico.

Nesse sentido, vale ressaltar que, ao longo de sua existência, a CMD já fundou dois novos grupos de dança em Belém do Pará, nos quais aplica suas estratégias de criação. Um deles é oriundo do próprio Colégio Moderno, o Grupo de

Dança Moderno em Cena[89], formado por alunos egressos recentemente do ensino médio dessa instituição, e o outro é o Projeto Aluno-Bailarino-Cidadão[90], projeto social idealizado, coordenado e desenvolvido pela CMD junto a estudantes de ensino fundamental e médio da rede pública de ensino, como fazem alusão às imagens a seguir.

Figura 95 – *Grupo de Dança Moderno em Cena*

Fonte: Catálogo do Circuito das Artes 2007 do Instituto de Artes do Pará

Trecho do espetáculo *Aconteceu contorcido*, dirigido por integrantes da CMD.

---

[89] O Grupo de Dança Moderno em Cena existe desde 2007 e possui três espetáculos produzidos, chamados *Aconteceu contorcido*, *Obra-canção* e *Vem-de-som*. O grupo é liderado por intérpretes-criadores da CMD e recebeu, em 2007 e 2009, a bolsa de pesquisa e experimentação artística do Instituto de Artes do Pará (IAP), em 2008, o Prêmio Secult-PA de Estímulo à Criação em Dança, e em 2009 o Prêmio Funarte de Dança Klauss Vianna, dentre outras premiações.

[90] Fundado em 2006, o Projeto Aluno-Bailarino-Cidadão tem quatro espetáculos produzidos. São eles *Identidade Aberta*, *Sentimentos do Mundo*, *Feminino Plural* e *Feito D'água*, todos com direção artística de intérpretes-criadores da CMD.

Figura 96 – *Projeto Aluno-Bailarino-Cidadão*

Alunos de 13 a 17 anos coordenados pelos intérpretes-criadores da CMD.

Aliada a essas formas de extensão da sua prática artística, a CMD ainda produz juntamente com o Colégio Moderno, desde 2002, o Festival Escolar de Dança do Pará, evento que reúne grupos de dança pertencentes a instituições de ensino formal.

Por conta dessas evidências, penso que a poética da dança imanente, ainda que assinada pela força deste coletivo chamado CMD, não está sendo construída somente para a CMD dançar, mas sim para que entrem na cena aqueles que observam apenas o produto estético, ou seja, uma síntese de tudo o que acontece nos bastidores do grupo. O que move essa companhia, de fato, é a imensa vontade de tornar a dança verdadeiramente acessível a todo e qualquer sujeito, sem preconceito técnico ou estilístico algum.

O que se manifesta nesta pesquisa é a proposição de uma linguagem que se inscreve no campo das poéticas contemporâneas de dança cuja ação predominante é focalizar a criação sobre o próprio corpo criador. Lembrando Siqueira (2006), é possível afirmar que a dança imanente é, então, um jeito a mais de dançar participando do "guarda-chuva" da dança contemporânea.

Entretanto, ainda que inserida em um contexto coletivo maior, esta poética possui suas peculiaridades, pois é um modo particular de descobrir o movimento para a cena da dança, utilizando recursos cujo propósito primeiro não é artístico. Além disso, trata-se de uma poética com nomenclaturas particulares e caracteres construídos e originados das histórias de vida de cada dançarino e de minha história pessoal também, em que saliento as transformações artísticas a partir das experiências acadêmicas e vice-versa.

Tudo parte de uma necessidade de criar e encenar dança permeada por valores estéticos diferenciados, sem a preocupação em seguir princípios e procedimentos vigentes em outras poéticas ou metodologias coreográficas. Muito mais que isso, no entanto, tudo parte da construção de uma aspiração que se pretende realizar, de uma quimera que se quer efetivar, de uma visibilidade de mundo que se quer visível nos homens por meio da arte do movimento.

REFERÊNCIAS

ARTAUD, Antonin. *O teatro e seu duplo.* Trad.: Teixeira Coelho. São Paulo, Max Limonad, 1984.

AZEVEDO, Sônia Machado de. *O papel do corpo no corpo do ator.* São Paulo, Perspectiva, 2004.

BANES, Sally. Será isso pós-moderno? In: DALY, Ann (org.). *What has become of postmodern dance?* Trad.: Eliana Rodrigues Silva e Leda Muhana. *Tulane Drama Review.* 36, n. 1, p.48-59, Spring 1992.

BARRETO, Gilson; OLIVEIRA, Marcelo. *A arte secreta de Michelangelo:* uma lição de anatomia na Capela Sistina. São Paulo, Arx, 2004.

BOURCIER, Paul. *História da dança no ocidente.* 2.ed. São Paulo, Martins Fontes, 2001.

BRUNO, Fernanda. Membranas e interfaces. In: VILLAÇA, Nízia; GÓES, Fred; KOSOVSKY, Ester (orgs.). *Que corpo é esse?* Rio de Janeiro, Mauad, 1999.

BUENO, Maria Lúcia; CASTRO, Ana Lúcia (orgs.). *Corpo, território da cultura.* São Paulo, Annablume, 2005.

CALAZANS, Julieta. Tempos de trabalho corporal com Angel Vianna. In: CALAZANS, Julieta; Castilho, Jacyan; GOMES, Simone (coords.). *Dança e educação em movimento.* São Paulo, Cortez, 2003.

CALVINO, Italo. *Seis propostas para o próximo milênio.* Trad.: Ivo Barroso. São Paulo, Cia. das Letras, 1990.

CARCACKER, Cathie. *Body-mind centering® as a somatic approach to dance education.* Disponível em: <http://www.caraker.com/articles/BMCsomatic.html>. Acesso em: 6 fev. 2007.

COHEN, Bonnie Bainbridge. *An introduction to Body Mind Centering®.* Disponível em: <http://www.bodymindcentering.com>. Acesso em: 25 ago. 2005.

COLLINSON, Diané. *50 grandes filósofos.* Trad.: Maurício Waldman e Bia Costa. São Paulo, Contexto, 2004.

DAWKINS, Richard. *O rio que saía do Éden:* uma visão darwiniana da vida. Trad.: Alexandre Tort. Rio de Janeiro, Rocco, 1996.

_____. *O gene egoísta.* Trad.: Geraldo H. M. Florsheim. Belo Horizonte, Itatiaia, 2001.

DELEUZE, Gilles; *A imanência:* uma vida. Trad.: Alberto Pucheu e Caio Meira. Disponível em: <http://www.letras.ufrj.br/ciencialit/terceiramargemonline/numero11/xiii.html>. Acesso em: 7 out. 2007.

DELEUZE, Gilles; GUATTARI, Félix. *Mil platôs:* capitalismo e esquizofrenia. Trad.: Aurélio de Guerra Neto e Célia Pinto Costa. Rio de Janeiro, Editora 34, 1995.

DESENHOS da anatomia humana por Da Vinci. Disponível em: <http://www.ifmsa.lublin.pl/se/strony/davinci.htm. Acesso em: 31 mar. 2006>.

DRAWINGS of Leonardo Da Vinci. Disponível em: <http://www.visi.com/~reuteler/leonardo.html>. Acesso em: 31 mar. 2006.

DURAND, Gilbert. *As estruturas antropológicas do imaginário:* introdução à arquetipologia geral. Trad.: Helder Godinho. 3. ed. São Paulo, Martins Fontes, 2002.

FAURE, Élie. *A arte renascentista.* Trad.: Álvaro Cabral. São Paulo, Martins Fontes, 1990.

FERNANDES, Ciane. *O corpo em movimento:* o sistema Laban/ Bartenieff na formação e pesquisa em artes cênicas. São Paulo, Annablume, 2002.

FREITAS, Giovanina Gomes de. *O esquema corporal, a imagem corporal, a consciência corporal e a corporeidade.* Ijuí, UNIJUÍ, 1999.

GEERTZ, Clifford. *A interpretação das culturas.* Rio de Janeiro, LTC, 1989.

GIL, José. *Movimento total:* o corpo e a dança. São Paulo, Iluminuras, 2004.

GOMBRICH, E.H. *A história da arte.* 15. ed. Trad.: Álvaro Cabral. Rio de Janeiro, LTC, 1993.

GREINER, Christine; Por uma dramaturgia da carne: o corpo como mídia da arte. In: BIÃO, Armindo; PEREIRA, Antônia; CAJAÍBA, Luiz Cláudio; PITOMBO, Renata (orgs.). *Temas em contemporaneidade, imaginário e teatralidade.* São Paulo, Annablume; Salvador, GIPE-CIT, 2000.

_____. *O corpo:* pistas para estudos indisciplinares. São Paulo, Annablume, 2005.

GREINER, Christine e AMORIM, Cláudia (orgs.). *Leituras do corpo.* São Paulo, Annablume, 2003.

HALL, Stuart. *A identidade cultural na pós-modernidade.* Trad.: Tomáz Tadeu da Silva e Guaracira Lopes Louro. 7. ed. Rio de Janeiro, DP&A, 2002.

HARVEY, David. *Condição pós-moderna.* 10.ed. Trad.: Adail Ubirajara Sobral e Maria Stela Gonçalves. São Paulo, Loyola, 2001.

HOUAISS, Antônio. *Dicionário eletrônico Houaiss da língua portuguesa.* 2005.

IANNITELLI, Leda Muhana. *Padrões de excitação neuromuscular:* qualidades básicas do movimento. Texto apostilado utilizado na disciplina Seminários Avançados II, do curso de doutorado em artes cênicas da Universidade Federal da Bahia. 2005. 1. Salvador, Universidade Federal da Bahia, Programa de Pós-Graduação em Artes Cênicas, 1998.

_____. Técnica da dança: redimensionamentos metodológicos. In: *Repertório teatro & dança,* ano 7, n. 7, 2004.1, p. 30-37. Salvador, Universidade Federal da Bahia, Programa de Pós-Graduação em Artes Cênicas.

IMBASSAÍ, Maria Helena. Conscientização corporal: sensibilidade e consciência no mundo contemporâneo. In: CALAZANS, Julieta; CASTILHO, Jacyan; GOMES, Simone (coords.). *Dança e educação em movimento.* São Paulo, Cortez, 2003.

JABOR, Andréa. *Contato-improvisação:* descrição da técnica. Disponível em: <http://www.andreajabor.com.br.> Acesso em: 10 out. 2007.

JAPIASSÚ, Hilton. *Dicionário básico de filosofia.* 3. ed. Rio de Janeiro, Zahar, 1996.

JAKOBSON, R. *Linguística e comunicação.* São Paulo, Cultrix, 2001.

KATZ, Helena; GREINER, Christine. A natureza cultural do corpo. In: SOTER, Sílvia; PEREIRA, Roberto (orgs.). *Lições da dança 3.* Rio de Janeiro, UniverCidade, 2002.

KING, Ross. *Michelangelo e o teto do papa.* Trad.: Alexandre Martins. Rio de Janeiro, Record, 2004.

LANGENDONCK, Rosana van. *Merce cunningham:* dança cósmica: acaso, tempo e espaço. São Paulo, Edição do autor, 2004.

LANGER, Susanne. *Sentimento e forma.* São Paulo, Perspectiva, 2003.

LECHTE, John. *Cinquenta pensadores contemporâneos essenciais:* do estruturalismo à pós-modernidade. 2.ed. Trad.: Fábio Fernandes. Rio de Janeiro, DIFEL, 2002.

LEITE, Érida Maria Diniz (org.). *Dicionário digital de termos médicos 2007.* Disponível em: <http://www.pdamed.com.br/diciomed/pdamed_0001_06133.php>. Acesso em: 1 out. 2007.

LINS, Daniel. *Antonin Artaud: o artesão do corpo sem órgãos.* Rio de Janeiro, Relume Dumará, 1999.

LOUPPE, Laurence. Corpos híbridos. In: ANTUNES, Arnaldo *et al. Lições de dança 2.* Rio de Janeiro, UniverCidade, 2000.

LOUREIRO, João de Jesus Paes. *Elementos de estética.* 3.ed. Belém, Edufpa, 2002.

_____. *A conversão semiótica na arte e na cultura.* Edição trilíngue. Belém, Edufpa, 2007.

LOWEN, Alexander. *Prazer:* uma abordagem criativa da vida. São Paulo, Summus, 1984.

MACEDO, Roberto Sidnei. *A etnopesquisa crítica e multirreferencial nas ciências humanas e na educação.* 2.ed. Salvador,Edufba, 2004.

MANABE, C. Sayuri. Arte e anatomia: beleza e ciência. In: *Revista do Biomédico.* São Paulo, Espaço Acadêmico, 2002. Disponível em: <http://www.crbm1.com.br/bio46/rev26.asp>. Acesso em: 21 jul. 2004.

MARQUES, Isabel. *Ensino de dança hoje:* textos e contextos. São Paulo, Cortez, 2001.

MATOS, Lúcia. Corpo, identidade e a dança contemporânea. In: *Cadernos do GIPE – CIT.* Grupo Interdisciplinar de Pesquisa e Extensão em Contemporaneidade, Imaginário e Teatralidade. Universidade Federal da Bahia. Escola de Teatro, Escola de Dança, Programa de Pós-graduação em Artes Cênicas. n. 10, Salvador, jun. 2000, p. 71-83.

MAUSS, Marcel. Noção de técnica corporal. In: *Sociologia e antropologia.* São Paulo, EPU, 1974.

MENDES, Ana Flávia de Mello. *Gesto transfigurado:* a abstração do cotidiano urbano nos processos coreográficos do espetáculo Metrópole. Dissertação (mestrado). Belém, [s.n.], 2004.

MERLEAU-PONTY, Maurice. *Fenomenologia da percepção.* São Paulo, Martins Fontes, 1994.

MIRANDA, Regina. Dança e tecnologia. In: ANTUNES, Arnaldo et al. *Lições de dança 2.* Rio de Janeiro, UniverCidade, 2000.

MOMMENSON, Maria; PETRELLA, Paulo. *Reflexões sobre Laban, o mestre do movimento.* São Paulo, Summus, 2006.

MORIN, Edgar. *O método 4:* as ideias. Trad.: Juremir Machado da Silva. Porto Alegre, Sulina, 2001.

MUKAROVSKY, Jan. *Escritos sobre estética e semiótica da arte.* Lisboa, Estampa, 1993.

O QUE É BMC®? Disponível em: <http://www.estudiodemovimento.com.br>. Acesso em: 1 mai. 2006.

PAREYSON, Luigi. *Estética:* teoria da formatividade. Trad.: Ephraim Ferreira Alves. Petrópolis, Vozes, 1993.

_____. *Os problemas da estética.* Trad.: Maria Helena Nery Garcez. 3. ed. São Paulo, Martins Fontes, 1997.

PAVIS, Patrice. *A análise dos espetáculos.* Trad.: Sérgio Salvia Coelho. São Paulo, Perspectiva, 2003.

_____. *Dicionário de teatro.* Trad.: J. Guinsburg e Maria Lúcia Pereira. São Paulo, Perspectiva, 1999.

POSTERSHOP.COM: Artists. Disponível em: <http://www.postershop.com/ak.html>. Acesso em: 31 mar. 2006.

PRATA, Sérgio. *Livro sobre anatomia artística.* Disponível em: <http://www.sergioprata.com.br/port/anato1.htm>. Acesso em: 3 abr. 2006.

PROENÇA, Graça. *História da Arte.* 16 ed. São Paulo, Ática, 2004.

PUTZ, R.; PABST, R. *Atlas de anatomia humana Sobotta.* 21. ed. Rio de Janeiro, Guanabara Koogan, 2000. v. 1 e 2.

RAMOS, Enamar. *Angel Vianna: a pedagoga do movimento.* São Paulo, Summus, 2007.

RECTOR, Mônica; TRINTA, Aluízio Ramos. *Comunicação do corpo.* 4. ed. São Paulo, Ática, 1999.

RENGEL, Lenira. *Dicionário Laban.* São Paulo, Annablume, 2003.

SALLES, Cecília Almeida. *Gesto inacabado:* processo de criação artística. São Paulo, FAPESP; Annablume, 1998.

SANCHES, Antrifo. Reflexões acerca da formação do corpo na dança contemporânea. In: *Cadernos do GIPE – CIT;* Grupo

Interdisciplinar de Pesquisa e Extensão em Contemporaneidade, Imaginário e Teatralidade. Universidade Federal da Bahia.
Escola de Teatro, Escola de Dança, Programa de Pós-Graduação
em Artes Cênicas. n. 13, Salvador, Julho, 2005, p. 56-62.

SANTAELLA, Lúcia. *Corpo e comunicação: sintoma da cultura.*
São Paulo, Paulus, 2004.

SANTANA, Ivani. *Corpo aberto:* Cunningham, dança e novas
tecnologias. São Paulo, Educ, 2002.

SANT'ANNA, Denise Bernuzzi de. *Corpo de passagem:* ensaios sobre a subjetividade contemporânea. São Paulo, Esta-
ção Liberdade, 2001.

SEVCENKO, Nicolau. *O Renascimento.* 16. ed. São Paulo,
Atual, 1994.

SCHILDER, Paul. *A imagem do corpo.* Trad.: Rosanne Wertman.
São Paulo, Martins Fontes, 1980.

SILVA, Eliana Rodrigues. *Dança e pós-modernidade.* In: BIÃO,
Armindo; PEREIRA, Antônia; Cajaíba, Luiz Cláudio; PITOMBO,
Renata, (orgs.). *Temas em contemporaneidade, imaginário e tea-
tralidade.* São Paulo, Annablume; Salvador, GIPE-CIT, 2000.

_____. Dança e pós-modernidade. Salvador, Edufba, 2005.

SINGER, Charles. *Uma breve história da anatomia e fisiologia
humanas desde os gregos até Harvey.* Trad.: Mariana Rachel
Araújo. Campinas, SP, Editora da Unicamp, 1996.

SIQUEIRA, Denise da Costa Oliveira. *Corpo, comunicação
e cultura:* a dança contemporânea em cena. Campinas, SP,
Autores Associados, 2006.

SOUZA, Luiza Monteiro e. *Projeto de mobiliário a partir da influência do movimento coreográfico em dança contemporânea.*

Monografia de conclusão de Pós-Graduação em design de móveis. Programa de Pós-graduação em *Design* da Universidade do Estado do Pará. Belém, Uepa, 2007.

SPANGHERO, Maíra. *A dança dos encéfalos acesos.* São Paulo, Itaú Cultural, 2003.

TEIXEIRA, Letícia. Conscientização do movimento. In: CALAZANS; Julieta, CASTILHO; Jacyan, GOMES; Simone (coords.). *Dança e educação em movimento.* São Paulo, Cortez, 2003.

THIOLENT, Michel. *Metodologia da pesquisa-ação.* São Paulo, Cortez, 1985.

VIANNA, Klauss. *A dança.* 3.ed. São Paulo, Summus, 2005.

MINIATLAS
FOTOGRÁFICO

1 – *Vênus de Willemdorf*

2 – Baixo relevo egípcio (cerca de 2500 a.C.)

3 – Cabeça de faraó egípcio (cerca de 2558 – 2551 a.C.)

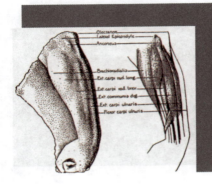

4 – Registro anatômico do antebraço comparado a um desenho de dissecação moderna (cerca de 1500 a.C)

5 – Hieróglifos egípcios derivados da forma do útero

6 – Amuletos egípcios representando coração, traqueia e pulmões.

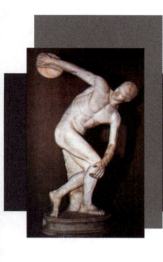

7 – *Discóbolo*, de Míron (aprox. 450 a.C.)

8 – *Doríforo*, de Policleto, (aprox. 440 a.C.)

9 – *Afrodite de Melos* (segunda metade do século II a.C.)

10 – *Laocoonte e seus Filhos* (cerca de 175 – 50 a.C.)

11 – Pintura grega em cerâmica (cerca de 510 – 500 a.C.)

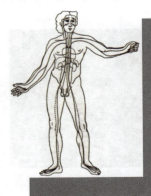

12 – Registro da anatomia humana feito por um cientista (400 a.C.)

13 – A arte cristã da Idade Média (520 d.C.)

14 – Representação de uma dissecação (início do século XIV)

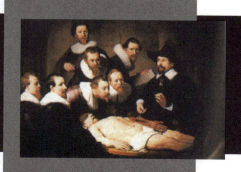

15 – *A lição de anatomia do doutor Tulp*, de Rembrandt (1632)

16 – *A Mão de Deus*, de Rodin (1898)

17 – *Le Moulin de la Galette*, de Renoir (1876)

18 – *O grito*, de Munch (1893)

19 – *Nu Bleu*, de Matisse (1952)

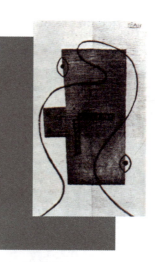

20 – *Cabeça*, de Picasso (1928)

21 – *Mulher com violão*, de Braque (1908)

22 – *Orientalisches*, de Kandinsky (1913)

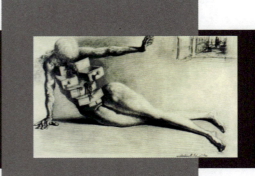
23 – *A cidade das gavetas*, de Dalí (1936)

24 – *Mae West*, de Dalí (1934)

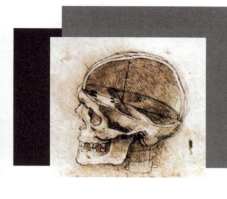

25 – *Vista de um crânio*, de Leonardo da Vinci (1489)

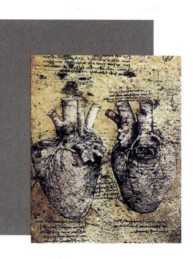

26 – *Anatomia do coração humano*, de Leonardo da Vinci (1507)

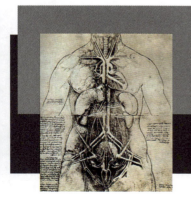

27 – *Os principais órgãos e sistemas vascular e urogenital de uma mulher*, de Leonardo da Vinci (1507)

28 – Pistas reveladoras dos detalhes anatômicos na pintura

29 – Imagem comparativa entre a pintura invertida e a estrutura anatômica da articulação do ombro

30 – Imagem comparativa entre a pintura de Deus e a vista lateral do pulmão esquerdo

31 – Imagem comparativa entre a pintura da cena da *Criação do Mundo* (Deus) e o corte do crânio humano

32 – Arte rupestre no Brasil

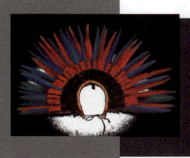

33 – Arte plumária indígena brasileira

34 – *Caminho para o Calvário*, de Aleijadinho (1799)

35 – *Moema*, de Vítor Meireles (1866)

36 – *Iracema*, de Antônio Parreiras (1909)

37 – *Moça no trigal*, de Eliseu Visconti (1918)

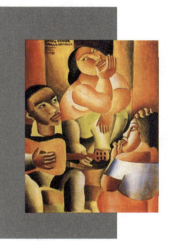

38 – *Samba*, de Di Cavalcanti (1928)

39 – *Abaporu*, de Tarsila do Amaral (1928)

40 – *Retirantes*, de Candido Portinari (1944)

41 – *Figura*, de Ismael Nery (1927)

42 – Merce Cunningham

43 – Merce Cunningham Dance Company I

44 – Merce Cunningham Dance Company II

45 – Isadora Duncan

46 – Ruth Saint Denis

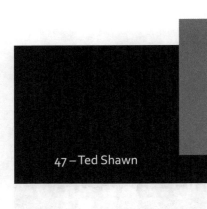

47 – Ted Shawn

48 – Martha Graham

49 – Doris Humphrey

50 – Jose Limón

51 – Mary Wigman

52 – *A Mesa Verde*, de Kurt Joss

53 – Rudolph Von Laban

54 – Técnica de balé

55 – Técnica de dança moderna

56 – Cena de *Pina Bausch*

57 – Cena de *Trisha Brown*

58 – Cena do *DV8*

59 – Cena de *Tatsumi Hijikata*

60 – Cena de *Lia Rodrigues*

61 – Cena de *Dani Lima*

62 – Grupo *Cena 11*

63 – Cena de *Sacha Waltz*

64 – Contato-improvisação em *Avesso* I

65 – Contato-improvisação em *Avesso* II

66 – Contato-improvisação em *Avesso* III

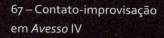
67 – Contato-improvisação em *Avesso* IV

68 – Corpo imanente I

69 – Corpo imanente II

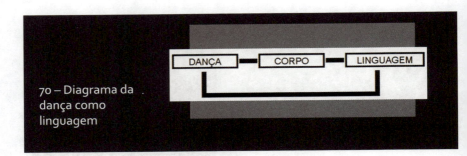
70 – Diagrama da dança como linguagem

71 – Banquete Multissensorial I

72 – Banquete Multissensorial II

73 – Banquete Multissensorial III

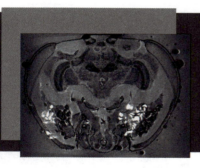

74 – Tomografia computadorizada do sistema nervoso central

75 – Endoscopia

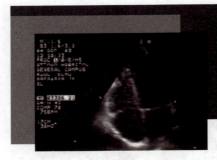

76 – Ecocardiograma

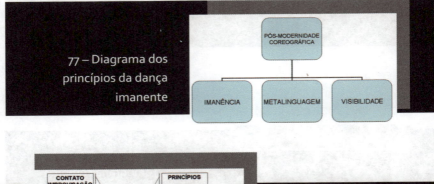

77 – Diagrama dos princípios da dança imanente

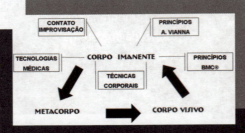

78 – Diagrama do procedimento de dissecação

79 – Plano de uso do espaço para o *Avesso*

80 – Geral do espaço cênico do espetáculo

81 – Cenografia I

82 – Imagem microscópica de células ósseas

83 – Cenografia II

84 – Vídeo-cenografia digital I

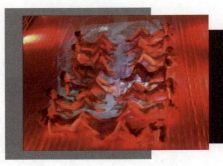

85 – Vídeo-cenografia digital II

86 – Vídeo-cenografia digital III

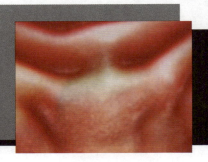

87 – Sistema de iluminação I

88 – Sistema de iluminação II

89 – Sistema de iluminação III

90 – Sistema de iluminação IV

91 – Imagem microscópica de fibras musculares

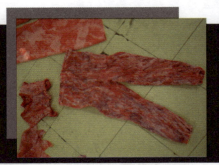

92 – Figurino do espetáculo I

93 – Figurino do espetáculo II

94 – O músico José Mário Mendes compondo para o *Avesso*

95 – *Grupo de Dança Moderno em Cena*

96 – *Projeto Aluno-Bailarino-Cidadão*

Impresso em São Paulo, SP, em abril de 2010,
com miolo em off-set 75 g/m^2,
nas oficinas da Corprint.
Composto em Corbel, corpo 12 pt.

Não encontrando esta obra nas livrarias,
solicite-a diretamente à editora.

Escrituras Editora e Distribuidora de Livros Ltda.
Rua Maestro Callia, 123
Vila Mariana – São Paulo, SP – 04012-100
Tel.: (11) 5904-4499 – Fax.: (11) 5904-4495
escrituras@escrituras.com.br
vendas@escrituras.com.br
imprensa@escrituras.com.br
www.escrituras.com.br